플랫폼노믹스

포르체

언택트는 계속된다! 플랫폼 승자들의 성공 법칙

플랫폼노믹스

윤상진 지음

APPS
STATION

포르*케

손안의 플랫폼 경제,
세상 모든 것을 연결하다

우리는 현실과 가상 세계를 넘나들며 살고 있다. 스마트폰을 드는 순간, 인터넷에 접속하는 순간 우리는 가상 세계에 빠져든다. 그곳에는 친구도 있고 즐길 거리도 있고 갖고 싶은 것들도 넘쳐난다. 이제는 진짜 현실처럼 꾸며놓은 가상 공간인 메타버스*Metaverse*(가상과 현실 세계가 상호작용하는 새로운 개념의 공간)로 사람들이 몰려들고 있다. 점점 현실 세계와 가상 세계의 구분이 모호해지고 있다.

오늘날과 같은 디지털 시대에 가상 세계는 손에 잡히지 않을 뿐이지 가짜가 아니다. 가상 세계에서 물건을 사면 실제 제품이 집 앞에 도착하고, 가상 세계에서 사귄 친구와 실제로 만나기도 하고 게임을 즐기기도 한다. 가상 세계에서도 못할 것이 없다. 마찬가지로 구글*Google*에서 필요한 정보를 찾을 수 있고, 페이스북*Facebook*에서 친구를 만날 수 있다. 네이버 *Naver* 에서 최신 뉴스를 접하고, 유튜브 *YouTube* 에서 원하는 영상을 마음껏 본다. 또 온라인 쇼핑몰에서 시간에 구애받지 않고, 점원을 상대로 눈치 볼 필요도 없이 시시때때로 언제든지 쇼핑할 수 있다. 온라인 공간에서도 지루할 틈이 없다.

　이러한 가상 세계의 모든 것은 '플랫폼'에 의해 움직인다. 가상 세계에서 시간을 보내고 돈을 소비하는 곳 중에 플랫폼이 아닌 것이 없을 정도다. 플랫폼 전성시대가 펼쳐지면서 가상 세계 인프라도 더욱 견고해지고 있다. 이제는 가상 세계 인프라만으로도 일상생활을 영위하기에 불편함이 거의 없을 만큼 성장했다. 가상 세계에서 펼쳐지는 이 같은 경제 활동은 '플랫폼 경제 *Platformnomics* '로의 대전환을 촉발하고 있다. 아울러 사람들이 가상 세계로 몰려들면서 플랫폼의 몸집이 더욱 커지고 있다. 한번 거대해지기 시작한 플랫폼은 멈출 줄 모르고 기하급수적으로 성장하고 있다. 심지어 플랫폼이 국가 경제를 뒤흔들 정도로 파급력이 커지면서, 플랫폼 기업이 중립성을 위반하지 않도록 하기 위한 법률이나 가이드라인을 제정해야 하는 상황에 이르렀다. 플랫폼의 막강해진 영향력을 잘 보여주는 현상이라 할 수 있다.

　그렇다면 플랫폼은 기존 경제체계를 혁신하며 얼마나 폭발적인 파급력을 갖게 되었을까? 국내의 대표적인 대형 플랫폼인 카카오톡, 쿠팡, 배달의민족을 예로 들어 간략히 살펴보겠다.

　메신저 플랫폼인 '카카오톡'의 등장은 기존 통신 시장의 견고한 아성을 무너뜨렸다. 카카오톡으로 문자메시지를 무료로 주고받을 수 있게 되면서 통신사들은 요금제를 개편할 수밖에 없었다. 이제 카카오톡은 스마트폰에 필수로 장착해야 하는 국민 앱이 되었다. 더욱이 국내 인터넷 비즈니스의 전통적 강자였던 다음*Daum*과 합병하여 상장하기에 이르렀다.

지역 업소의 할인쿠폰을 판매하는 소셜 커머스로 사업을 시작한 '쿠팡'은 e커머스 플랫폼으로 확장하면서 괄목할 만한 성공을 거두고 있다. 코로나19로 인해 촉발된 온택트 시대가 도래한 뒤 쿠팡의 성장세는 가히 폭발적이다. 특히 쿠팡의 로켓배송은 대한민국 전체의 배송 시스템을 획기적으로 변화시켰다. 그리고 국내 e커머스 플랫폼으로는 최초로 미국 증시 상장에 성공하며 100조 원이 넘는 시가총액을 기록했다. 창업 10년 만에 삼성전자, SK하이닉스에 이어 국내 시가총액 기준 세 번째로 큰 회사로 등극한 것이다. 이러한 쿠팡의 성장세는 대한민국 재계 70여 년의 역사를 새롭게 조명하는 기록적인 사례가 아닐 수 없다.

음식 배달 플랫폼인 '배달의민족'은 음식점과 소비자를 연결해주는 대표적인 O2O*Online to Offline*(온라인과 오프라인 연결) 플랫폼이다. 코로나19로 강력하게 시행된 사회적 거리 두기로 인해 음식 배달 수요가 폭발적으로 늘면서, 배달의민족은 2020년 거래액만 무려 15.7조 원을 기록했다. 가히 국내 대표 배달 앱으로 꼽힐 만한 어마어마한 규모다. 현재 배달의민족의 기업가치는 5조 원 규모로 몸값이 치

솟고 있으며, 초대형 배달 앱으로 자리매김하고 있다.

이와 같이 카카오톡, 쿠팡, 배달의민족은 최근 대한민국에서 가장 주목받으며 가파르게 성장하고 있는 기업이다. 분야는 다르지만 엄청난 성공을 거두고 있는 이들 기업은 모두 '플랫폼 기업'이라는 공통점이 있다. 플랫폼 비즈니스를 통해 선순환 구조의 생태계를 만들어냈으며, 플랫폼 경제권을 형성할 수 있었기에 가능한 성공이었다. 플랫폼을 통해 사람들이 상호작용할 수 있도록 연결해주고, 거래할 수 있는 장場을 마련해줌으로써 엄청난 부를 창출할 수 있었다. 또한 하나의 플랫폼이 성공하면 해당 플랫폼의 고객을 기반으로 다른 분야의 플랫폼으로 진출해 사업을 확장해 나갔다. 한번 작동하기 시작한 플랫폼이라는 이름의 눈덩이는 멈출 줄 모르고 몸집을 불리며 주변의 모든 것을 집어삼키면서 커지고 있다.

또한 코로나19를 극복하는 과정에서 도래한 온택트 혁명은 플랫폼 경제로의 대전환을 촉발하는 동력이 되고 있다. 온택트 혁명은 감염병 예방을 위해 사회 전체가 오프라인에서 온라인 기반으로 재편되는 현상을 의미한다. 온택트 시대가 열리면서 플랫폼 기업은 사상 최대의 호황을 누리고 있다. 코로나19로 인해 오프라인 상점들은 손님이 줄어드는 반면, 온라인 플랫폼은 오히려 방문자가 폭발적으로 증가했다. 또 코로나19라는 예상치 못한 변수로 인해 답보 상태에 있던 사물인터넷IoT, 인공지능AI, 가상현실VR, 증강현실AR과 같은 혁신 기술이 성장 동력을 얻고 있으며, 동시에 이런 기술이 플랫폼에 접목되어 혁신적인 플랫폼 환경을 구현하고 있다. 힘든 시기를 보내고 있는 오프라인 산업과는 무척 대조되는 결과다.

이렇듯 대면해야 하는 오프라인보다는 비대면 온택트로 해결할 수 있는 온라인으로 사람들이 몰리면서 플랫폼을 중심으로 경제 활동을 하는 플랫폼 경제가 주류 경제체계로 급부상하고 있다. 팬데믹 상황에서 우리 사회는 물자와 용역의 생산, 분배, 소비가 플랫폼을 중심으로 일어나고 있다.

플랫폼 경제를 파헤친 이 책은 2012년에 출간한 나의 저서《플랫폼이란 무엇인가?》의 후속작이다.《플랫폼이란 무엇인가?》에서는 플랫폼에 대한 개념 정립과 전략을 살펴보는 것에 집중했다면, 이 책에서는 경제적인 관점에서 플랫폼을 상세하게 풀어냈다. 즉 1부에서는 플랫폼 경제의 개념과 원리, 성공한 플랫폼의 가치, 테크놀로지의 발전과 비즈니스 모델에 대해 설명했다. 2부에서는 온택트 혁명으로 인해 촉발된 플랫폼 경제로의 패러다임 전환에 대해 다루었다. 3부에서는 플랫폼 산업 분야별로 성장 배경과 발전 방향을 알아보고, 이를 통해 파생되는 경제 효과에 관해 설명했다. 마지막으로, 스페셜 리포트 *Special Report*에서는 플랫폼 비즈니스에 숨은 경제 원리와 우리가 꼭 알아야 하는 플랫폼 전략에 대해 알아보았다.

온택트 혁명과 디지털 전환이 본격적으로 펼쳐지면 플랫폼 경제는 주류 경제체계로 자리매김하게 될 것이다. 모든 경제체계가 온라인 중심으로 재편되고 있는 현시점에도 플랫폼 경제의 영향력은 이미 막대한 수준이며 그 영향력은 더욱 가속도가 붙을 수밖에 없다. 미래 경제 패권은 플랫폼을 가진 자들이 장악하게 될 것이라는 뜻이다. 지금 우리가 온택트 시대의 플랫폼과 플랫폼 경제에 대해 제대로 이해하고, 급격하게 변화하는 미래 사회를 준비해야 하는 이유다.

2021년 10월 윤상진

차례

Special Report   세상 모든 것의 플랫폼

플랫폼노믹스,
어디에나
플랫폼이 있다

비즈니스의 판을
바꾸는 플랫폼

플랫폼 경제란 무엇인가?

2020년 전 세계를 강타한 '코로나19'로 인해 우리의 일상은 완전히 변했다. 전 인류의 삶을 송두리째 바꿔놓았다고 해도 과언이 아닐 정도다. 근래 감염병의 여파가 이토록 심각하고 직접적으로 일상생활에 영향을 미친 적이 있었던가. 이를테면 온택트 교육이 대안으로 떠오르고, 회의도 직접 만나지 않고 화상회의로 하는 등 비대면 온택트가 새로운 문화 트렌드로 자리 잡고 있다. 실제 코로나 팬데믹 상황을 극복하는 데 이런 온택트 기술이 상당히 큰 역할을 해내고 있다. 만약 줌Zoom과 같은 온라인 화상회의 툴이 없었다면 학교는 무기한 휴교에 들어갔을지도 모른다. 이 같은 온택트 문화는 거의 모든 사회 영역에서 기술 혁신을 일으키는 기폭제가 되었다. 대면을 최소화하면서 온택트가 가능하도록 사회의 다양한 분야에서 디지털 전환을 이끌고 있다. 가히 '온택트 혁명'이라 부를 만하다.

플랫폼 산업은 이런 온택트 시대에 가장 큰 수혜 산업으로 주목받고 있다. 사람들이 집에 있는 시간이 늘면서 플랫폼에서 모든 일을 해결하고 있기 때문이다. e커머스 플랫폼에서 장을 보고, O2O 플랫폼에서 음식을 배달시키고, 미디어 플랫폼에서 즐길 거리를 찾는다. 그야말로 플랫폼 전성시대다.

온택트로 인해 플랫폼을 이용한 경제 활동이 늘어나다 보니, '플랫폼 경제'가 우리 사회의 주요한 경제체계로 떠오르고 있다. 이제 플랫폼을 빼고는 일상생활이 어려울 정도로 플랫폼에 대한 의존도가 높아졌기 때문이다. 이는 온라인이나 디지털 영역만의 문제가 아니다. 플랫폼 경제가 오프라인 영역을 잠식해 나가면서 거의 대부분의 오프라인 산업을 온라인으로 끌어당기고 있다. 이러한 현상은 더욱 가속화될 것이고, 결국 플랫폼 경제는 미래 산업 진반에 걸쳐 큰 영향력을 행사하게 될 것이다. 플랫폼 경제를 얼마나 잘 이해하느냐가 기업뿐만 아니라 노동시장 구성원으로서의 개인에게도 미래 경쟁력을 좌우하는 척도가 될 것이다.

플랫폼이 담고 있는 생각

'플랫폼platform'만큼 그 의미가 다양하고 모호한 용어도 드물지 않을까. 흔히 지하철에서 사람이 타고 내리는 승강장과 자동차 등을 제조할 때 다양한 용도에 공통으로 활용할 목적으로 설계된 프레임 등의 기본 골격을 모두 플랫폼이라 한다. 운영체제OS 또한 플랫폼이라 부르며, 옥션이나 지마켓과 같은 온라인 마켓플레이스(온라인 중개 쇼핑몰)를 의미하기도 한다.

우리에게 좀 더 친숙한 경제 분야에서의 플랫폼 개념은 2000년대 초 양면 시장two-sided market을 처음 논의하는 과정에서 함께 정립되어왔다. 초기에는 '중개', '매개'를 중심으로 한 개념으로 논의되다가, 점차 직간접적인 '네트워크 효과'를 강조하는 개념으로, 최근에는 참여자들 간의 상호작용성이 강조되는 개념으로 변화해왔다.

나는 2012년에 출간한《플랫폼이란 무엇인가?》에서 이런 시대 흐름을 고려하여 사회, 경제 영역에서 "플랫폼이란 공급자, 수요자 등 복수 그룹이 참여하여 공정한 거래를 통해 각 그룹이 얻고자 하는 가치를 교환할 수 있도록 구축된 환경"으로 정의한 바 있다. 참여자들 간의 상호작용이 일어나면서 모두에게 새로운 가치와 혜택을 제공해줄 수 있는, 서로에게 도움이 되는 상생의 생태계를 곧 플랫폼으로 보았다.

플랫폼에 참여하는 그룹이 경제 가치를 얻기 위해서는 일정 수준 이상의 규모에 도달해야 한다. 이용자가 늘수록 효용과 효율이 증가한다는 말이다. 한쪽 이용자 그룹의 규모가 증가하면, 다른 쪽 이용자 그룹의 가치에 영향을 미치면서 '네트워크 효과'가 발생하게 되는 것이다. 네트워크의 가치는 네트워크에 연결된 사람 수에 의해 좌우된다. 이는 곧 가입자가 많은 플랫폼이 경쟁 우위를 차지한다는 의미다. 이렇듯 플랫폼 비즈니스는 '어떻게 자신을 중심으로 한 생태계를 구축하고 참여자 모두가 윈윈Win-Win 할 수 있는 선순환 구조를 만들 수 있는가'가 핵심이다.

우리 삶에 훅 들어온 플랫폼 경제

플랫폼 경제는 플랫폼을 이용하는 참여자들의 생산, 소비, 유통 등의 경제 활동이 플랫폼에 의해 활발히 교류되면서 일정하게 형성된 경제권을 의미한다. 플랫폼 경제권은 쇼핑거래와 광고의 비중이 가장 크지만, 플랫폼을 통해 발생할 수 있는 사회 활동과 네트워크 효과 등의 직간접적인 경제 효과까지 포함할 수 있다.

최근 플랫폼 경제가 활성화되고 있는 핵심적인 이유는 온라인과 오프라인의 경계가 무의미해질 정도로 급속하게 발달하고 있는 ICT(정보통신기술)의 영향이 크다. ICT의 발달로 로봇, 인공지능, 사물인터넷, 자율주행차 등 SF 영화에나 나올 법한 미래 기술들이 현실이 되고 있기 때문이다. 이러한 기술이 우리의 삶에 현실로 다가오면서 다양한 기능을 구현해주는 플랫폼 비즈니스도 활성화되고 있다.

특히 전통적인 오프라인 중심의 비즈니스들이 다양한 O2O 플랫폼과 공유경제 플랫폼을 통해 온라인에 입성함으로써 거의 모든 상거래가 플랫폼 중심으로 재편되고 있다. 처음에는 소셜 네트워크 서비스SNS를 이용해 상품을 거래하는 소셜 커머스Social commerce의 방식으로 음식점, 공연, 여행 상품 등과 같은 로컬 서비스들이 온라인으로 시장을 넓혔다면, 이제는 O2O 플랫폼을 통해 각종 생활 편의 서비스들이 온라인으로 영역을 확장하고 있다.

플랫폼 경제를 의미하는 '플랫폼노믹스Platformnomics'(플랫폼 Platform과 경제를 뜻하는 이코노믹스Economics의 합성어)는 우리 사회의 대표적인 경제체계로 떠오르고 있다. 경제체계란 물자와 용역이 생산, 분배, 소비되는 양식을 말한다. 자연으로부터 자원을 개발하여(1차 산업), 그것을 인간의 요구에 맞도록 변형하고(2차 산업), 그 결과로 생산된 물자와 용역을 사회의 관습과 법에 따라 생산에 참여한 사람이나 물자와 용역을 필요로 하는 사람들에게 전달함으로써(3차 산업) 분배와 교환이 이루어져 사람들이 그것을 소비하는 양식을 뜻한다. 앞으로 4차 산업이 본격적으로 발전하면 인공지능과 사물인터넷 세상이 되면서 물자와 용역의 생산, 분배, 소비가 더욱더 '플랫폼'을 중심으로 일어나게 될 것이다.

온택트 시대로 불리는 현재 모든 산업이 온라인으로 넘어오고 있고, 이러한 현상은 갈수록 가속도가 붙을 수밖에 없기에 플랫폼 기반의 경제 활동을 해야만 성공할 수 있는 시대로 재편되고 있다. 더 이상 오프라인에서 발휘되는 경쟁력만으로는 살아남기 힘든 세상이 되었으며, 어떤 방식으로든 온라인과의 접점이 필요하다는 의미다. 이렇듯 온라인과의 접점을 늘려가다 보면 결국에는 플랫폼과 만날 수밖에 없다. 플랫폼을 직접 구축하여 운영하든지, 아니면 플랫폼에 참여하거나 이용하든지 해야 한다.

가까운 예로 우리의 하루를 돌아보자. 유튜브로 동영상을 보고, 페이스북으로 친구들 안부를 확인하고, 카카오톡으로 메시지를 주고받으며, 온라인 쇼핑몰에서 장을 보고, 배달 앱으로 음식을 시켜 먹고, 오디오북으로 책을 들으며, 인공지능 스피커에게 음악을 틀어달라고 요청한다. 최근에는 중고 거래 플랫폼이 생겨나 중고품을 사고파는 일도 쉬워졌다. 학생들은 온라인 수업 플랫폼을 이용하여 공부하며, 직장인들은 집에서 화상회의로 업무 미팅을 진행한다. 오늘 하루 얼마나 많은 시간 동안 얼마나 많은 플랫폼을 이용했는지 생각해 보면, 플랫폼이라는 존재가 이미 우리 생활 속에 깊숙이 스며들어 있음을 확인할 수 있다.

정리하자면 우리 일상의 루틴이 될 플랫폼 경제는 다음과 같은 네 가지 주요한 특징을 갖는다.

첫 번째 특징은 '선순환 구조의 에코시스템*ecosystem*(생태계)'을 목표로 한다는 점이다. 수요자와 공급자 모두가 필요로 하는 가치를 얻을 수 있어야 플랫폼 경제는 성립한다. 플랫폼 사업자가 상호 간에 공유되는 생태계를 만들어내면, 네트워크 효과가 발생하여 규모의 경제에 도달하게 된다. 규모의 경제에 도달한 형식적인 플랫폼은 수확체증 효과를 낼 수 있어서 신규 경쟁자의 시장 진입을 차단하고 독보적인 위치를 차지할 수도 있다. 디지털 시대의 '수확체증의 법칙'이란 독자적인 기술력을 보유한 혁신 기업이 고객 네트워크에서 임계점을 넘어서면, 초기의 승자가 시장을 선점하면서 높은 지위를 차지하는 현상을 말한다.

두 번째 특징은 '비용 절감'이다. 이 세상 모든 일을 하기 위해서는 비용이 발생하듯, 무엇이든 상호 간에 연결되기 위해서는 반드시 거래 비용이 발생한다. 인터넷과 스마트폰의 대중화와 ICT의 발달로 성장하기 시작한 플랫폼은 거래 비용, 홍보 비용, 검색 비용 등 사업에 필요한 전반적인 비용을 극적으로 절감시키고 있다. 특히 플랫폼은 소규모 벤처기업이나 스타트업의 제품 및 서비스의 개발 비용과 초기 홍보 비용을 낮춰주고 있다. 이렇듯 다양한 그룹이 플랫폼을 통해 거래함으로써 각종 비용을 절감하고 새로운 플랫폼 경제권을 만들어 나가고 있다.

세 번째 특징은 '시공간을 초월'하는 경제 영역을 형성한다는 점이다. 플랫폼 경제는 기본적으로 인터넷을 기반으로 하고 있기에 시간과 공간의 제약이 없다. 플랫폼에서는 국경의 존재가 무의미하다. 플랫폼을 이용하면 글로벌 시장에 진입하는 것 또한 용이하다. 예를 들어 구글 플레이스토어나 애플*Apple* 앱스토어 등의 앱 마켓 플랫폼과 아마존*Amazon*, 이베이*eBay* 등의 e커머스 플랫폼은 시공간을 초월하여 전 세계를 대상으로 플랫폼 경제권을 형성하고 있다.

네 번째 특징은 플랫폼의 막강한 '시장 지배력'이다. 플랫폼 기업은 누구나 따라갈 수밖에 없는 보이지 않는 규칙을 만든다. 플랫폼이 만든 규칙은 업계의 표준이 되어 막강한 영향력을 행사한다. 구글, 애플, 아마존, 페이스북 등과 같이 대형 플랫폼으로 성장하면 시장 내에서의 지배력뿐만 아니라 사회, 경제 전반에 걸쳐 큰 영향력을 행사하게 된다.

혁신 기술도 플랫폼으로 꿰어야 보배

2016년 3월은 프로 바둑기사 이세돌과 인공지능 알파고의 바둑 대결로 대한민국이 크게 들썩였다. 체스나 상기는 이미 오래전에 슈퍼컴퓨터에 패배했지만, 바둑에서만큼은 아직 인간이 우위에 있을 것이라고 생각했던 인류의 마지막 자존심이 무너졌기 때문이다. 먼 미래의 일로만 여겨졌던 인공지능의 뛰어난 활약을 바로 눈앞에서 확인하면서 우리나라뿐만 아니라 전 세계가 엄청난 충격에 휩싸였다. 인공지능에 대한 관심이 고조되면서 4차 산업혁명 이슈가 촉발되기도 했다. 현재 인공지능은 다양한 산업 분야에 활용되고 있고,

구글에서 개발하고 있는 무인 자동차(자율주행차)도 상용화 단계에 있다.

4차 산업 관련 기술들이 상용화되기 시작하면서 아울러 플랫폼 경제도 이슈가 되고 있다. 4차 산업혁명은 로봇, 인공지능, 빅데이터, 사물인터넷 등 미래 기술이 플랫폼을 기반으로 가치를 창출하며 경제 활동이 이루어지는 차세대 산업혁명을 의미하기 때문이다. 이러한 혁신적인 기술이 고도화되고 상용화까지 이르기 위해서는 제품화를 통해 대중에게 선보여야 한다. 기술 자체만으로는 가치를 증명할 수 없기에 서비스 기획이나 제품 기획 과정을 거쳐야 한다.

4차 산업 기술의 발전 속도가 정체기를 겪고 있던 가운데, 최근 온택트 시대가 도래하면서 인공지능과 사물인터넷의 성장 속도가 빨라지고 있다. 문제는 기술 혁신의 속도가 너무 빨라서 불과 몇 년 사이에 전혀 새로운 세상이 펼쳐지게 되었다는 점이다. 인간은 이렇게 빠른 변혁의 시대를 살아본 적이 없기에 어떻게 살아가야 할지 감도 제대로 잡지 못하고 있는 실정이다.

이와 같이 4차 산업혁명 시대가 본격화되기 시작하면서 플랫폼 경제의 중요성이 더욱 부각되고 있다. 4차 산업혁명이 성공하기 위해서는 플랫폼 경제가 활성화되어야 하기 때문이다. 플랫폼을 기반으로 한 선순환 구조의 생태계가 구축되어야만 네트워크 효과가 발생하면서 자가 증식을 통해 성장해 나갈 수 있다. 기술은 자체만으로는 가치를 인정받을 수 없고 제품이나 서비스, 플랫폼과 함께여야 빛을 발한다. 새로운 기술이 등장하면 세간의 관심을 받게 되지만 대중에게 가치를 인정받는 것은 별개의 문제다. 인공지능 기술이 아무리 발달해도 그 자체로는 대중에게 다가가기 힘들다. '구슬이 서 말이라도 꿰어야 보배'라는 속담처럼 기술도 마찬가지다.

4차 산업 기술은 제품이나 서비스 등의 플랫폼에 탑재되어야 대중에게 선보일 수 있다. 구글 어시스턴트가 탑재된 구글 스피커가 대표적인 예다. 구글 스피커를 통해 구글 어시스턴트와 대화가 가능하고, 구글 홈과 연계하여 홈 사물인터넷을 구축할 수도 있다. 유튜브, 페이스북, 아마존과 같은 플랫폼에도 인공지능이 탑재되어 개개인의 취향을 빅데이터로 분석해 기호에 맞는 콘텐츠나 상품을 추천해준다. 인간은 인공지능에게 알고리즘만 설계해서 입력해주면 된다. 4차 산업혁명이 성공하기 위해서는 4차 산업 기술이 탑재된 플랫폼이 대중에게 많은 사랑을 받아야 한다. 그렇게 플랫폼이 성공하고 플랫폼 경제가 활성화될 때 4차 산업혁명도 날개를 달게 될 것이다.

모든 영역으로 나아가는 플랫폼

플랫폼 경제는 온택트 이슈와 맞물리면서 폭발적으로 성장하고 있다. 그동안 온라인이 크게 성장해왔어도 콘크리트와 같이 단단한 오프라인 영역의 지지 기반을 넘어설 수는 없었다. 하지만 코로나19

로 인해 강도 높게 시행된 사회적 거리 두기와 외출 자제로 온라인을 이용할 수밖에 없는 상황이 발생했다. 이는 젊은 세대뿐만 아니라 온라인을 거의 사용하지 않던 시니어 세대까지도 온라인으로 끌어들이는 견인차 역할을 했다. 현재의 추세로 볼 때 머지않아 온라인 시장 규모가 오프라인 시장 규모를 넘어설 것으로 예상된다.

글로벌 컨설팅 전문 기업 액센츄어*Accenture*가 발표한 '플랫폼 경제*Platform Economy*'(2016년) 보고서를 보면, 글로벌 경제가 빠르게 디지털로 전환되고 있음을 확인할 수 있다. 글로벌 상위 15개 플랫폼 기업은 글로벌 시장에서 약 2.6조 달러(약 2,973조 원)의 시장가치를 기록하고 있으며, 이는 1995년 글로벌 상위 15개 인터넷 기업의 시장가치보다 150배나 높은 금액이라고 분석했다. 그리고 시장가치 10억 달러 이상의 스타트업을 일컫는 유니콘 기업이 140여 개가 생겨났으며 약 5,000억 달러의 시장가치를 기록하고 있는 것으로 나타났다. 이들 유니콘 기업 대부분은 플랫폼 기반 기업이며, 경쟁 우위 확보를 위한 자사의 플랫폼 전략이 성공함에 따라 비약적인 성장을 이루어냈다.

또한 비영리 연구기관인 CGE *The Center for Global Enterprise*는 시장가치가 가장 높게 평가되는 176개 플랫폼 기업을 선정해 분석한 '플랫폼 기업의 부상*The Rise of the Platform Enterprise*' 보고서(2016년)에서 이들 플랫폼 기업의 시장가치가 4.3조 달러(약 4,917조 원)를 넘었으며, 직간접적으로 수백만 명을 고용하고 있다고 밝혔다.

이처럼 플랫폼 기업은 세계적인 입지를 빠르게 넓혀 가고 있다. 이른바 첨단 산업 국가들뿐만 아니라 신흥 시장에서도 새로운 플랫폼 기업이 계속해서 등장하고 있다. 물론 플랫폼 기업의 형성과 규모 면에서 볼 때 지역적으로 그리고 기업마다 상당한 차이가 있다. 북아메리카와 아시아 지역은 크고 다양한 플랫폼 기업의 본거지로 성장했지만, 유럽은 크게 뒤처져 있다. 현재 플랫폼 기업의 창업을 위한 최고의 허브 도시로는 실리콘밸리가 있는 샌프란시스코와 베이징, 런던, 뉴욕, 뉴델리가 꼽히고 있다.

위 CGE의 보고서에 집계된 '플랫폼 상위 10대 분야별 기업 수' 순위를 보면 아마존, 알리바바*Alibaba*, 이베이와 같은 '전자상거래·마켓플레이스' 분야의 기업이 가장 많았다. 그다음은 페이팔*PayPal*, 프라이스라인*Priceline* 같은 '핀테크' 기업이 많았고, 다음은 마이크로소프트*Microsoft*, 텐센트*Tencent*, SAP와 같은 '인터넷 소프트웨어·서비스' 분야 기업이 많았다. 그리고 페이스북, 트위터*Twitter*와 같은 '소셜 및 소셜 메시징' 분야, '미디어' 분야 순으로 기업 수가 많은 것으로 나타났다.

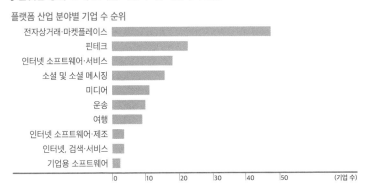

플랫폼 산업 분야별 기업 수 순위

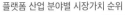

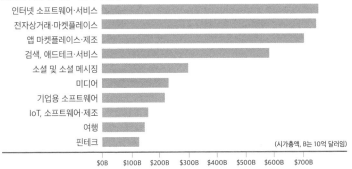

플랫폼 산업 분야별 시장가치 순위

출처: CGE, '플랫폼 기업의 부상(The Rise of the Platform Enterprise)', 2016년.

　시가총액 기준으로 '플랫폼 산업 분야별 시장가치' 순위를 살펴
보면 기업 수 순위와 조금 다른 양상을 보이는 것을 알 수 있다. 즉
마이크로소프트, 텐센트, SAP와 같은 대형 플랫폼 기업의 영향으로
'인터넷 소프트웨어·서비스' 분야의 시장가치가 가장 큰 것으로 집
계되었다. 그다음에는 아마존, 알리바바와 같은 대형 e커머스 플랫
폼 기업이 포진해 있는 '전자상거래·마켓플레이스' 분야가 뒤를 이

었다. 다음은 애플, 샤오미 Xiaomi와 같이 개발자 네트워크를 보유한 기기 제조업체들의 영향으로 '앱 마켓플레이스·제조' 분야가 순위에 올랐다. 뒤이어 구글, 야후 Yahoo!, 네이버와 같은 기업들이 속한 '검색, 애드테크·서비스' 분야, 다음은 페이스북이 큰 영향력을 행사하고 있는 '소셜 및 소셜 메시징' 분야 순으로 집계되었다.

최근에는 새롭게 떠오르는 스타트업을 중심으로 기존의 인터넷 검색, 소셜 미디어, 전자상거래, 미디어 등의 사업 분야에서 벗어나, 모바일 결제, 여행, 교통, 음식 배달, 헬스케어, 부동산, 숙박 등과 같이 점점 더 다양한 분야의 플랫폼 서비스를 제공하기 위해 영역이 확장되고 있다.

국내 사례만 보더라도 집닥 ZIPDOC, 오늘의집, 모두의 홈인테리어 등과 같이 기존 플랫폼 영역에서는 볼 수 없었던 온라인과 오프라인이 융합된 '홈인테리어' 플랫폼이 큰 인기를 끌고 있다. 사회적 거리 두기로 인해 사람들이 집에 있는 시간이 늘면서 집 꾸미기에 대한 관심이 높아지기도 했지만, 온라인 중개 플랫폼에 대한 인식의 변화가 이 같은 결과를 이끌어내는 데 큰 역할을 했다. 불과 3~4년 전만 해도 '인테리어 시공 상품은 눈으로 직접 확인하고 만져보고 사야지, 어떻게 온라인으로만 보고 결정하나?'라고 생각하는 소비자가 대다수였다. 모두의 홈인테리어에서 '모두홈도어' 브랜드를 출시하고 현관 중문 시공 상품을 온라인으로 판매하기 시작한 2017년만 해도 시공 상품을 온라인으로 판매하는 업체들은 극소수였다. 그러나 지금

은 네이버에서 '중문'만 검색해도 현관 중문 시공 상품이 차고 넘치
도록 많아졌음을 쉽게 확인할 수 있다.

인테리어 시공 상품과 같이 지극히 '오프라인 오리엔티드*offline
oriented*(오프라인 중심)' 된 상품이 온라인에서 팔릴 수 있었던 비결은
뭐니 뭐니 해도 리뷰와 평점 시스템 덕분이다. 모두홈도어 사례의 경
우 초창기부터 쌓이기 시작한 소비자의 리뷰가 다음 소비자의 구매
결정에 중요한 역할을 해왔다. 상품을 직접 체험해볼 수 없는 온라인
특성상 실제 구매자의 솔직한 리뷰는 상품에 대한 신뢰도를 높이고,
상품에 대한 확신을 갖게 한다. 배달 앱에서 음식점들이 리뷰와 평점
에 목매는 이유이기도 하다. 플랫폼 사용자 간의 상호작용이 새로운
가치를 만들어내고 있는 셈이다. 이렇듯 리뷰와 평점 같은 소비자 경
험의 공유가 온라인에 대한 인식 변화를 이끌어내고 있으며, 플랫폼
의 영역을 확장하는 데 큰 역할을 하고 있다.

손끝으로 여는 플랫폼의 미래

그렇다면 기존의 전통적인 산업 경제와 플랫폼 경제에는 어떤 차
이점이 있을까? 먼저, 전통적인 산업 경제의 핵심이 '제품'이라면 플
랫폼 경제는 '시스템'이 핵심이다. 산업 경제는 실물 경제로 제품을
만들기만 하면 팔리는 시대에 주류 경제체계가 되었다. 하지만 플랫

폼 경제는 손에 잡히는 제품뿐만 아니라 실물로 존재하지 않는 시스템을 중심으로 수많은 비즈니스가 움직인다. 플랫폼 경제는 손에 잡히지 않는 가상 세계에서도 무한한 가치를 창출해낼 수 있다는 뜻이다. 플랫폼이 막강한 영향력을 발휘할 수 있는 이유다.

전통적인 산업 경제는 경쟁 전략을 세우기 위해 밸류체인*value chain*(가치사슬)을 이용한다. 밸류체인은 자사의 경쟁적 지위를 파악하고 이를 향상시킬 수 있는 지점을 찾기 위해 사용하는 모형이다. 밸류체인의 각 단계에서 가치를 높이는 활동을 어떻게 수행할 것인지, 비즈니스 과정이 어떻게 개선될 수 있는지를 조사하는 것이다. 한편 플랫폼 경제는 경쟁 전략보다는 생태계를 어떻게 구축할 것인지에 집중한다. 선순환 구조의 생태계가 조성된다면 지속적인 성장이 가능하기 때문이다.

일반적으로 전통적인 산업 경제는 제품이 출시되고 시간이 지나면 수익이 감소하는 경향이 있다. 반면에 플랫폼 경제는 선순환 구조의 생태계가 만들어지기까지는 어느 정도 시간이 걸리지만, 구축된 생태계가 작동하기 시작하면 네트워크 효과를 통해 더욱 빠르고 폭발적으로 성장하는 특징이 있다.

이러한 플랫폼 경제에서 승자가 되기 위해서는 혁신 플랫폼이나 기술을 빠르게 따라가기만 하는 '패스트 팔로어*Fast follower*(빠른 추격자)' 전략이 아니라, 세상을 놀라게 할 새로운 제품 및 서비스를 만들어낼 수 있는 '퍼스트 무버*First mover*(선도자)' 전략을 세워야 한다.

퍼스트 무버 전략은 실패할 확률이 높지만 성공했을 때는 글로벌 경제를 좌지우지할 정도로 엄청난 파급력을 갖는다. 국가 차원에서 플랫폼 기업을 육성하는 데 관심을 가지는 이유가 바로 여기에 있다.

정보통신기획평가원*IITP*이 선정한 '2021년 ICT 10대 이슈'를 살펴보면(34쪽 도표 참조), 온택트와 홈코노미, 디지털 소비가 가장 눈에 띈다. 코로나19 이후 확산된 온라인 기반의 디지털 라이프와 플랫폼 경제로 빠르게 옮겨가는 사회구조가 반영된 결과다.

사실, 2021년 ICT 10대 이슈에서 플랫폼과 연관되지 않은 것이 없을 정도로 플랫폼 경제는 미래 ICT 산업의 핵심으로 인정받고 있다. 더욱이 태어날 때부터 디지털 기기에 둘러싸여 자란 디지털 네이티브*Digital Native*로 불리는 Z세대(1990년대 중반~2000년대 초반에 태어난 세대)뿐만 아니라 밀레니얼 세대는 디지털 문화에 매우 익숙하고, 중장년층 또한 디지털 환경에 개방적인 태도를 가지고 있다. 그렇기에 가까운 미래에 플랫폼 경제가 우리 사회의 주류 경제체계로 자리 잡게 될 것임은 더욱 분명해 보인다.

▌ 정보통신기획평가원(IITP)이 선정한 2021년 ICT 10대 이슈

데이터 경제
데이터 경제 시대 개막

인공지능(AI)
AI+X에서 X+AI로의 전환

고품질 5G
디지털 경제 핵심 인프라로 안착

디지털 트윈
디지털 전환의 핵심 촉매제

온택트
온택트를 딛고 비대면 산업 도약

ICT
10대 이슈

디지털 소비
디지털 플랫폼 기반 소비 대변혁

홈코노미
디지털 라이프의 시작

K-콘텐츠
신(新) 한류의 새로운 주역으로 부상

빅테크 기업
빅테크 기업 전성시대

디지털 통상
글로벌 교역의 체질 변화 본격화

* 머지않아 인공지능이 특정 산업에 융합되는 수준을 넘어 전 산업에 확산될 것으로 예상된다는 의미임
출처: "2021년 ICT, '데이터 경제·온택트' 주목하라", 지디넷코리아 2020.11.10, https://zdnet.co.kr/view/?no=20201110160530

플랫폼을 만든다는 것은 다양한 목적을 가진 그룹을 하나의 장場
에 모아 새로운 형태의 생태계를 창조하는 일이다. 플랫폼 제공자(플
랫폼 운영체제를 제공하는 사람이나 사업자)는 검색, 중개, 결제, 소셜라이
싱socializing 등의 서비스를 제공함으로써 공급자와 소비지의 자발
적 참여를 유도하고, 사용자의 참여로 플랫폼 제공자는 네트워크 효
과를 누리며, 플랫폼 이용자는 플랫폼을 통해 낮은 비용으로 수익을
창출하는 등의 목표한 바를 이룰 수 있다.

이러한 플랫폼이 인공지능, 사물인터넷 등과 같은 첨단 ICT의 발
달과 함께 폭발적으로 성장하면서 큰 영향력을 가진 플랫폼 경제권
을 형성하게 되었다. 구글, 페이스북, 애플 등 대형 플랫폼뿐만 아니

라 O2O 플랫폼, 공유경제 플랫폼 등 다품종 소형 플랫폼들이 우리 생활에 깊숙이 들어와 있다. 플랫폼에서 손끝으로 사고파는 일은 우리에게 이미 익숙하다.

또한 플랫폼 경제는 기존 산업을 대체하거나 보완하는 새로운 산업을 탄생시키고 있다. 전통적 제조업체인 제너럴 일렉트릭 *GE, General Electric*은 사물인터넷 센서와 B2B(기업 간 거래) 솔루션 플랫폼을 활용하여 설비를 최적 제어하고, 선제적으로 유지·보수할 수 있게 되어 많은 사업체의 비용을 절감할 수 있었다. 통신 기업 AT&T는 자동차 제조사들이 자체 맞춤형 스마트카 솔루션을 개발할 수 있도록 지원하는 커넥티드카 *Connected Car*(정보통신기술과 자동차를 연결한 차량) 서비스 플랫폼인 'AT&T 드라이브'를 제공하고 있다.

어느새 플랫폼 경제가 일상화됨에 따라 사회, 경제 전반에 걸쳐 플랫폼 기술을 확장하고, 플랫폼 간 호환성을 보장하기 위한 필요성도 높아지고 있다. 아울러 거대해진 플랫폼 기업의 횡포를 방지하기 위한 플랫폼 중립성 논의도 한창이다. 플랫폼과 관련한 조세 정책, 공정거래, 개인정보 보호 정책, 빅데이터 활용, 선탑재 앱, 금융, 고용 등과 같이 기존 경제체계로는 해결되지 않는 문제들이 다양한 영역에서 동시다발적으로 발생하고 있기 때문이다. 이 같은 문제를 해결하여 플랫폼 경제의 공정화를 실현하기 위해 정부는 관련 법령을 개정하거나 새로운 규제 정책을 마련하는 등 법 정책적 대응에 박차를 가하고 있다.

2

성공한 플랫폼의 스토리텔링

플랫폼 경쟁의 다음 승자는 누구?

코로나19가 장기화 되고, 이후 감염병 사태가 종식된다고 하더라도 코로나19 이전과 같은 생활로 돌아가기 어렵다는 사회 분위기가 형성되면서 플랫폼 의존도가 더욱 높아지고 있다. 저성장 시대임에도 현재 플랫폼 기업들은 사상 최고의 매출을 기록하며 승승장구하고 있다.

그러나 경쟁 구도를 온라인과 오프라인으로 놓고 봐서 그렇지 실상은 플랫폼 기업 간 생존을 건 피 터지는 경쟁을 매일매일 계속하고 있다. 플랫폼 패권 경쟁에서 살아남은 기업은 시장을 장악하고, 패배한 기업은 시장에서 사라지게 되는 것이다. 이것이 끝이 아니다. 성공한 플랫폼 기업이라 하더라도 그 자리를 유지하기 위해서는 엄청난 각고의 노력이 필요하다. 지금 우리가 성공한 플랫폼의 전략을 분석하고 인사이트를 찾아야 하는 이유다.

일례로 새로운 친구를 만나고 좋은 인간관계를 맺고자 하는 사람들의 니즈*needs*를 충족시킬 수 있는 소셜 미디어 플랫폼은 인터넷 초창기부터 경쟁이 치열하고 판도 변화가 심한 분야였다. 1999년에 등장한 학교 동문을 찾아주는 인터넷 커뮤니티인 아이러브스쿨은 한때 대한민국에 동창 찾기 열풍을 일으켰다. 하지만 당시 프리챌, 다음 카페 등의 등장으로 쓸쓸히 역사의 뒤안길로 사라졌다. 또 영원할 것만 같았던 싸이월드 미니홈피는 블로그에 인기를 내주고, 이후 페이스북, 트위터 등에 밀려 사용자가 거의 없어 사실상 폐업 상태에 놓였다가, 2021년 현재 부활하기 위해 힘겨운 날갯짓을 하고 있다.

글로벌 소셜 미디어 플랫폼의 선두 주자였던 마이스페이스 *MySpace*는 페이스북에 크게 밀리면서 고전하다가 현재는 명맥만 유지하고 있는 상황이다. 마이스페이스는 한때 미국 웹사이트 방문자 수 1위를 기록하기도 했지만 등 돌린 회원들의 마음을 다시 잡기는 힘들어 보인다. 그렇다면 페이스북은 예외일까? 영원할 것만 같은 페이스북도 현재 인스타그램의 인기에 밀리고 있으며 새로운 소셜 미디어 플랫폼의 강력한 도전을 받고 있다. 최근에 떠오르고 있는 가상과 현실이 혼합된 메타버스 형식의 플랫폼이 대중에게 친숙해지면 그 자리를 언제 내주어도 전혀 이상할 게 없다.

우리는 성공한 플랫폼 기업의 스토리에 익숙해져서 그들이 얼마나 피나는 노력으로 그 자리에 올라섰는지는 간과하곤 한다. 하지만 성공한 플랫폼은 아직도 치열한 전쟁 중이다. 그렇기에 반대급부로 플랫폼 세상에서는 누구에게나 역전의 기회가 열려 있고, 언제나 판도가 변할 수 있음을 기억해야 한다.

최근 글로벌 기업 시가총액 기준(2019년 2월 기준)으로 상위 10개 기업의 순위를 살펴보면, 그중 플랫폼 비즈니스 기반 기업이 7개나 된다. 아마존, 마이크로소프트, 애플, 구글, 페이스북, 알리바바, 텐센트가 바로 그 주인공이다. 이들의 플랫폼은 인터넷만 연결되면 언제 어디서든지 서비스를 이용할 수 있기 때문에, 기업은 가만히 앉아서 전 세계인을 대상으로 돈을 벌어들이고 있다.

▌ **글로벌 기업 시가총액 순위(2019년 2월 기준)**

출처: EBS 다큐 시선, '열려라 플랫폼', 2019.2.21.
http://www.ebs.co.kr/tv/show?courseId=10026873&stepId=10029901&lectId=20044188

플랫폼 기업 이외에 시가총액 상위 10위 안에 오른 기업으로는 워런 버핏이 회장으로 있는 버크셔 해서웨이*Berkshire Hathaway*와 존슨앤드존슨*Johnson & Johnson*, JP모건 체이스*JPMorgan Chase & Co.*가 있다. 그동안 플랫폼 기업이 이룬 눈부신 발전과 앞으로의 가능성을 생각하면, 플랫폼 기반이 아닌 그 외의 기업들의 성과는 초라해 보이기까지 한다.

하지만 최고의 위치에 오른 플랫폼 기업들도 처음부터 마냥 장밋빛 미래만 펼쳐졌던 것은 아니다. 창고나 기숙사와 같은 공간에서 친구 몇 명이 모여 시작한 작은 스타트업이었을 뿐이다. 플랫폼 기업의 역사는 플랫폼을 둘러싼 경쟁의 역사라 해도 과언이 아니다. 치열한 경쟁을 벌이면서 플랫폼을 통해 많은 것을 이루어냈다. 이는 끊임없는 자기 혁신과 탁월한 플랫폼 비즈니스 전략이 있었기에 가능한 일이다. 이렇듯 어마어마한 생존 경쟁을 뚫고 살아남은 플랫폼 기업은 전 세계를 집어삼키며 계속해서 성장하고 있다.

현재 플랫폼 기업들은 시장의 패권을 장악하기 위한 미래 플랫폼 경쟁에 또다시 사활을 걸고 있다. 다음에 이어지는 플랫폼 기업 간 패권 경쟁의 역사를 살펴보고, 플랫폼 비즈니스를 실행하는 데 필요한 지혜를 얻어보도록 하자.

구글 vs 애플, 플랫폼 공룡 기업의 전쟁

IT 산업에서 개인용 컴퓨터PC 시장은 하향세를 걷고 있는 반면, 스마트폰을 비롯한 모바일 디바이스 시장은 하루가 다르게 급성장하고 있다. 어찌 보면 모바일 디바이스의 폭발적인 성장과 확산이 디지털 전환을 이끌고 있다고 해도 지나친 말이 아니다. 모바일 디바이스는 기술의 진화로 시간이 지날수록 작아지고 똑똑해지고 있고, 앞으로도 그 성장을 멈추지 않을 것이다.

스마트폰이라는 모바일 디바이스가 대중화된 것은 2004년에 출시된 '블랙베리BlackBerry'부터였다. 캐나다의 블랙베리사(옛 리서치인모션Research In Motion)가 개발한 블랙베리는 미국의 사무직 종사자를 중심으로 보급되며 세상에 알려졌다. 이후 애플이 자유롭게 애플리케이션을 설치하고 활용할 수 있는 '아이폰iPhone'을 출시하면서 스마트폰 시장이 급성장하게 되었다. 아이폰은 멀티터치 입력 방식을 채택해 사용하기 편리하고, 무선 인터넷으로 나양한 콘텐츠를 이용할 수 있어서 출시 3일 만에 100만 대가 판매되면서 센세이션을 일으켰다. 무엇보다 애플은 아이폰, 아이패드 등 자사의 모바일 기기에 탑재되는 운영체제인 'iOS'를 중심으로 애플의 생태계 구축을 본격화해 나갔다.

그러나 구글이 모바일 기기용 운영체제인 '안드로이드Android'를 오픈 플랫폼으로 세상에 내놓으면서 반反 애플 진영이 형성되었다.

HTC, 삼성, LG 등의 휴대전화 제조사들이 아이폰 앞에 힘없이 무너지고 있을 때 그들을 구해낸 것이 바로 구글이었다. 구글은 휴대전화 제조사들에게 애플과 경쟁할 수 있을 정도로 완성도 높은 운영체제인 안드로이드를 제공했다. 그것도 무료로 말이다. 그 덕분에 휴대전화 제조사들은 애플의 독주를 견제할 수 있었다.

그렇게 구글은 안드로이드를 통해 스마트폰 플랫폼 시장을 주도할 수 있게 되었다. 안드로이드 플랫폼을 오픈소스*open source*로 공개함으로써 애플에 대항하는 연합전선을 구축하는 데 성공했기에 가능한 일이었다. 공통으로 사용할 수 있는 플랫폼을 구축하여 함께 씀으로써 비용을 줄이고, 각 회사가 가장 잘할 수 있는 분야에 집중적으로 투자하여 독점적 사업자에 대항하는 전략을 펼친 것이다. 이러한 구글의 플랫폼 전략은 스마트폰 운영체제 경쟁에서 큰 효과를 나타냈다. 게다가 안드로이드폰에는 구글 검색, 지메일, 크롬, 구글 캘린더, 구글맵 등의 구글 소프트웨어가 기본으로 탑재되어 있다. 구글은 안드로이드에서 제공하는 이 같은 서비스를 통해 자사 제품의 사용자를 큰 노력을 들이지 않고 확보하고 있으며, 광고를 게재할 수 있는 미디어도 손쉽게 확보하고 있다. 구글은 안드로이드를 무료로 제공하는 대신에 애플의 독주를 견제하면서 자사 제품의 확산과 광고 수입까지 챙기고 있는 셈이다.

모바일 플랫폼을 둘러싼 두 거대 IT 공룡 기업인 구글과 애플의 경쟁은 이것이 끝이 아니다. 스마트폰 플랫폼의 시장점유율을 높이기 위한 이들 기업의 경쟁은 그대로 '앱 마켓' 경쟁으로 이어졌다. 애플은 앱스토어를 운영하고 있고, 구글은 플레이스토어를 운영하고 있다. 앱 마켓은 전형적인 투 사이드*two side*(양면) 플랫폼이다. 앱 개발자와 사용자를 연결하여 상호 간에 가치를 교환할 수 있는 장을 마련해준다. 이때 앱 개발자에게는 앱을 퍼블리싱(유통)할 기회를 공평하게 제공하고 있어 아이디어만 좋다면 세상이 놀랄 만한 서비스가 하루아침에 탄생할 수도 있다. 사용자 입장에서는 뛰어난 하드웨어도 중요하지만, 그 안에 쓸 만한 앱이 많아야 스마트폰을 제대로 즐길 수 있다. 스마트폰을 구매 결정하는 데 앱이 중요한 포인트가 된다는 뜻이다. 소프트웨어가 하드웨어의 판매를 촉진하는 대표적 사례라고 할 수 있다. 스마트폰에서 앱 마켓은 자체로 킬러 콘텐츠다.

구글과 애플의 앱 마켓 운영 정책도 큰 차이가 있다. 애플은 앱 등록 심사를 엄격하게 운영하여 앱의 품질관리에 많은 신경을 쓰고 있다. 아이폰이 개발된 초창기에 애플의 앱 등록 심사는 앱 개발자가 넘어서야 하는 커다란 관문이었다. 하지만 구글은 등록 심사를 간소화하여 대부분의 앱을 등록할 수 있도록 했다. 좋은 앱의 결정은 사용자의 판단에 맡겨둔 것이다. 구글보다 애플에 유료 앱이 많은 이유도 이런 운영 정책 때문이다. 유료 앱은 초기에 비용을 지불하지만 광고 없이 쾌적한 환경에서 이용할 수 있는 장점이 있다. 한편 무료 앱은 다운로드 수를 늘려 애드몹*AdMob*과 같은 모바일 광고 플랫폼으로 수익을 얻을 수 있다.

앱 마켓 운영 정책을 살펴보면 애플은 통제를 선택했고, 구글은 개방을 선택했다는 사실을 알 수 있다. 애플은 통제를 강화하여 플랫폼의 높은 품질을 유지했고, 구글은 플랫폼을 개방하여 보다 많은 앱들이 진입할 수 있도록 장벽을 낮추었다. 애플은 유료 앱의 비중을 높여 앱 판매, 인앱 결제IAP, In App Purchase로 수익을 냈으며, 구글은 유료 앱의 비중을 낮추고 기본적으로 광고에서 수익을 냈다. 애플과 구글의 경영 철학이 그대로 드러나는 플랫폼 전략이라 할 수 있다.

컴퓨터는 점점 더 소형화되고 있고, 수많은 사물 속으로 들어가고 있다. 사물인터넷이 만들어낼 시장 규모는 가늠할 수조차 없을 정도로 어마어마하다. 어찌 보면 모바일 운영체제를 놓고 벌이는 플랫폼 경쟁은 이제 막 첫걸음을 떼었는지도 모른다. 앞으로 어떤 플랫폼 기업이 승자의 길을 걷게 될까?

누가 플랫폼 주도권을 가져갈까?

창고나 기숙사 같은 열악한 환경에서 창업해 치열하게 플랫폼 경쟁을 벌이며 성장한 구글, 애플, 마이크로소프트는 이제 시가총액 10위 안에 드는 거물 기업으로 변모했다. 하지만 이런 초대형 플랫폼 기업 이외에도 크고 작은 많은 플랫폼 기업이 다양한 분야에서 생존 경쟁을 벌이고 있다. 실제로 최근 몇 년 사이에 트위터, 페이스북, 인스타그램, 텀블러*tumblr* 등의 소셜 플랫폼 경쟁이 치열하게 전개되고 있다. 예를 들어 페이스북은 인스타그램을 인수하여 경쟁력을 강화하면서 유력한 승자가 되는 듯했지만, 최근 들어 클럽하우스*Clubhouse*(음성 기반 SNS)와 메타버스 등의 새로운 SNS가 등장하면서 플랫폼 경쟁이 다시금 뜨겁게 달아오르고 있다.

동영상 플랫폼은 이미 유튜브 천하가 되었지만, 쇼트 비디오 플랫폼인 틱톡*TikTok*의 상승세가 무섭다. 특히 10대 청소년에게 틱톡의 인기는 절대적이다. 틱톡은 모바일 맞춤 플랫폼으로, 세로형 동영상 포맷을 제공하기 때문에 스마트폰을 가로로 눕히지 않고도 꽉 찬 화면으로 즐길 수 있다. 영상 길이를 15초로 제한함으로써 지루할 틈을 주지 않는 것이 틱톡의 매력이다. 이러한 틱톡은 '인싸(인사이더 *insider*의 줄임말)들의 놀이터'로 눈길을 끌면서 사람들이 대거 유입됨에 따라 플랫폼 영향력이 확대되고 있다.

물론 유튜브와 틱톡은 콘텐츠의 성격 차이가 확연히 구분된다. 유튜브는 크리에이터가 새롭게 만든 콘텐츠뿐만 아니라 방송사에서 제작한 품질 높은 콘텐츠까지 없는 게 없을 정도로 방대한 콘텐츠 풀을 자랑한다. 과학, 역사, 문학, 운동, 예술 등 다방면에 걸쳐 구축된 지식 콘텐츠는 지식 창고라 불리기에 손색이 없다. 또 유튜브와 크리에이터는 광고 수익을 나누는 공생 관계에 놓여 있기에 비교적 미디어 플랫폼 생태계가 견고하게 작동하고 있다. 이처럼 유튜브와 틱톡은 성격이 서로 다르지만, 그렇다고 해서 서로 경쟁 관계에 놓이지 않는 건 아니다. 유튜브가 틱톡과 비슷한 서비스인 '쇼츠*Shorts*'를 서비스하기 시작하면서 경계가 점점 모호해지고 있기 때문이다. 이들 동영상 플랫폼 기업의 본격적인 패권 경쟁은 이제 시작된 것이나 다름없다.

인공지능 시장이 크게 확대되면서 아마존 에코*Echo*, IBM 왓슨*Watson*, 구글 어시스턴트*Assistant*, 애플 시리*Siri* 등의 AI 플랫폼 경쟁에도 불이 붙었다. 인공지능의 성능이 향상되면서 플랫폼 기업은 인공지능을 중심으로 한 생태계 구축에 집중하고 있다. 이러한 생태계 구축을 위한 노력은 사물인터넷 시장의 빠른 성장을 이끌고 있다. 예를 들면 아마존 에코를 중심으로 홈 사물인터넷을 구축할 수 있고, 구글 홈을 기반으로 다양한 사물인터넷 제품을 제어할 수 있다. 얼마나 다양한 사물인터넷 기기와의 생태계 구축이 가능한지가 AI 플랫폼의 성공 여부를 결정하게 될 것이다.

핀테크 플랫폼 경쟁도 치열하게 전개되고 있다. 우리나라의 경우 토스*toss*와 같은 간편송금 서비스에서 촉발된 핀테크 경쟁은 간편결제, 암호화폐, 인터넷은행 등으로 확대되면서 현금 없는 사회로의 진입을 앞당기고 있다. 핀테크 분야는 결제, 조회, 이체 등 은행의 금융 기능을 표준화해 개방하는 오픈뱅킹(은행권 공통 인프라)이 시행되면서 은행과 핀테크 기업의 협력이 늘고 있다. 핀테크 경쟁에서 뒤처지는 것 같았던 은행이 고객과 핀테크를 연결하는 플랫폼의 역할을 하고 있다는 점이 아이러니하다. 우수한 핀테크 플랫폼과 협력을 이뤄

내 고객에게 새로운 가치를 제공해줄 수 있어야 은행도 살아남는 시대가 된 것이다. 앞으로 플랫폼들이 은행의 역할과 금융 비즈니스를 어떻게 변화시켜 나갈지 관심 있게 지켜봐야 할 것이다.

이와 같이 플랫폼 시장을 분야별로 자세히 살펴보면 플랫폼 기업이 살아남기 위해 얼마나 치열하게 경쟁하며 성장해왔는지를 알 수 있다. 플랫폼은 온라인을 기반으로 하기에 국가 간 경계가 무의미하며 전 세계와 경쟁해야 한다. 한 치 앞도 내다보기 어려운 플랫폼 패권 전쟁의 틈바구니에서 국내 플랫폼 기업들도 미래 시장을 선점하기 위해 글로벌 시장으로 한 걸음 한 걸음 나아가고 있다.

플랫폼 기업이 할인쿠폰을 주는 이유

혁신적인 플랫폼이 등장하여 큰 성공을 거두면 기존에 없던 새로운 시장이 만들어진다. 그렇지만 특정 플랫폼의 큰 성공에 자극받아 개발된 비슷한 플랫폼들이 난립하면서 치킨게임(어느 한쪽이 양보하지 않을 경우, 양쪽이 모두 파국으로 치닫는 극단적인 게임이론) 양상이 펼쳐지고 시장점유율 다툼이 벌어진다. 물론 시장을 처음 만든 혁신적인 플랫폼 기업이 유리하지만 후발 주자들이 치고 올라오면 진흙탕 싸움을 피할 수 없다. 승자 독식의 플랫폼 경제에서 한번 밀리면 끝장이라는 생각 때문에 기업들은 추락하지 않기 위해 안간힘을 쓴다.

플랫폼 간의 경쟁에서는 이용자를 확보하는 것이 가장 큰 경쟁력이기 때문에 공급자 확대보다는 이용자 확보에 혈안이 된다. 이용자가 확보되면 자연스럽게 양질의 공급자도 확대되기 때문이다. 플랫폼이 이용자를 위해 할인쿠폰이나 적립금을 마구 살포하는 이유다. 쿠폰을 발행하는 것은 마이너스 가격을 책정하는 것이다. 마이너스 가격으로도 장사가 되는 것이 플랫폼이다. 다른 쪽에서 교차 보조 *Cross-Subsidization*(한 사업 부문의 결손을 다른 부문에서 나오는 이익금으로 충당하는 것)를 받아 돈을 벌기 때문이다.

이처럼 플랫폼 간에 이용자 확보 경쟁이 치열해진 시장을 '경쟁적 병목*competitive bottleneck*' 시장이라고 한다. 전문적인 용어로 표현하자면, 플랫폼의 한쪽 이용자들은 '싱글호밍*single-homing*'을 하고 다른 쪽 이용자들은 '멀티호밍*multi-homing*'을 하는 경우를 말한다. 여기서 싱글호밍이란 이용자들이 하나의 플랫폼만 이용하는 것을, 멀티호밍은 이용자들이 복수의 플랫폼을 동시에 이용하는 것을 의미한다. 일반적으로 싱글호밍은 돈을 결제하고 제품이나 서비스를 구매하는 수요자인 경우가 많으며, 멀티호밍은 제품이나 서비스를 판매하려는 공급자인 경우가 대부분이다.

경쟁적 병목 현상이 나타나는 플랫폼에서는 싱글호밍을 하는 이용자들에게는 독점 시장이 형성되며, 멀티호밍을 하는 이용자들에게는 경쟁 시장이 형성된다. 멀티호밍 이용자들이 많아질수록 경쟁이 치열해지고 제품 가격이 내려가기 때문에, 싱글호밍 이용자들에게는 더욱 이익이 된다. 플랫폼 기업에게 싱글호밍을 하는 이용자들은 핵심 자산이자 경쟁력이다. 자사의 플랫폼만 이용하는 이용자들이 일정 수준 이상 생기면 그때부터 플랫폼은 힘을 가지게 된다. 플랫폼은 이렇게 확보한 이용자들을 멀티호밍 이용자들에게 파는 것이다.

일반적으로 독립 쇼핑몰의 결제 수수료가 3%라고 한다면, 오픈마켓*open market*의 판매 수수료는 12%에 달한다. 여기서 오픈마켓이란 인터넷 열린 장터로, 개인 또는 소규모 업체가 온라인에서 직접 상품을 등록해 판매할 수 있도록 한 전자상거래 사이트를 말한다. 소셜 커머스나 종합 쇼핑몰의 경우에는 판매 수수료가 20%에 육박하거나 넘기도 한다. 결국 결제 수수료와 판매 수수료의 차이가 플랫폼에서 이용자를 구매한 가격인 셈이며, 이용자가 플랫폼을 무료로 이용할 수 있도록 교차 보조해주는 비용이다. 독립 쇼핑몰의 경우 상품을 판매하기 위해서는 쇼핑몰을 홍보해야 하고 마케팅 비용도 써야 한다. 이용자를 확보하기 위한 눈물거운 사두를 벌여야 한다. 판매 수수료가 비싸더라도 플랫폼에 멀티호밍 이용자로 참여하면 곧바로 판매가 이루어지기 때문에 플랫폼을 배제하고 온라인 판매를 생각하기는 쉽지 않다.

싱글호밍 이용자들에게 경우에 따라 할인쿠폰이나 이벤트 등으로 마이너스 가격을 지불하더라도, 멀티호밍 이용자들에게 독점 이윤을 얻을 수 있으니 플랫폼 입장에서는 남는 장사다. 이용자를 확보하기 위해 엄청난 마케팅 비용을 쏟아부을 수 있는 이유다. 싱글호밍 이용자들은 멀티호밍 이용자들에게 이처럼 교차 보조를 받는 방식으로 혜택을 받으면서 플랫폼을 이용하게 된다. 음식 배달 O2O 플랫폼이 급성장한 이유가 이 같은 플랫폼 운영 방식 때문이다. 배달 앱은 할인쿠폰이나 배달료 무료쿠폰 등을 마구잡이로 배포하여 더욱 많은 이용자를 확보하기 위해 노력하고 있다. 결국 이용자가 많아지면 신규 가맹 음식점도 증가하게 된다. 그렇게 배달 앱에 음식점이 많이 모여들면 이용자들의 효용이 증가하고, 배달 앱은 이용자에게 자사가 쓰는 비용보다 더 많은 혜택을 줄 수 있게 되는 것이다.

하지만 경쟁적 병목 시장에서는 플랫폼도 이익을 남기기가 쉽지 않다. 쿠팡이 수년째 적자에 허덕이면서도 계속해서 투자를 늘리는 이유도 경쟁적 병목 시장에서 승리하기 위해서다. 경쟁적 병목 시장에서 최종 승자가 되면 승자 독식 시장이 될 가능성이 크기 때문에 물러설 수가 없는 것이다. 플랫폼은 손해를 감수하면서 이용자를 확보하고 멀티호밍 쪽에서 이익을 남겨야 하는데 현실적으로 이런 이익을 남기기가 쉽지 않다. 그래서 플랫폼 기업은 경쟁에서 살아남기 위해 멀티호밍 이용자를 싱글호밍시키는 전략을 활용하기도 한다. 즉 자사의 플랫폼에서만 판매하는 특별한 상품을 개발하거나 또는 배타적 계약을 맺어 자사의 플랫폼에서만 판매하도록 하는 방식이다. 이를테면 넷플릭스*Netflix*는 싱글호밍 이용자를 늘리기 위해 넷플릭스에서 직접 제작하거나 독점 유통 계약한 넷플릭스 오리지널 콘텐츠를 운영한다. 넷플릭스 오리지널 콘텐츠는 오직 넷플릭스에서만 시청할 수 있기 때문에 이용자들은 이곳 플랫폼을 찾을 수밖에 없다. 넷플릭스 오리지널로 싱글호밍 상황을 만들어 경쟁적 병목 시장의 문제를 해결해보기 위한 전략인 셈이다. 무한 경쟁 시장에서 살아남기 위해서는 자신만의 킬러 콘텐츠가 반드시 필요하다는 사실을 넷플릭스가 잘 보여주고 있다.

과거의 신용카드 회원 확보 경쟁과 지금의 쿠팡, 위메프, 티몬 등의 e커머스 플랫폼 경쟁, 그리고 배달의민족, 요기요, 쿠팡이츠 등의 O2O 플랫폼 경쟁 구도가 바로 경쟁적 병목 시장이라고 할 수 있다. 하지만 플랫폼에서 상품이나 서비스를 판매하고 있는 공급자들은 소규모 자영업자나 소상공인이 대다수다. 플랫폼 기업도 싱글호밍 소비자를 확보하기 위해 출혈 경쟁을 감수하고 있지만, 경쟁적 병목 상황에서 공급자들은 불리한 위치에 처하게 된다. 플랫폼이 정해놓은 불공정한 규칙을 따를 수밖에 없기 때문이다.

이러한 양상이 시속되면 회원 수나 시장점유율이 고착화되는 시기에 이르는데, 이런 경우 플랫폼 기업은 시장이 안정되었다고 보고 치열한 경쟁보다는 확보한 회원을 기반으로 매출을 극대화하는 쪽으로 전략을 바꾼다. 네이버 뉴스에 보수 성향의 이용자가 많아지고, 다음 뉴스에 진보 성향의 이용자가 많아지는 사례처럼, 플랫폼 이용자의 성향이나 가치관에 따라 플랫폼 성격이 고착화되기도 한다. 하지만 새로운 시장이 생겨나고 정립되는 과정을 거치면서 플랫폼 경제권도 튼튼해진다. 자사만의 플랫폼 경제권을 형성하며 안정을 찾아가는 과정이라고 볼 수 있다.

모든 것을 연결하는 '카톡'의 힘

다음은 국내 2위 포털 사이트다. 우리나라 최초로 웹메일 서비스를 시작했고, 특히 다음 카페는 온라인 커뮤니티의 메카였다. 한때는 검색 점유율 1위를 놓치지 않았을 정도로 가장 핫한 포털이었다. 하지만 2014년에 카카오에 인수되어 현재는 명맥만 유지하고 있는 상황이다. 공식적으로는 다음과 카카오가 합병하여 다음카카오가 탄생했지만, 합병 후 실제 최대주주가 김범수 등 카카오 측 인사이기에 카카오가 다음을 인수해 우회 상장한 것으로 보인다. 한마디로 신생 메신저 플랫폼 기업인 카카오가 대한민국 인터넷 산업의 대부 격인 거대 포털을 인수한 역사적인 사건이었다.

합병 후 카카오의 메인 서비스인 카카오톡과 겹치는 다음 마이피플이 종료되고, 다음뮤직이 카카오뮤직으로, 다음 tv팟이 카카오TV로, 다음 지도는 카카오맵이라는 이름으로 리브랜딩되었다. 다음을 대표했던 파란색이 점차 사라져가고 카카오를 상징하는 노란색이 점점 많이 보일 정도로, 다음의 정체성이 카카오를 중심으로 새롭게 재구축되고 있다.

그럼 카카오가 다음을 인수할 수 있었던 배경에는 어떤 비밀이 숨어 있을까? 결국은 플랫폼의 힘에서 답을 찾을 수 있다. 다음은 닷컴 시대를 거쳐 온 전통적인 인터넷 기업이고, 카카오는 모바일에 기반을 둔 플랫폼 기업이다. 카카오는 디지털 시대의 흐름을 선도하며 새로운 영역에 도전해 엄청난 성공을 거둔 반면, 다음은 선도 기업들을 따라가기에 급급했다. 이미 거대한 기업이 되어 매너리즘에 빠진 다음은 혁신할 수 있는 수준이 아니었다. 다음이 카카오를 선택한 것은 결국 자사의 미래를 위한 어쩔 수 없는 선택이었다.

카카오는 국민 앱으로 등극한 카카오톡을 바탕으로 모바일에 최적화된 다양한 서비스를 개발하여 비즈니스를 확장하고 있다. 스마트폰을 사용하는 국민 대다수가 카카오톡을 사용하고 있고, 사용 시간도 많아서 높은 시너지 효과를 기대할 수 있기 때문이다. 실제 기업들 대다수가 고객 알림을 문자메시지가 아닌 카카오톡 알림톡으로 운영하고 있다. 카카오톡이 모든 커뮤니케이션을 연결해주는 플랫폼이 되고 있다.

카카오의 사례에서 살펴봤듯이, 카카오의 핵심 경쟁력이자 플랫폼 성장의 비밀은 바로 '상호작용'이다. 개인과 개인, 개인과 기업, 개인과 서비스 간의 상호작용을 극대화하여 새로운 가치를 만들어 내고 있다. 이러한 비즈니스에서 카카오톡은 가장 중심적인 역할을 담당하고 있다. 연결이 핵심인 디지털 시대에 커뮤니케이션을 장악하면 못할 일이 없다.

플랫폼은 기본적으로 사용자 간의 상호작용을 통해 자가 증식하며 성장해 나간다. 플랫폼 사용자 수가 증가하면 매출이 초선형적 *superlinear*으로 증가하는 양상을 보인다. 반면에 비용은 저선형적 *sublinear*으로 증가한다. 매출은 기하급수적으로 증가하지만 제반 비용은 큰 폭으로 늘지 않는다는 의미다. 이 같은 매출과 비용의 간극은 시간이 흐를수록 커지며, 이는 플랫폼의 수익 확대로 이어진다. 공급자와 사용자 또는 사용자와 사용자 간의 상호작용이 활발하게 이루어지면 생태계가 구축되고 수익성이 향상되는 것이다. 플랫폼 기업이 사용자 간의 상호작용을 촉진하기 위해 지원을 아끼지 않는 이유다.

▎플랫폼 비즈니스의 매출 및 비용 구조

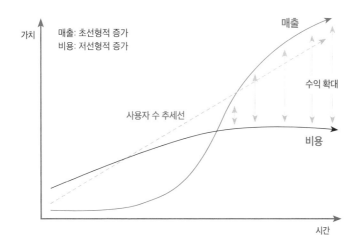

플랫폼 기업과 일반 기업을 구별 짓는 주요한 요소 또한 연결성과 상호작용이다. 일반 기업은 생산자와 소비자 그리고 소비자와 소비자 간의 상호작용이 거의 이루어지지 않는다. 이들 간의 상호작용이 사업에 큰 의미가 없다. 그렇기에 일반 기업의 매출 구조는 '생산자와 소비자'로 명확하게 나누어진다. 일반 기업은 소비자를 확보하고 비용을 효율화하는 전략이 최우선이다. 일반 기업은 비용 효율화를 이루기 위해 규모의 경제를 실현하고자 노력한다. 하지만 제품이 출시되고, 제품 라이프 사이클에 따라 성숙 단계에 접어들면 더 이상의 급성장은 기대하기 힘들다. 인구수나 1인당 소비지출이 한정되어 있으므로 수요도 한계가 있을 수밖에 없다.

이처럼 투입되는 생산요소가 늘어나면 수확체감되는 전통적인 산업 경제와 다르게 플랫폼은 생산요소가 늘어나면 늘어날수록 산출량이 기하급수적으로 증가하는 수확체증의 법칙을 따른다. 게다가 특정 분야에서 플랫폼 리더가 되면 수확체증의 혜택을 누리면서 승자독식의 시위에 오를 수 있을 만큼 임청난 영향력을 발휘할 수 있다.

일반 기업에 비해 플랫폼 기업은 공급자와 사용자의 구분이 명확하다고 보기는 어렵다. 사용자가 공급자가 되기도 하고, 사용자로 머물기도 한다. 플랫폼에서는 공급자와 사용자, 그리고 사용자와 사용자가 연결되어 활발하게 상호작용하며 스스로 콘텐츠를 만들어낸다. 사용자들이 생산의 주체가 되면서 플랫폼은 더욱 풍성해지고, 새로운 사용자들이 플랫폼으로 유입된다. 사용자 한 명이 플랫폼에 합류하면 더 많은 공급자가 플랫폼에 합류하는 유인 효과가 발생한다. 마찬가지로 공급자가 늘어나면 더 많은 사용자를 플랫폼으로 끌어들일 수 있다. 이처럼 꼬리에 꼬리를 무는 '포지티브 피드백*positive feedback*' 구조로 성장 탄력을 받기 시작한 플랫폼은 순식간에 규모를 확대할 수 있다. 여기서 포지티브 피드백이란, 어떤 제품이나 기업이 일단 시장에서 우위를 차지하면 수확체증의 원리에 따라 그 우위성은 더욱 높아지고, 해당 제품이나 기업은 계속해서 시장을 지배해 나가는 현상을 말한다. 플랫폼 성장의 비결은 바로 이 같은 포지티브 피드백에 있다.

일반 기업도 자사의 비즈니스에 연결성을 제공하고 상호작용을 강화한다면, 기업의 성장 한계를 극복하고 플랫폼 기업과 같이 초선형적인 성장을 이룰 수 있다. 에어비앤비*Airbnb*는 숙소를 하나도 소유하지 않고 연결만 해주지만 힐튼*Hilton* 호텔보다 기업가치가 높다. 우버*Uber*는 차량을 한 대도 만들거나 소유하지 않았지만 공유와 연결을 무기로 GM이나 포드*Ford*를 뛰어넘었다. 이처럼 연결성과 상호작용은 일반 기업의 성장 한계를 극복할 수 있는 열쇠다.

플랫폼 기업은 관계를 판매한다. 플랫폼의 성장은 연결의 힘에서 비롯된다. 에어비앤비나 우버도 결국은 연결되어야만 거래가 일어나고 돈을 번다. 배달 앱에서 평점과 리뷰 시스템을 제공하는 이유도 사용자 간의 상호작용이나 사용자와 사업자 간의 상호작용을 강화하기 위한 전략이다.

3

플랫폼의 진화는 계속된다

플랫폼 비즈니스 모델 어디까지 확장될까?

플랫폼은 무형의 네트워크로 존재하고, 정형화되어 있지 않다. 플랫폼은 IT만을 의미하지도 않고, 다양한 분야에 보이지 않게 존재한다. 어찌 보면 플랫폼은 하나의 뜨거운 '현상'파도 같다. 하지만 관심을 가지고 잘나가는 어떤 제품이나 서비스를 연구하다 보면, 결국 플랫폼에 다다르는 현상이 흥미롭다. 디지털 시대에 거의 모든 성공의 이유가 플랫폼으로 설명된다는 것이 놀라울 뿐이다.

이러한 플랫폼은 테크놀로지의 발달과 함께 진화하고 있다. 실제 테크놀로지의 발달 속도에 적응한 플랫폼만 성공의 역사를 쓰고 있다. 4차 산업을 대표하는 테크놀로지인 인공지능, 사물인터넷, 빅데이터, 로봇, 자율주행차, 블록체인, LBS *Location Based Service* (위치 기반 서비스), 증강현실, 가상현실, 핀테크 등이 다양한 형태로 융합되어 플랫폼에 구현되고 있다.

일례로 SNS나 O2O, 공유경제 분야에 구축된 플랫폼을 통해 데이터가 축적되면서 특정 분야에 최적화된 데이터를 활용할 수 있게 되었다. SNS나 쇼핑몰, 앱 등을 통해 유의미한 데이터가 만들어지고 있다는 의미다. 더욱이 사물인터넷 기기가 확산되면서 데이터양이 기하급수적으로 늘어나 플랫폼의 활동 영역이 대폭 넓어지고, 플랫폼이 빅데이터라는 기술을 만나 그 영향력이 배가되고 있다. 그렇다면 플랫폼이 테크놀로지를 바탕으로 어떻게 생태계를 구축해 나가는지, 플랫폼은 어떤 비즈니스 모델로 부를 창출하는지 자세하게 살펴보자.

│ 4차 산업 테크놀로지와 플랫폼 경제

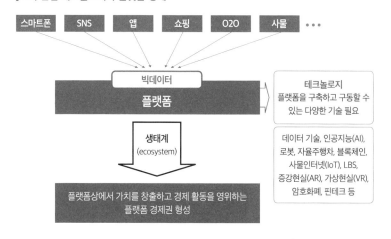

기술을 흡수하며 진화 중인 플랫폼

플랫폼은 첨단 기술의 각축장이다. 플랫폼은 새로운 테크놀로지를 받아들이면서 사용자 인터페이스를 개선하고, 새로운 기능을 추가하며, 다른 시스템과의 호환성을 향상시킨다. 이렇듯 플랫폼은 '흡수' 전략을 활용해 고도화하면서 성장해 나간다. 여기서 플랫폼 흡수 *Platform Envelopment*란 다른 플랫폼의 좋은 기능이나 새로운 테크놀로지를 흡수하여 내재화함으로써 플랫폼 리더십을 지속적으로 유지하는 전략이다. 경쟁 플랫폼에서 새로운 기능이나 서비스를 제공하면 자사의 플랫폼에도 비슷한 기능을 추가하여 경쟁할 수 있도록 균형을 맞추는 것이다. 이렇게 일정 수준에 도달한 플랫폼은 앞서거니 뒤서거니 하면서 다른 플랫폼과 동반 성장해 나간다.

첨단 기술이 구현된 플랫폼은 공급자와 수요자 등의 플랫폼 참여자를 끌어들여 비즈니스 생태계를 형성한다. 이러한 생태계는 플랫폼을 지속적으로 성상시키는 원동력이다. 플랫폼 참여자들이 플랫폼을 활용하여 가치를 창출하고 경제 활동을 수행하는 과정에서 플랫폼 경제권이 형성되는 것이다.

앞에서 설명했듯이 다양한 첨단 기술 가운데 플랫폼 경제와 밀접한 연결 고리를 가지고 있는 분야는 '빅데이터'다. 세상의 모든 것이 인터넷으로 연결되면서 데이터가 폭증하고 있다. 지금 이 글을 읽는 순간에도 데이터는 생성되어 쌓이고 있다. 우리가 별생각 없이 사용하고 있는 스마트폰에서 발생하는 데이터만 고려해봐도 그 양이 어마어마하다. 스마트폰으로 통화하고 문자메시지를 주고받는 데이터들은 내 디바이스에도 저장되지만, 통신사 서버에도 차곡차곡 쌓인다. 스마트폰을 들고 이동하면 위치 데이터가 쌓이고, 어떤 앱을 주로 사용하는지에 대한 데이터도 쌓인다. 또 어떤 가게에서 얼마를 결제했는지에 대한 데이터도 쌓인다. 온라인 쇼핑몰에서 어떤 상품을 찾아보고, 어떤 상품을 구매했는지에 대한 쇼핑 데이터도 쌓인다. 과거에는 소비자가 제공해줄 수 있는 정보가 적었다면, 요즘은 소비자의 행동 하나하나에 대한 데이터까지 실시간으로 제공될 정도다.

물론 데이터가 쌓여 있는 것만으로 가치가 생기는 것은 아니다. 도처에 존재하는 대규모 데이터를 실시간으로 처리하고 분석해서 새로운 가치를 만들어내야 한다. 이처럼 데이터 더미에서 유의미한 정보를 추출해내는 것이 바로 빅데이터 기술이다. 플랫폼의 주요 수익 모델은 결국 광고 아니면 e커머스다. 빅데이터 분석으로 이런 수익 모델을 더욱 정교하게 구성하면 놓치고 있던 매출을 찾아낼 수 있다. 구글 광고가 클릭당 비용이 높음에도 많은 광고주가 몰리는 이유는 빅데이터 분석으로 정교한 타깃팅이 가능하기 때문이다. 실제 구글 플레이스토어에 앱 광고를 진행하면 광고 효율이 굉장히 높게 나타나는 것으로 분석되고 있다. 구글 안드로이드 사용자의 앱 사용 데이터를 분석해서 관심도가 높은 사용자에게 최적화하여 앱 광고를 노출해줌으로써 광고 효과를 높이고, 앱 설치당 광고비를 낮춰주고 있다. 또 성별, 나이, 지역 등 인구통계학적 데이터를 기반으로 한 앱 광고 타깃팅도 가능하다. 이와 같은 높은 광고 효율은 구글 광고를 계속해서 진행하게 하며, 다른 광고 플랫폼으로의 이탈을 막아준다.

예를 들어 좋은 글과 명언을 제공하는 '읽으면 좋은글' 앱의 경우, 출시와 동시에 구글 광고를 진행해 앱 설치 수를 안정적으로 늘렸다. 빅데이터 분석으로 좋은 글에 관심이 있고 앱을 설치한 이후 꾸준히 이용하는 사용자에게 우선적으로 광고를 노출시키기 때문에 높은 광고 효율을 보장받을 수 있었다. 나이대나 지역, 관심사도 설정할 수 있어서 읽으면 좋은글 앱의 주요 타깃인 시니어 세대를 겨냥해 광고 효율을 높였다. 무엇보다 앱 설치당 광고비용을 입찰하는 방식이어서 광고 예산을 편성하는 데 유용하다. 광고비를 소진하는 기간의 차이가 있을 뿐, 지나고 보면 설치당 광고비용이 거의 들어맞는 것으로 분석되었다. 설치당 광고비용을 높이면 단기간에 많은 설치 수를 달성할 수 있고, 설치당 광고비용을 낮추면 목표한 설치 수를 달성하는 데 기간이 오래 걸린다. 기간이 오래 걸려도 직은 비용으로 광고를 하고 싶다면 설치당 광고비용을 낮추면 된다.

구글 광고를 진행해 설치 수가 증가하면 구글 플레이스토어 내에서의 검색 결과 순위도 상승한다. 검색 결과 순위의 상승은 유료 광고가 아닌 유기적 도달(사람들의 상호작용을 통해 게시물이 퍼지는 형태)을 통해 앱이 성장해 나가게 도와준다. 예를 들어 구글 플레이스토어에서 '좋은 글'을 검색했을 때, 검색 결과 상위 10위 안에는 들어야 사용자의 선택을 기대해볼 만하다. 운영을 이제 막 시작한 신규 앱은 구글에서 일정 부분 노출 어드벤티지*advantage*를 부여해주기 때문에 혜택을 보기도 하지만 처음부터 검색 결과 상위에 노출되기는 어렵다. 이때 구글 광고로 설치 수를 증가시키면 비교적 쉽게 검색 순위를 높일 수 있다. 또한 카테고리 내에서 인기 차트 상위에 오르거나 급상승 앱, 관련 앱, 유사한 앱 등의 구글 피처드*Google Featured*(구글 플레이 추천 앱)로 추천받을 수 있어서 부수적인 홍보 효과도 기대해볼 수 있다.

아마존과 같은 쇼핑 플랫폼에서는 회원의 소비 성향과 지금 필요한 상품을 분석하여 제안해줌으로써 매출을 늘리고 있다. 가령 일회용 기저귀를 구매한 소비자가 있다면 기저귀가 떨어질 시기에 맞춰 기저귀 상품 정보를 노출해준다. 사용자가 제품이 필요해서 검색해보기 전에 미리 상품을 제안함으로써 번거로운 절차를 생략하고 바로 구매할 수 있도록 유도한다. 이러한 개인화된 추천 서비스는 평소 사용자가 알게 모르게 제공한 데이터를 분석함으로써 이루어진다.

빅데이터 분석은 하루 24시간 일할 수 있는 인공지능의 몫이다. 스마트폰과 같은 디지털 기기가 확산되면서 폭발적으로 증가한 데이터는 인공지능의 발전으로 더욱 빠르고 효율적으로 분석되고 있다. 이렇게 도출된 데이터는 여러 분야의 플랫폼에 유의미한 정보로 제공되어 사업의 방향을 정하는 데 큰 도움을 주고 있다.

세상에 공짜는 없다

첨단 기술이 접목된 플랫폼을 구축하면 또다시 다양한 형태의 플랫폼 비즈니스 모델이 탄생된다. 이 말은 플랫폼은 플랫폼을 구성하는 '테크놀로지'와 플랫폼을 활용하는 '비즈니스 모델'로 설명된다는 뜻이다. 앞에서 살펴보았듯이 플랫폼이 수익을 창출하는 것은 간단한 일이 아니다. 실제 수많은 사용자가 몰려들어 성공한 플랫폼 중에는 결국 마땅한 비즈니스 모델을 찾지 못해 역사 속으로 사라진 사례가 수두룩하다. 과거에 참여, 공유, 개방의 가치를 내걸고 등장했던 이용자 참여 중심의 수많은 웹 2.0 플랫폼들이 일부 사례(위키피디아, 네이버 지식iN, 각종 블로그 등)를 제외하고는 거의 자취를 감춘 이유다.

플랫폼 기업은 이용자에게 직접 과금하기가 부담스럽기 때문에 대체로 플랫폼 이용은 무료로 제공하면서 이용자 확보에 주력한다. 하지만 일정 수준 이상의 이용자를 확보한 후 다양한 비즈니스 모델을 기획해 수익 창출을 도모하더라도 성공하는 플랫폼은 드물다. 플랫폼에 섣불리 비즈니스 모델을 도입했다가 오히려 반발을 일으키는 사례도 많기 때문이다. 이를테면 우리는 섣부른 유료화가 가져온 프리챌과 다음 온라인 우표제의 참혹한 실패를 기억할 필요가 있다.

그렇다면 플랫폼은 어떻게 무료로 서비스를 제공할 수 있을까? 플랫폼을 운영하기 위해서는 비용이 발생할 텐데 말이다. 엄밀히 말하면 플랫폼은 누군가에게 비용을 받고 있다. 이용자 대신 광고주가 돈을 내기도 하고, 유료 멤버십 이용자가 돈을 지불하기도 한다. 또 투자자나 후원자가 돈을 제공하기도 하고, 자사가 다른 사업 분야에서 번 돈으로 보조하기도 한다. 플랫폼 이용료를 이용자에게 받지 않고, 플랫폼 운영에 필요한 비용을 교차 보조 방식으로 충당하여 이익까지 내고 있는 셈이다.

하지만 당장은 서비스 이용료가 무료인 것 같지만, 이용자는 다양한 방식으로 비용을 지불하게 된다. 플랫폼을 이용하다가 관심이 가는 광고를 클릭하여 광고주 사이트로 이동해 회원 가입을 하거나 구매까지 이어졌다면, 이용자는 플랫폼 이용료를 지불했다고 볼 수 있다. 광고주 사이트에서 결제한 금액 안에 이미 플랫폼 이용료가 포함된 것이다. 이렇게 구매가 일어나면서 광고 효과를 보면, 광고주는 그 이익금을 모아 또다시 플랫폼에 광고를 게시하게 된다.

예를 들어 에버노트 *Evernote* 나 드롭박스 *Dropbox* 같은 플랫폼의 경우 무료 회원이 있고 유료 회원이 있다. 무료 회원은 별생각 없이 플랫폼을 이용하겠지만, 따지고 보면 유료 회원이 내는 이용 요금에서 교차 보조를 받아 무료로 이용할 수 있는 것이다. 또 e커머스 플랫폼을 이용하는 고객은 플랫폼 이용이 무료이고 구매 수수료도 별도로 지불하지 않는다고 생각할 수 있지만, 제품 가격 내에 구매 수수료가 책정되어 포함되어 있을 수 있다.

판매자는 제품 가격을 책정할 때 플랫폼에 지급해야 하는 판매 수수료와 광고비까지 고려해서 제품 가격을 책정한다. 이용자가 온·

오프라인을 막론하고 소비를 위해 지출한다면, 그 돈은 돌고 돌아 플랫폼 이용료를 지불하는 효과로 이어진다는 의미다. 플랫폼 기업 입장에서 한번 확보한 고객은 두고두고 플랫폼의 이익을 보장해준다. 플랫폼은 싱글호밍 이용자를 묶어두기 위해 할인쿠폰을 제공하거나 다양한 이벤트를 진행하는데, 이는 상거래 플랫폼에서 나타나는 '유인 후 갈취*bargain then ripoff*'의 전형적인 형태다. 이러한 방식에는 플랫폼 참여 그룹에 차별적으로 가격을 할당함으로써 플랫폼을 활성화하려는 전략이 숨어 있다. 이용자에게는 돈을 받지 않고 공급자에게만 돈을 받는 차별적인 가격 할당으로 이용자가 플랫폼에 들어오는 진입 장벽을 낮추어 플랫폼 생태계를 구축하는 데 필요한 이용자 수를 확보하기 위함이다.

유인 후 갈취는 플랫폼의 가장 보편적인 비즈니스 전략이다. 일단 이용자들이 떠들썩해야 사업자도 들어오고 광고도 들어오기 때문이다. 승객과 택시를 연결해주는 플랫폼인 카카오T가 이런 전략을 사용하는 대표적인 사례다. 2015년에 택시 중개 사업에 진출한 카카오T는 승객과 택시 기사 모두 '공짜'로 이용할 수 있는 택시 호출 플랫폼이라는 점을 내세워 인기몰이를 시작했다. 현재는 택시 호출 플랫폼 시장의 80%를 점유할 정도로 크게 성장했다. 그러나 무료 서비스로 이용자를 끌어모으던 카카오T는 차츰 무료보다 유료 서비스를 늘리고 있다. 예를 들어 인공지능을 활용해 배차 성공 확률이 높은 택시를 우선 호출(콜)해주는 '스마트 호출' 서비스를 유료로 운영하고 있다. 또 택시 기사가 원하는 목적지의 호출을 확인하여 우선적으로 받을 수 있는 '목적지 부스터'와 단골손님 관리 기능이 핵심인 '프로 멤버십'을 유료로 출시했다.

이처럼 카카오T는 사업 초기에는 플랫폼을 무료로 이용하도록 해 승객과 택시 기사 회원을 쉽게 모을 수 있었다. 그 과정에서 택시 호출비를 받아 먹고사는 소규모의 지역 택시 콜 업체들은 설 자리를 잃고 말았다. 결과적으로 카카오T를 사용하기 시작한 승객과 택시 기사는 플랫폼에 락인*Lock-in*될 수밖에 없는 상황이 되었다. 즉 무료를 미끼로 플랫폼을 성장시키고, 플랫폼이 독점적인 위치에 올라선 이후에 본격적인 수금에 나서는 전형적인 플랫폼 비즈니스 전략이다.

플랫폼 비즈니스 모델의 성공을 결정짓는 것은 플랫폼 참여자에 대해 차별적으로 가격을 할당함으로써 '교차 네트워크 효과'를 확보하는 것이다. 교차 네트워크 효과란 이용자 그룹 사이의 상호작용이나 거래량이 늘어나면, 공급자 그룹의 참여가 더욱 증가함으로써 발생하는 효과를 의미한다. 플랫폼 내부에서 교차 네트워크 효과가 발생하면 선순환 구조의 생태계가 조성되면서 눈덩이가 커지듯 플랫폼이 성장하게 된다. 선순환 구조의 생태계를 만드는 것은 시간이 걸리고 무척 어렵지만, 이렇게 구축된 생태계가 무너지는 것은 순식간이다. 특히 유료화나 수수료 모델 등 민감한 돈 문제를 제대로 해결하지 못하면 돌이킬 수 없는 상황에 내몰리기도 한다. 플랫폼에 비즈니스 모델을 적용하려면 다방면으로 검토하고 전략을 세워야 한다는 뜻이다.

공짜(free)와 프리미엄(premium)을
결합한 'Freemium'

플랫폼이 수익을 창출할 수 있는 가장 보편적인 방법은 바로 '광고 게재'다. 일정 수준 이상의 회원과 방문자를 확보한 플랫폼은 광고를 게재하여 수익을 만들어낼 수 있다. 이를테면 광고주를 직접 영업할 수도 있고, 구글 애드센스*AdSense*나 애드몹 등의 광고 플랫폼을 이용하여 광고 수익을 올릴 수도 있다.

하지만 광고 모델은 여러 가지 위험 요소도 있다. 먼저, 과도한 광고는 이용자의 반감을 살 수 있다. 그동안 광고 없이 쾌적한 환경에서 플랫폼을 이용해왔던 이용자는 불쑥불쑥 시야를 사로잡는 광고의 등장으로 불쾌감이 들 수 있다. 실제로 광고를 게재했을 때 일시적으로 방문자 수가 줄어드는 경향이 있다. 광고로 인해 반감을 가진 이용자들의 이탈이 심화될 수 있으므로 광고 모델을 활용할 때는 주의를 기울여야 한다. 광고를 게재하더라도 플랫폼 이용에 불편함이 없거나 가독성을 해치지 않는 범위 내에서 진행해야 한다.

광고의 품질도 중요하다. 광고도 콘텐츠가 되는 시대다. 플랫폼의 성격과 전혀 맞지 않는 광고가 노출된다면 이용자들이 거부감을 느낄수 있다. 직접 영업해서 모집한 광고주라면 상관없지만, 광고 플랫폼을 이용해 무작위로 광고가 노출되는 경우는 업종이나 경쟁사에 대해 필터링을 해야 한다. 가령 자사의 좋은 글 앱에 애드몹 광고를 게재할 때 타사의 좋은 글 앱 광고가 노출되는 경우가 종종 있다. 자사의 좋은 글 앱만 사용하는 싱글호밍 이용자를 많이 확보해야 하는데, 타사의 좋은 글 앱이 홍보되는 것이다. 이런 경우는 애드몹 '차단관리' 메뉴의 광고 심사 센터를 통해 경쟁사 광고를 차단하는 것이 좋다.

광고는 플랫폼의 가장 기본적인 비즈니스 모델이고, 플랫폼을 유지하려면 광고 이외의 다른 비즈니스 모델이 반드시 필요하다. 광고 모델은 플랫폼뿐만 아니라 인터넷에서 서비스하고 있는 거의 모든 사업자의 비즈니스 모델이다. 블로그나 유튜브 채널만 운영해도 광고로 수익을 낼 수는 있다. 그렇지만 광고 수익만으로 플랫폼이 유지될 정도로 트래픽이 높은 플랫폼은 그리 많지 않다. 광고 수익은 기본적인 수준만 유지하면서 플랫폼이 제공할 수 있는 핵심 가치를 이용한 비즈니스 모델을 발굴해야 한다.

플랫폼의 비즈니스 모델로 최근에 가장 각광받고 있는 모델은 '프리미엄freemium 모델'이다. 여기서 프리미엄은 무료인 '프리free'와 유료인 '프리미엄premium'이 합해서 탄생한 신조어다. 플랫폼에서 기본으로 제공하는 기능이나 용량, 사용자 수 등은 한도 내에서 무료로 이용할 수 있으나, 그 이상을 이용하기 위해서는 유료 결제를 해야 하는 방식을 뜻한다.

일례로 소프트웨어를 서비스로 제공하는 SaaSSoftware as a service 기업들이 유료화 정책에 대한 이용자들의 거부감을 줄이기 위해 프리미엄 모델을 도입하고 있다. 드롭박스나 에버노트의 경우 기본 서비스는 무료로 제공한다. 무료로 이용할 수 있는 사용 용량에 제한을 두고 그 이상 이용하기를 원할 경우는 유료 회원 결제를 하도록 유도하고 있다. 서비스를 이용할 수 있는 컴퓨터나 스마트폰 대수도 제한하여 더 많은 디바이스에서 접속하기를 원할 경우는 유료 회원으로 가입해야 한다. 일단 무료로 써보고 유료 결제하는 방식이기 때문에 일반 이용자는 부담 없이 이용해볼 수 있다. 일반 이용자는 기본으로 제공하는 서비스만 이용해도 거의 불편함이 없어서 유료 서비스 때문에 플랫폼을 떠날 이유도 없다. 무료 이용자는 당장 돈을 내지는 않지만 잠재 고객으로서 충분한 가치가 있다. 유료 회원으로 플랫폼을 이용하는 경우는 비즈니스 목적이 대부분이다.

이러한 프리미엄 모델을 가장 잘 활용하는 대표적인 기업은 구글이다. 구글은 지메일이나 구글 드라이브의 경우 이용자가 기본으로 제공되는 15GB를 초과해서 사용하고 싶다면 스토리지를 구매해야 한다. 구글에서 제공하는 서비스는 대부분 무료이지만 제한이 있으므로 그 이상을 사용하고 싶다면 비용을 지불해야 한다.

유튜브는 무제한으로 동영상을 시청할 수 있지만 원하지 않아도 광고를 봐야 한다. 하지만 유료 멤버십 서비스인 유튜브 프리미엄에 가입하면 광고를 보지 않고 동영상을 시청할 수 있다.

유료 멤버십에 가입하면 광고를 노출하지 않는 비즈니스 모델은 폴라리스 오피스 *Polaris Office* (클라우드 기반 오피스 소프트웨어)와 같은 소프트웨어 기반의 앱에서 많이 사용하고 있다. 또한 동영상 편집 앱은 동영상을 무료로 편집할 수 있도록 개방했지만, 편집된 동영상에는 앱의 로고가 노출된다. 앱 로고를 삭제하거나 고급 기능을 사용하기 위해서는 유료 회원으로 전환해야 한다.

이와 같은 프리미엄 모델이 성공하려면 플랫폼의 핵심 가치를 무료로 과하지 않게 제공하면서, 한편으로는 무료 서비스와 확연히 차별화 되는 가치를 가진 유료 서비스를 개발해야 한다. 무료 서비스가 대중으로부터 관심을 끌 만큼 충분히 매력적이어야 하고, 유료 고객을 끌어들일 수 있을 정도로 유료 서비스도 특별한 가치를 제공할 수 있어야 한다.

플랫폼 기업이 처음부터 서비스를 유료로 운영하는 것은 결코 쉬운 결정이 아니다. 플랫폼이 꽃을 피워보지도 못하고 사라질 수 있기 때문이다. 그렇다고 광고 수익만 바라보고 있기에는 좀처럼 트래픽이 빠르게 상승하지 않는다는 문제도 있다. 하지만 플랫폼을 무조건 무료로 개방해서는 안 된다. 플랫폼의 핵심 가치를 완전히 무료로 제공하는 방식이 아니라, 일단 이용자에게 써보게 하여 핵심 가치를 인정받고 유료 결제로까지 이어지게 하는 비즈니스 모델이 필요하다. 그것이 바로 프리미엄 모델이다. 프리미엄 모델은 신생 플랫폼들이 성장을 이뤄낼 수 있었던 비결이기도 하다.

플랫폼은 거래 중개 역할만 할까?

플랫폼은 공급자와 이용자를 연결하여 거래가 일어날 수 있도록 지원한다. 플랫폼에서 거래가 발생하면 공급자는 플랫폼 기업에 중개 수수료를 지급한다. 보통은 플랫폼에서 결제가 이루어지기 때문에 공급자가 이용자에게 재화나 서비스를 공급한 후, 중개 수수료를 제한 금액을 플랫폼이 공급자에게 지급한다.

거의 모든 e커머스 플랫폼은 이런 중개 수수료가 기본 비즈니스 모델이다. 이베이, 아마존 등과 같은 전통적인 e커머스 플랫폼 외에도 에어비앤비, 우버와 같은 공유경제 플랫폼도 중개 수수료가 주된 비즈니스 모델이다. 중개 수수료 모델은 거래가 일어나지 않으면 이용자와 공급자 모두 비용을 내지 않아도 되기 때문에 손해를 보지는 않는다.

공급자 간의 경쟁이 치열할 정도로 거래가 매우 활발한 중개 플랫폼은 중개 수수료 외에도 플랫폼 내에서 다양한 비즈니스 모델을 활용할 수 있다. 검색 결과 화면 상단에 노출해주는 광고 상품을 출시할 수도 있고, 특정 아이콘을 노출시켜 상품이 눈에 잘 띄게 할 수도 있다. 상품의 상세 페이지를 제작해주거나, 홍보를 대행해주는 등의 부가적인 비즈니스 모델도 시도할 수 있다.

이처럼 플랫폼은 거래가 활발히 이루어질 수 있도록 다양한 장치를 마련해야 한다. 특히 공급자가 상품을 등록할 때 이용자의 구매 결정에 영향을 미치는 정보를 명확하게 제공하는 기능을 갖춰야 한다. 예를 들어 구매 후 배송, 환불, 교환, AS 등 이용자가 가장 궁금해하는 사항에 대한 정책을 명확하게 고지해야 나중에 분쟁이 발생하지 않는다. 또한 이용자와 공급자가 상호 간에 의사소통할 수 있도록 메시지 기능을 제공하거나, 할인쿠폰이나 이벤트를 선택하여 진행할 수 있는 기능을 제공하는 방법도 있다.

무엇보다 중개 플랫폼을 운영할 때 놓치지 않아야 할 부분은 '상호 신뢰'다. 특히 공유경제 플랫폼의 경우는 상호 간의 평판이 매우 중요하다. 많은 이용자들이 사용 후기를 보고 구매를 결정하기 때문에, 공급자 입장에서는 좋은 사용 후기를 얻기 위해 최선을 다하지 않을 수 없다. 이 점은 이용자 입장에서도 마찬가지다. 평판이 좋지 않은 이용자에게 자신의 집이나 차를 빌려줄 수는 없기 때문이다.

마찬가지로 중개 플랫폼이 중요하게 행해야 하는 역할은 '거래 대금의 예치'다. 거래가 완료되기 전까지는 플랫폼이 거래 대금을 보유하고 있기 때문에, 공급자는 거래 대금을 받을 수 없다. 결국 공급자는 거래가 완료될 때까지 이용자에게 최선을 다해 서비스해야 한다. 이용자는 이 같은 플랫폼 정책 덕분에 플랫폼에서 믿고 거래할 수 있고, 공급자와 대등한 입장에서 거래를 완료할 수 있다. 플랫폼은 이런 장치를 통해 플랫폼 외부에서 일어나는 직접 거래를 방지할 수 있으며, 이용자와 공급자 간의 안전한 거래를 중개할 수 있다.

중개 플랫폼은 공급자의 품질이 저하되면 '레몬마켓 *Lemon market*'

으로 전락할 수 있기에 콘텐츠 품질을 관리하는 데 유의해야 한다. 레몬마켓은 이용자와 공급자 사이에 제품에 대한 정보가 비대칭적인 상황에서 저품질의 상품이 거래되는 시장을 일컫는다. 쉽게 말해 정보의 비대칭성 때문에 품질을 제대로 알 수 없는 시장을 말한다. 상품에 대한 정보가 부족한 이용자는 일정 수준 이상의 금액을 지불하려 들지 않기 때문에 제대로 된 거래가 발생하지 않는 악순환이 일어나게 된다. 레몬마켓은 특히 중고 자동차와 같이 판매자와 구매자 간에 정보가 투명하게 공개되지 않는 중고 제품 거래 시장을 빗대어 만들어진 용어다. 레몬은 겉보기에는 예쁘고 맛있게 생겼지만 속이 너무 시어서 먹기 어려운 특성 때문에, 겉과 속이 다른 물건을 가리키는 말로 많이 쓰인다. 정형화된 상품이나 신품을 거래하는 플랫폼보다 공유경제 플랫폼의 경우 이 같은 레몬마켓으로 전락하기 쉽다.

따라서 플랫폼 기업은 공급자의 평판을 관리하고, 상품에 대한 올바른 정보를 전달하기 위한 서비스에 많은 노력을 기울여야 한다. 플랫폼이 중개자 역할과 책임을 공정하게 운영해야 신뢰도가 높이져 성공할 수 있음은 두말할 나위가 없다.

구독 서비스 어디까지 해봤니?

플랫폼 기업의 또 다른 대표적인 비즈니스 모델로는 '구독 모델'

이 있다. 구독 모델은 일정 기간 동안 구독료를 지불한 고객에게 상품이나 서비스를 제공하는 것인데, 다른 말로 '구독경제subscription economy'라고도 불린다. 구독 모델은 일정액을 내면 사용자가 원하는 상품이나 서비스를 공급자가 주기적으로 제공하는 신개념 유통 서비스다. 지정된 날짜에 주기적으로 해당 상품을 배달해주기 때문에 고객이 필요한 제품을 매번 사는 번거로움을 덜어줄 수 있다.

예를 들어 뷰티 스타트업 미미박스 MBX는 정기적으로 다양한 화장품을 박스에 담아 배송해주는 구독 서비스로 유명하다. 신세계백화점은 과일 정기 구독 서비스를 선보였다. 신세계 바이어가 직접 선정한 제철 과일을 매주 배달해주는 서비스로 고객들의 관심이 높아지고 있다. 또 실생활에 도움을 주는 구독 서비스도 등장하고 있다. 빨래를 대신해주는 구독 서비스, 영양제를 맞춤형으로 정기 배송해주는 구독 서비스 등이 있다. 그뿐만 아니라 과자, 양말, 전통술 구독 서비스 등 다양하고 획기적인 구독 서비스가 생겨나고 있다. 구독 서비스가 매달 배송된다는 점을 반영하여 여성의 생리 주기에 맞춰 유기농 생리대를 정기적으로 배송해주는 서비스까지 등장하고 있으니 구독 모델의 범위가 어디까지일지 앞으로가 더욱 기대된다.

구독 서비스의 장점은 체험 상품이나 기획 상품으로 구성되어 본품이 시중에 널리 판매되기 전에 신제품을 미리 사용해볼 수 있다는 것이다. 또한 모르고 있던 다양한 제품을 알게 되고, 본품 가격에 못 미치는 가격으로 제품을 사용해볼 수 있다는 장점이 있다. 구독 서비스를 이용하는 소비자는 '소유'가 아닌 '경험'을 중시하는 특징이 있다. 구독 서비스는 이런 소비자들에게 다양한 서비스와 상품을 경험할 수 있는 기회를 제공하고, 편리한 생활에 대한 니즈를 충족시켜줄 수 있다. 반면에 구독 서비스는 소비자가 어떤 제품을 받는지 모를 수 있고, 제품이 랜덤으로 구성되기 때문에 나에게 맞지 않는 제품을 받을 수도 있다는 점 등이 단점이다.

이와 같이 정기적으로 제품을 배송받는 구독 서비스 외에 월정액을 내면 유료 콘텐츠를 해당 기간 동안 자유롭게 이용할 수 있는 구독 서비스도 있다. 일례로 애플은 월정액을 내고 게임을 즐길 수 있는 구독형 게임 서비스인 애플 아케이드 *Apple Arcade*를 서비스하고 있다. 유료나 무료로 앱을 다운로드한 후에 앱 내에서 콘텐츠나 아이템을 구매하는 인앱 결제*IAP* 모델에서 구독 모델로 전환한 것이다. 애플 아케이드를 구독하면 아케이드 내의 모든 게임을 광고 없이 마음껏 즐길 수 있을 뿐만 아니라 가입 계정을 가족과 공유하여 함께 즐길 수 있다.

구독 모델로 가장 성공한 플랫폼을 꼽자면 넷플릭스를 빼놓을 수 없다. 넷플릭스를 구독하면 광고 없이 넷플릭스의 모든 영상 콘텐츠를 자유롭게 관람할 수 있다. 국내에서도 해외 영화, 드라마를 즐겨 보는 이용자나 영어 공부를 하기 위해 넷플릭스 영상 콘텐츠를 시청하는 이용자가 늘고 있다. 넷플릭스 영상을 한번 시청하기 시작하면 계속해서 다음 화가 재생되기 때문에 쉽게 끊을 수 없는 매력이 있다. 넷플릭스는 비디오 대여 사업으로 시작해 DVD 대여 서비스를 거쳐,

현재는 온라인 스트리밍 위주로 서비스하고 있다. 2018년 기준 미국과 유럽 지역에서 온라인 동영상 시장점유율 1위를 기록하고 있으며, 2019년 기준 전 세계 동영상 스트리밍 시장에서 30%의 시장점유율을 차지하고 있다. 미국 내 프라임 타임 *prime time*(하루 중 시청률이 가장 높은 황금 시간대)의 인터넷 트래픽 3분의 1을 넷플릭스가 사용하고 있다는 CNN의 보도가 있을 정도로 엄청난 인기를 끌고 있다. 현재 넷플릭스가 방송 산업의 역사를 새로 쓰고 있다고 봐도 무방하다.

구독 모델은 앞에서 살펴본 프리미엄 *freemium* 모델과 비교해보면 그 차이를 쉽게 이해할 수 있다. 프리미엄 모델이 무료 회원을 먼저 모은 다음 유료 회원으로 전환시키는 방식이라면, 구독 모델은 유료 멤버십 서비스와 같은 개념으로 보면 된다. 월정액을 지불하고 제품을 받아보거나 서비스를 무제한으로 사용할 수 있는 모델이기 때문이다.

구독 모델을 활용할 때 유의할 점은 무엇보다 일정 기간 동안 책정된 구독 금액과 플랫폼이 제공하는 가치 간의 균형을 잘 맞춰야 한다는 것이다. 이용자가 발품을 팔아서 이것저것 알아보고 알뜰하게 구매하는 것보다, 가격이 조금은 비쌀지 몰라도 그것을 상쇄하고도 남을 만큼의 다른 이익이 존재한다면 해당 플랫폼의 구독 서비스를 충분히 선택할 만한 가치가 있기 때문이다.

구독 모델은 신문이나 잡지 등의 월 구독 방식으로 시작해서, 주기적으로 생필품이나 의류 등을 받아 사용하거나, 여러 종류의 차량을 이용할 수 있는 서비스 등으로 발전하고 있다. 사실상 구독 모델이 적용되는 범위가 우리 일상 전반에 걸쳐 넓어지고 있는 추세다. 수많은 선택의 기로에서 결정하는 일에 어려움을 겪는 현대인에게 하나의 선택을 강요하지 않고 선택의 폭을 넓혀주는 구독 모델은 꽤 매력적인 비즈니스 모델이다.

다만 플랫폼의 운영 초기부터 구독 모델을 활용할 수 있는지는 면밀히 검토해봐야 한다. 일례로 애플 아케이드는 애플 같은 명실상부한 글로벌 기업이니까 시도할 수 있었다. 구독 모델은 실패할 경우 리스크가 큰 비즈니스 모델이다. 따라서 플랫폼 기업은 구독 서비스를 도입해 자사의 플랫폼이 어떤 가치를 제공해줄 수 있고, 다른 플랫폼 서비스와 비교하여 어떤 경쟁력이 있는지를 먼저 파악해야 한다. 이렇게 신중한 조사 과정을 거쳐 구독 모델을 채택할 수 있을지 결정할 필요가 있다.

암호화폐로 비즈니스를 연결하는 세상

근래 플랫폼의 새로운 비즈니스 모델로 주목을 끌고 있는 것은 블록체인 기반의 '암호화폐'다. 플랫폼이 암호화폐를 직접 발행하고, 플랫폼 내에서의 활동에 따라 암호화폐를 지급하는 모델이다. 지급된 암호화폐는 플랫폼 내에서 현금처럼 이용할 수 있다. 따라서 플랫폼이 성장하고 거래가 활발해지면 암호화폐 가격도 오르고 플랫폼과 이용자 모두에게 이득이 된다.

　가상과 현실을 넘나드는 메타버스 게임인 로블록스*Roblox*는 '로벅스*Robux*'라는 암호화폐를 사용하여 플랫폼 내에서 거래한다. 이용자가 게임을 하며 획득한 로벅스를 다시 타인이 제작한 콘텐츠를 이용하는 데 소비하는 순환적인 경제구조가 구축되어 있다. 로벅스는 개발자 환전*DevEx, Developer Exchange* 시스템을 통해 30% 비중으로 현금 환전(10만 로벅스는 약 350달러, 즉 1로벅스당 0.0035달러)도 할 수 있다. 게임 화폐가 실물화폐의 가치를 지니고 있는 셈이다. 미국의 경제 전문 방송 CNBC에 따르면, 2020년에 1,200명의 로블록스 게임 개발자가 로블록스에서 벌어들인 수입은 평균 1만 달러인 것으로 조사되었다. 그중에서도 상위 300명은 평균 10만 달러(약 1억 1,300만 원)를 벌어들인 것으로 파악되었다.

　심지어 메타버스 플랫폼 내의 가상 부동산 가격이 급등하면서 메타버스 부동산에 투자하는 펀드까지 생겨났다. 이때 가상 부동산을 사고팔 수 있게 해주는 역할을 하는 것이 'NFT*Non-Fungible Token*'라는 대체 불가능 토큰이다. 블록체인 기술인 NFT가 메타버스와 만나 새로운 비즈니스 모델을 만들어내고 있는 것이다. NFT는 누구나 복제할 수 있는 디지털 자산에 소유권을 인증해주는 기술이다. 일종의 디지털 자산 원본 인증서라고 보면 된다. 이러한 NFT를 활용해 메타버스 내의 디지털 자산 소유권을 인증하고, 값을 매겨 거래도 한다. NFT는 초기에 주로 디지털 미술품 거래에 활용되다가, 최근에는 혼합현실*MR, Mixed Reality* 기술과 만나 디지털 콘텐츠 비즈니스에 활용되며 새로운 가능성을 보여주고 있다.

로블록스는 현재 초등학생들에게 가장 인기 있는 게임 가운데 하나이며, 메타버스 세계관에 익숙한 MZ 세대(1980~2000년대에 출생한 '밀레니얼 세대'와 1990~2000년대 초반에 출생한 'Z세대'를 통칭하는 말)의 삶을 고려해볼 때 온택트 시대에 메타버스가 가장 핫한 산업이 될 것임은 분명해 보인다.

플랫폼이기에 가능한 일

이 세상에는 다양한 형태의 플랫폼이 존재하고, 그렇기에 비즈니스 모델도 각양각색이다. 이는 달리 말하면 플랫폼은 전형적인 비즈니스 모델 말고도 다양한 방법으로 수익을 창출할 수 있다는 뜻이다. 때로 플랫폼은 세상 사람들이 싱싱하지 못한 기상천외한 방법으로 수익을 만들어낸다.

먼저 플랫폼 기업은 플랫폼을 무료나 저가로 제공하고, 다른 제품을 팔아 수익을 창출하기도 한다. 예를 들면 애플 아이튠즈*iTunes*는 큰 수익을 내는 비즈니스는 아니지만 애플 제품의 킬러 콘텐츠로서 기능한다. 이러한 비즈니스 모델은 플랫폼 내에서 직접적인 수익이 발생하지는 않지만 플랫폼을 이용해 다른 곳에서 수익을 낼 수 있다.

아마존은 세계 최대의 e커머스 플랫폼 기업이지만 정작 돈은 다른 곳에서 벌고 있다. 오히려 e커머스 분야에서는 아직까지도 큰 이익을 내지 못하고 있다. 현재 아마존은 e커머스 플랫폼이 아닌 클라우드 컴퓨팅 서비스인 '아마존 웹 서비스*AWS, Amazon Web Services*'로 엄청난 수익을 창출하고 있다. 아마존 웹 서비스는 미국뿐만 아니라 전 세계에서 가장 많이 이용하는 웹 호스팅 서비스이기도 하다. 아마존 웹 서비스는 단순히 웹 호스팅만 제공하는 것이 아니라 블록체인, 증강현실, 가상현실, 인공지능, 사물인터넷, 양자 기술 등 최첨단 기술을 제품이나 서비스로 구현할 수 있는 다양한 솔루션을 제공하고 있다.

물론 아마존 웹 서비스 성공의 이면에는 세계 최초의 쇼핑몰, 그리고 세계 최초의 인터넷 서점이라는 플랫폼 기업으로서의 아마존이 있었기에 가능했다. 실제 아마존 웹 서비스를 출시한 이후 아마존은 미래 비전만을 생각하며 한동안 천문학적으로 늘어나는 손실을 감수해왔다. 이렇게 적자 운영을 계속하던 가운데 상품 공급자와 이용자 간의 상호작용이 축적되어 네트워크 효과가 발생하면서 결국 흑자 전환에 성공했다. 아마존이라는 브랜드 가치와 네트워크 효과가 결합하면서 아마존 웹 서비스도 성공할 수 있었다는 의미다. 이제 아마존은 e커머스 플랫폼을 넘어 세계 최고의 IT 기업으로 올라섰다.

이러한 아마존의 성공은 이른바 '플라이휠 효과*flywheel effect*'로 설명할 수 있다. 플라이휠 효과는 아마존의 창업자인 제프 베조스*Jeff Bezos*가 제시한 아마존의 성장 원리이자 비즈니스 모델로 알려져 있다. 플라이휠은 '떠 있는 바퀴'라는 뜻으로, 외부 힘에 의존하지 않고 관성만으로 회전운동을 하는 자동차 부품이다. 처음에는 추진력이 필요하지만 한번 가속도가 붙으면 스스로 돌아가는 특징이 있다. 플라이휠 효과는 이런 플라이휠의 특성을 경영에 적용한 것으로 다음과 같이 풀이할 수 있다. 가격을 낮추면 고객이 모이고, 고객이 많아지면 물건을 팔려는 판매자가 많아지며, 그로 인해 사업 규모가 커지면 고정비용이 낮아져 비용이 절감되고 효율성이 높아져 가격을 더 낮출 수 있는 선순환이 성립된다는 것이다. 아마존이 세상에 주목받기 시작한 2000년에 제프 베조스가 임원들 앞에서 냅킨에 이러한 순환 구도를 그림으로 그리며 플라이휠 효과를 제시한 일화는 유명하다.

플라이휠 효과는 아마존에서 운영하는 다른 플랫폼이나 서비스에도 그대로 적용된다. 하나의 플랫폼이 성장하면 다른 플랫폼이나 서비스에도 영향을 끼쳐 동반 성장하는 것이다. 플랫폼이 성장하면서 동시에 다른 사업들을 성장시키는 밑거름이 된다. 아마존은 플랫폼이 확보한 고객을 공유하여 손쉽게 이용자를 늘리고 구매 빈도를 높일 수 있었다. e커머스 플랫폼인 아마존닷컴의 성공이 아마존 웹 서비스나 아마존 프라임 비디오*Amazon Prime Video*, 인공지능 알렉사*Alexa*가 내장된 스마트 스피커 에코의 성공을 이끌었듯이 말이다. 반대급부로 이런 플랫폼이나 제품의 성공은 또다시 아마존닷컴에 신규 고객을 몰아주거나 고객의 충성도를 높여주는 효과로 이어져 더욱 성장할 수 있는 모멘텀을 제공한다.

이번에는 이미지 공유 플랫폼인 픽사베이*Pixabay*의 비즈니스 모델을 살펴보자. 픽사베이에서 제공하는 이미지는 100% 무료로 개방되어 있다. 사이트에서 다운로드한 이미지를 별도의 허가 없이도 상업적으로 이용할 수 있다. 그렇다면 픽사베이는 어떻게 수익을 창출할까?

픽사베이는 이미지를 검색하면 스폰서 사이트의 이미지가 맨 상단에 노출되도록 운영한다. 당연히 스폰서 사이트의 이미지는 유료이고, 그 이미지를 사용하려면 비용을 지불해야 한다. 이처럼 픽사베이는 스폰서 사이트의 후원을 받아 운영한다. 기업 대 기업이 제휴를 맺음으로써 수익을 창출하는 것이다. 이와 유사한 방식으로 플랫폼 기업은 제휴를 맺어 콘텐츠를 유통해주는 대가를 받기도 하고, 기업 홍보나 마케팅을 해줌으로써 수익을 창출한다. 직접적으로 돈을 주고받는 방식이 아니더라도 다양한 형태의 협업이 가능하다. TV 광고에 네이버 검색창을 노출해주면, 네이버 키워드 광고를 제공해주는 형태도 이 같은 제휴 모델의 사례라고 볼 수 있다.

플랫폼에서 콘텐츠를 판매하여 수익을 올릴 수도 있다. 예를 들어 유튜브는 광고 수익 외에 콘텐츠를 판매하여 수익을 창출하는데, 출시된 지 오래된 영화나 음악 콘텐츠를 판매한다. 반면에 신작 영화를 영화관과 동시에 개봉하는 서비스를 제공하기도 한다. 이런 콘텐츠는 한번 구매해놓으면 언제든지 볼 수 있어서 소장 가치가 높다.

플랫폼은 '어떤 가치를 누구에게 제공할 것인가?', '어떤 불만을 해결해줄 것인가?'에 대한 의문에서부터 시작된다. 그리고 그 답은 누구에게 요금을 부과할 것인지에 대한 답과도 밀접하게 연관되어 있다. 가치를 제공받는 사람이 돈을 낼 수도 있고, 전혀 상관관계가 없을 것 같은 사람이 돈을 낼 수도 있다. 이는 전적으로 플랫폼 사업자가 판단할 몫이다. 누가 돈을 지불하게 할 것이냐에 따라 플랫폼의 비즈니스 전략은 크게 달라진다. 플랫폼은 이런 문제를 해결해 나가면서 성장한다. 또한 플랫폼 이용자와 공급자 간의 네트워크 효과가 발생하면 자연스럽게 부가적인 비즈니스 모델이 생겨나기도 한다. 플랫폼이기에 가능한 일이다. 그것이 바로 플랫폼의 가치다.

코로나가 끝나도
온택트는 계속된다

4

접촉 없는 연결,
온택트가 대세다

코로나 시대 오프라인 산업의 생존 전략은?

코로나19 백신을 개발한 모더나*Moderna*의 스테판 방셀*Stéphane Bancel* CEO는 "코로나19는 영원히 사라지지 않고 우리와 함께 살게 될 것이다."라고 밝혔다. 이미 수많은 감염병 전문가들도 비슷한 전망을 내놓고 있다. 코로나19가 장기화 되면서 현재 우리 사회는 코로나19를 예방하며 일상생활을 하는 '위드 코로나 시대'를 앞두고 있다. 코로나 일상을 살아가야 한다는 뜻이다. 앞으로 우리는 지금까지 전혀 경험해보지 못한 세상을 살아가야 한다.

코로나19로 인해 확산된 언택트(*Untact*, 비대면·비접촉 방식을 일컫는 신조어) 문화가 주류 문화로 자리매김하면서 우리의 라이프 스타일에도 큰 변화가 생겼다. 특히 자꾸 봐야 정든다는 한국 문화의 특성상 오프라인에서는 단골 위주로 매출이 일어나게 마련인데, 이제는 제품을 직접 보지 않고 주문한다거나 사람을 대면하지 않고 결제하는 일이 일상이 되어가고 있다. 디지털 문화가 친숙한 젊은 세대에게는 이런 일상이 자연스럽겠지만, 장년층이나 특히 노년층에게는 받아들이기 힘든 현실일 것이다. 하지만 사상 초유의 감염병 앞에서 오프라인이 익숙한 사람들도 기존의 라이프 스타일을 바꿀 수밖에 없게 되었다. 때가 되어 자연스럽게 바뀐 것이 아니라 살아남기 위해 어쩔 수 없이 바꾼 것이다.

코로나19로 인해 전 국민적으로 가장 크게 바뀐 부분은 역시 상거래 분야를 꼽을 수 있다. 전통적으로 대형 마트나 백화점은 오프라인 쇼핑의 절대 강자로 군림해왔다. 인터넷 쇼핑이 보편화되고 급성장을 거듭해왔지만, 이들 유통업체의 아성은 견고해서 쉽게 흔들리지 않았다. 인터넷 쇼핑을 기피하는 사용자층도 이들 업체의 오프라인 수요를 충족하는 데 일정 역할을 해오기도 했다. 하지만 코로니19로 인해 상황은 바뀌었다. 언택트 문화가 확산되면서 사람이 많이 모이는 장소에 가는 것 자체를 꺼리게 되고, 자연스럽게 인터넷으로 주문하는 사용자가 늘어나게 되었다.

여신금융협회 발표에 따르면, 코로나19 여파로 2020년 2월 한 달 온라인 카드 승인금액은 9조 2,459억 원으로 전년 대비 31.2% 증가한 반면, 오프라인 카드 승인금액은 28조 9,104억 원으로 4.1% 감소한 것으로 나타났다. 코로나19 사태가 본격화되기 시작한 2020년 2월 말부터 외출을 꺼리는 사람들이 늘면서 온라인 카드 사용금액이 증가한 것이다.

외출을 피하는 사람들뿐만 아니라 재택근무 장기화, 온라인 수업 등의 여파로 집에서 모든 것을 해결하려는 움직임이 부쩍 많아졌다. 백화점과 대형 마트에서 직접 장을 보거나 음식점, 영화관 등 인구 밀집 지역을 방문하는 대신에, 스마트폰이나 PC, 태블릿으로 쇼핑 또는 유흥을 즐기는 사람이 늘어나 온라인 매출이 급격하게 증가했다.

특히 생필품이나 신선식품의 온라인 주문이 늘어났다. 사람들은 보통 생필품의 경우 대형 마트에서 구매해왔는데, 이제는 생필품도 온라인 쇼핑으로 구매하는 움직임이 많아졌다. 대형 마트도 온라인 쇼핑몰을 운영하면서 배송까지 해주고 있기 때문에 고객은 다양한 제품을 손쉽게 구매할 수 있다. 이렇게 온라인으로 생필품을 구매하면 많은 사람이 몰려드는 마트에 가지 않아도 되고, 계산원과 대면하지 않아도 된다. 채소나 고기, 생선과 같은 신선식품도 얼마든지 온라인으로 주문이 가능하다.

코로나19는 외식 문화와 모임 문화도 획기적으로 변화시켰다. 정부에서 시행하는 강력한 사회적 거리 두기도 큰 요인으로 작용했다. 사람들은 대중교통을 이용하거나 길거리를 다닐 때는 마스크를 잘 쓰다가도 식당이나 카페 등의 장소에 들어가면 음식물 섭취를 위해

마스크를 벗게 된다. 그로 인해 코로나19에 감염될 확률도 높아진다. 코로나19를 방지하는 가장 좋은 방법은 사람들이 모이는 식당이나 카페에 안 가는 것이지만, 사람을 안 만날 수도 없고 맛있는 음식을 마냥 포기하며 살 수도 없는 노릇이다. 상황이 이렇다 보니 음식을 배달해 먹는 문화가 폭넓게 확산되었다. 이제 사람들은 모임을 위해 밖에서 만나 외식을 하는 것을 가급적 삼가고, 안전하게 음식을 즐길 수 있는 집으로 배달시켜서 모임을 즐기고 있다. 젊은 세대들 사이에서는 이른바 '랜선 모임'으로 시간을 보내는 일이 더 이상 낯설지 않다. 직장인들의 경우 안전한 사무실에 음식을 배달시켜 놓고 소규모 모임을 즐기기도 한다. 이처럼 사람들은 안전한 장소에서 그들만의 소소하지만 확실한 행복을 챙기는 일에 익숙해지고 있다.

이렇듯 코로나19가 확산되면서 가장 큰 피해를 본 산업군은 음식점, 주점, 노래방, 카페 등의 오프라인 상점이다. 이들 상점의 업주들은 대부분 소상공인이며 자영업자다. 반면에 모두가 힘든 이 시기에 폭발적으로 성장하고 있는 곳들도 있다. 사회적 거리 두기로 대면을 꺼리는 소비자를 위한 비대면 '온택트 플랫폼'이 대표적이다.

온택트는 단순히 비대면 온라인 서비스에 그치지 않고 새로운 기술을 빠르게 우리 삶에 전파하며 기술 기반의 또 다른 문화를 만들어 나가고 있다. 2부에서는 온택트 경제가 만드는 우리 시대의 획기적인 변화의 모습을 좀 더 자세하게 살펴보고자 한다.

언택트를 넘어 연결을 더한 온(溫)택트로

코로나19가 발생한 이후 플랫폼 기업들은 언택트 바람을 타고 승승장구하고 있다. 여기에 더해 '온택트Ontact' 문화가 새롭게 등장하면서 플랫폼 기업들은 또 다른 온택트 비즈니스를 주도할 전략을 마련하기 위해 발빠르게 움직이고 있다. 언택트는 사람과 마주하지 않고 자신의 욕구와 목적을 달성하려는 개념에 가깝다. 언택트는 물리적 공간의 접촉성을 기준으로 삼은 개념이다. 그러나 일상생활에서 대면을 완전히 배제하고 살 수는 없기에, 사람들은 이런 고립감을 극복하기 위해 연결되기를 원한다. 실제로 사람들과 접촉하지는 않더라도 연결되기를 바라는 것이다. 이처럼 온택트Ontact는 비대면을 일컫는 '언택트Untact'에 온라인을 통한 외부와의 '연결On'을 더한 개념이다. 온라인을 통해 화상으로 대면하거나, 비대면이기는 하지만 온라인으로 연결된 상태를 의미한다.

예를 들어 환자와의 접촉을 최소화하는 언택트 선별진료소는 키오스크를 이용해 접수하고 유리 벽을 사이에 둔 채로 환자와 의료진이 분리되어 검사를 진행한다. 유리 벽에 붙어 있는 의료 장갑을 사용해 언택트로 검체를 채취한다. 이때 유리 벽으로 환자와 의료진의 접촉을 차단했기 때문에 언택트이지만, 온라인을 활용하는 것은 아니기 때문에 온택트는 아니다. 또 무인 편의점은 언택트이지만, 온택트는 아니다. 앞에서 설명했듯이 언택트가 오프라인에서의 물리적인 비대면에 초점을 맞춘 개념이라면, 온택트는 말 그대로 '온라인'에 초점을 맞춘 개념이다.

엄밀하게 말하면 비대면 온택트는 코로나19 이전부터 존재했다. 대면에서 비대면으로의 전환과 온라인을 통한 연결은 인터넷과 PC로부터 생겨난 문화다. 인터넷과 PC가 대중화되면서 백화점에 가지 않고도 쇼핑할 수 있고, 은행 창구에 가지 않고도 은행 업무를 볼 수 있으며, 또 친구를 직접 만나지 않고도 서로 교류하는 소셜라이징을 즐길 수 있었다. 우리는 이전에도 백화점 점원이나 은행 직원, 친구를 직접 대면하지 않고 비대면으로 자신이 원하는 일을 할 수 있었다. 즉 인터넷과 PC의 등장으로 이미 대면에서 비대면으로의 전환이 일어났고, 코로나19는 언택트를 넘어 또 한번 온택트 시대를 연 것이다. 온라인 환경에서 좀 더 활발히 교류하고 연대하며 협력하는 진화된 의미의 비대면 시대가 열린 것이다. 물리적으로 거리 두기를 유지해야 하는 상황이지만, 인간은 기본적으로 연결되어야만 생존이 가능한 사회적 동물이기에 누군가와의 연결이 반드시 필요하다.

언택트와 온택트를 구분해서 설명하기는 했지만, 결국 언택트와 온택트는 일맥상통하는 개념이다. 실제로 우리가 언택트를 떠올렸을 때 생각하는 개념은 대부분 온라인으로 연결되어 있다. 원격 화상 교육이나 화상회의도 직접적인 접촉이 없기 때문에 언택트이지만, 온라인으로 대면하며 소통하기에 온택트다. 다만 언택트는 세상에서 차단되어 고립된 느낌이 드는 반면에, 온택트는 비록 직접적으로 얼굴을 대하고 있지는 않지만 온라인으로 연결되어 있다는 느낌 때문에 따뜻한 인상을 받게 된다. 한마디로 언택트는 차갑지만 온택트는 따뜻하다. 우리는 이제 비대면을 뜻하는 언택트를 넘어 인간적으로 연결되기 위한 따뜻한 '온溫택트' 시대로 나아가고 있다. 포스트 언택트 시대 플랫폼 기업들은 이러한 트렌드에 주목하고 있다.

예를 들어 코로나19 상황에서 다양한 부문의 고객센터가 원활하게 운영되지 못하면서 인공지능 챗봇Chatbot 상담이 크게 늘었다. 인공지능 기술이 언택트 현장에서 적극적으로 활용되고 있는 것이다. 직접적으로 상담원의 목소리를 들으면서 문제를 해결할 수는 없지만, 고객이 많이 묻는 질문을 학습한 챗봇과의 상호작용을 통해 대화하면서 문제를 해결할 수 있어 각광받고 있다.

실시간으로 소통하며 판매 및 구매할 수 있는 라이브 커머스Live Commerce도 급격히 성장하고 있다. 라이브 커머스는 언택트에 온택트의 장점을 결합한 비즈니스다. 언택트의 핵심인 비대면·비접촉은 받아들이면서, 대면의 장점인 소통을 라이브 방송으로 활용하는 방식이다. 상품의 특성상 대면 소통이 필요한 제품군(고가 브랜드 제품, 지역 특산물, 신선식품 등)을 판매할 때 더욱 효과가 좋다. 제품을 직접 보고 구매하고 싶어 하는 소비자의 경우 라이브 커머스를 이용하면 일정 부분 아쉬움을 해결할 수 있다. 판매자는 다양한 각도에서 자유롭게 영상을 촬영하여 상품 설명을 하고, 실시간으로 소통하면서 소비자가 원하는 부분을 자세히 보여준다. 실시간으로 소비자와 쌍방향 소통이 가능하고 구매까지 편리한 라이브 커머스는 온택트의 특성을 잘 반영한 사례다. 소통에 목말라있던 고객들의 아쉬움과 요구를 충족시켜주며 라이브 커머스의 시장 규모는 빠르게 확대되고 있다.

온택트는 온라인으로 간접적인 체험을 하기에 메세지를 전달하는 미디어가 무엇보다 중요하다. 직접 대면하거나 만져보지는 못해도 온라인으로 소비자는 상품의 느낌을 전달받을 수 있다. 그렇기에 좀 더 생생하게 현장 분위기를 알리고 친근하게 다가갈 수 있는 동영상 콘텐츠가 주목받고 있다. 배달 앱의 사용자 후기나 별점이 고객의 구매의사 결정에 절대적인 영향을 미치는 이유도 아직 경험해보지 못한 고객에게는 이미 경험한 사람의 의견이 매우 중요하기 때문이다. 이들은 서로 구매 경험을 공유함으로써 온택트로 연결되어 있는 셈이다.

마찬가지로 오프라인 산업은 다양한 O2O 플랫폼의 등장과 함께 빠르게 온라인에 접속하기 시작했다. 유망한 스타트업들의 창업 아이템을 살펴보면 O2O 플랫폼의 비중이 매우 높은 것으로 나타났다. 음식 배달, 숙박, 부동산, 인테리어, 사무실, 주방 등 매우 다양한 분야에서 O2O 플랫폼에 대한 도전이 이루어지고 있으며 큰 성공을 거두고 있다.

물론 오프라인 사업만을 고수하는 사업자도 있다. 특히 맛집으로 유명세를 떨치던 오프라인 업소의 경우는 온라인의 필요성을 느끼지 못하고 있었다. 온라인 사업을 하지 않아도 장사가 잘되는데 굳이 온라인을 접목할 필요가 없었을 것이다. 그리고 배달하면 음식의 맛이 변할 수 있다는 맛집 나름의 운영 철학도 있었을 법하다. 하지만 알고도 안 했든, 몰라서 안 했든 간에 식당들이 온라인을 외면해왔다면 많은 사업 기회를 놓치고 있었다고 볼 수 있다. 오프라인만 고집하던 업소들도 코로나19로 인해 비대면 문화가 확산되면서 더 이상 온라인을 외면하고 있을 수 없게 되었다. 매장에 방문하는 고객이 급감하면서 온라인에서 활로를 모색해야 했기 때문이다.

오프라인 산업은 온택트 시대의 흐름을 타고 급격하게 변화하고 있다. 실제 온택트 방식을 도입하기 위해 매장을 디지털화하고 플랫폼을 이용하려는 움직임이 활발해졌다. 그럼 온택트 시대에 오프라인 산업은 어떻게 플랫폼 경제로 바뀌고 있는지 다음에 이어질 주제들에서 구체적으로 살펴보자.

오프라인 산업에 온택트 바람이 불다

앞에서 살펴봤듯이 코로나 팬데믹 영향으로 비대면 문화가 확산되고 온라인 상거래가 매우 활발해지면서 오프라인 산업은 큰 위기의식을 느끼고 있다. 특히 오프라인 매장을 운영하고 있는 자영업자들의 탄식과 한숨이 갈수록 깊어지고 있다. 하지만 온라인 쇼핑 붐은 전자상거래에 익숙하지 않던 시니어 세대까지 가세해 전 연령대로 확대되는 추세다. 편리하고 효율적이며 신선하기까지 한 온라인 쇼핑의 혜택을 맛본 이들 세대가 코로나19가 종식된다고 하더라도 이전과 같이 오프라인 쇼핑으로 돌아가기는 쉽지 않아 보인다.

이러한 오프라인 산업의 온택트 전환은 주로 온라인 플랫폼을 도입함으로써 이루어지고 있다. 분야별로 각종 오프라인 산업에서 일어나고 있는 온택트 사례를 정리하면 다음과 같다.

가장 먼저 먹거리 산업은 코로나 시대에 가장 큰 변화를 겪고 있는 산업이다. 어쨌든 인간은 먹어야 살 수 있고, 감염병으로 밖에 잘 나가지 못하더라도 어떤 방법으로든 먹거리를 공급받아야 한다. 물론 먹거리 산업 분야는 코로나19가 발생하기 이전부터 완성된 음식을 배달해주거나, 인터넷 쇼핑을 통해 식품을 구매할 수 있는 온택트 서비스가 제공되고 있었다. 핵심은 코로나19 이후에 이런 온택트 서비스 이용이 폭발적으로 증가하면서 먹거리 산업 전체의 판도에 크게 영향을 미쳤다는 데 있다. 이제는 음식 배달 앱, 온라인 쇼핑과 같은 온택트 서비스를 빼놓고는 먹거리 산업을 이야기하는 것 자체가 불가능한 수준에 이르렀으니 말이다.

또한 식품 업계에서는 간접적으로 식품을 체험할 수 있는 온라인 콘텐츠를 만들어 유튜브나 인스타그램, 페이스북 등의 SNS에 공개하고 있다. 유튜브 채널에서 특정 식품을 소개하는 실시간 스트리밍 방송을 진행하거나, 온라인상에서 열리는 세미나인 웨비나*Webinar*를 진행하여 식품에 대한 정보를 제공하고 있다. 소비자를 직접 만나는 행사를 개최할 수 없는 상황이다 보니 온라인으로 소비자와 쌍방향 소통하는 방법을 찾은 것이다.

박람회나 콘퍼런스 등의 오프라인 행사도 온택트로 전환되고 있다. 기존에 오프라인에서 열렸던 다양한 분야의 행사들이 코로나19 이후에는 시공간과 비용의 제약이 거의 없는 온라인 행사 형태로 열리고 있다. 일례로 마이크로소프트는 매년 진행해왔던 개발자 콘퍼런스인 '빌드 *Build* 2020'을 온라인으로 개최했고, 세계 최대 규모의 국제전자제품박람회인 'CES *Consumer Electronics Show*'도 2021년 행사를 온라인 디지털 전시회 형태로 진행했다.

우리나라가 유독 오프라인상의 만남을 고집해왔을 뿐이지, 미국은 코로나19 이전부터 웨비나가 성행했고 화상회의도 일상적이었다. 우리나라는 국토가 넓지 않고 교통이 편리해 직접 만나는 것이 그리 부담스러운 일이 아니지만, 미국은 워낙 국토가 넓어서 이동 거리와 시간, 비용이 많이 발생하기 때문에 직접 만나서 대화를 나누기보다는 온라인으로 많은 일을 해결해왔다. 우리도 미처 인식하지 못하고 있을 뿐이지 생각해보면 지금껏 다양한 온라인 서비스나 플랫폼을 활용해 서로 소통하며 수많은 일들을 처리해왔음을 알 수 있다. 이렇듯 온택트는 코로나19로 인해 불쑥 튀어나온 것이 아니라 이미 시작된 미래였다. 다만 코로나19가 이미 시작된 미래를 앞당겨 현실화하는 촉매제 역할을 했을 뿐이다.

또한 코로나19 사태로 관중 운집이 어려운 상황에서 문화 공연 분야도 온택트로 전환되고 있다. 온라인을 적극 활용하여 각종 공연이나 전시회, 페스티벌 등을 개최함으로써 대중의 참여를 이끌어내고 있다. 그 덕분에 지리적으로 멀리 위치한 사람들도 부담 없이 원하는 시간에 온라인으로 문화 행사를 즐길 수 있게 되었다.

한류 스타나 아이돌의 온택트 공연의 경우는 이미 성공적으로 이루어지고 있다. 이들의 온택트 공연은 집 안에서 즐기며 관람하는 새로운 공연 문화를 만들어내고 있다. 코로나19로 인해 오프라인으로 만날 수 없었던 전 세계 팬들이 온택트 공연으로 한자리에 모여 함께 즐길 수 있는 장이 마련되었다는 데에서 특별한 의미를 찾을 수 있다. 이는 기존 오프라인 공연으로는 절대로 구현할 수 없는 공연 문화의 새로운 가치다. 또 가상 세계인 메타버스 플랫폼에서 콘서트를 개최하거나 신곡을 발표하기도 한다. 메타버스를 이용하면 시공간의 제약을 받지 않고 아바타를 활용해 원하는 곳에서 공연이나 팬미팅 등을 진행할 수 있다.

코로나19로 인해 각종 공연이 취소되고 줄이드는 등 공연 업계가 어려움을 겪고 있지만, 온택트에서 새로운 기회를 찾아 관객과 소통을 넓히고 더욱 다양한 부가가치를 창출하고 있다.

여행 산업은 코로나19로 인해 가장 큰 타격을 받은 업종이라 해도 과언이 아니다. 해외여행은 사실상 거의 불가능해졌고, 집 밖으로 나가는 것조차 제약이 따르니 국내 여행도 쉽지 않게 되었기 때문이다. 하지만 아이러니하게도 여행 산업의 이런 불황은 온라인으로 여행하는 '온택트 여행'의 인기로 이어지고 있다. 온라인은 물리적, 시간적 제약이 없기에 여행업계는 온라인을 활용한 기발한 비즈니스 전략을 선보이고 있다. 그 시작은 이른바 '랜선 투어'였다. 여행을 좋아하는 사람들의 여행에 대한 갈증이 이제껏 없던 여행 유형을 만들어낸 것이다. 랜*LAN*선은 인터넷 연결선을 의미하는 단어이지만, 최근에는 온라인상의 모든 활동에 붙이는 수식어로 활용되고 있다. 즉 랜선 투어는 온라인에서 즐기는 여행이란 뜻이다.

온라인 여행은 세계 각지의 관광청들이 유튜브나, 구글 아트 앤드 컬처*Google Arts & Culture* 플랫폼 등을 이용해 여행지나 박물관, 미술관 등을 생생하게 전달하는 것에서 시작되었다. 이후 에어비앤비나 국내의 마이리얼트립*myrealtrip*과 같은 여행 예약 플랫폼들이 소통에 초점을 맞춰 '현지 라이브 랜선 투어' 상품을 출시해 주목을 끌었다. 여행 가이드가 실시간으로 현지를 생생하게 중계해주는 덕분에 랜선 여행객들은 1만 원 정도의 금액으로 '방구석 해외여행'을 즐길 수 있게 되었다.

또한 가상현실 영상으로 좀 더 실감 나게 여행지를 구경할 수도 있다. 방법도 간단하다. 유튜브에 'VR'과 '가고 싶은 해외 여행지'를 함께 입력하여 검색하면 된다. 예를 들어 'VR paris' 또는 'VR 파리'로 검색하면, 파리의 다채로운 VR 영상을 시청할 수 있다. VR 영상을 보면서 화면을 움직이면 360도 회전이 가능하기에 여행지 구석구석을 생생하게 즐길 수 있다.

메타버스에서도 해외 여행지나 관광 명소를 가상으로 둘러볼 수 있다. VR 헤드셋을 착용하고 메타버스 플랫폼에 접속하면, 실제로 관광지에 와 있는 착각이 들 정도로 실감 나게 해외여행을 즐길 수 있다. 이처럼 코로나19로 '집콕' 하는 시간이 늘면서 가상현실, 증강현실 시장이 새로운 전환기를 맞고 있다. 관련 콘텐츠 제작과 기기 판매도 급증하고 있다. 시장조사 업체 IDC에 따르면, 2021년 전 세계 VR·AR 기기 출하량은 2020년의 470만 대 대비 82.3% 증가한 860만 대에 이를 것으로 추정된다. 이렇듯 코로나19로 인해 온택트 시대에 부합하는 메타버스 서비스가 활기를 띠고 있다.

코로나 시대에 온택트 전환을 슬기롭게 잘한 분야가 여럿 있지만, 그중에서도 단연 손꼽히는 분야는 교육이다. 특히 공교육은 가장 발 빠르고 안전하게 온택트로 전환한 성공 사례로 언급되고 있다. 학습의 공백 없이 아이들을 안전하게 교육해야 하므로, 정부에서 톱다운 방식으로 주도적으로 진행했기 때문에 가능한 일이었다. 지난 2020년 1학기에는 개학이 연기되는 등 학교에 간 날보다 가지 않은 날이 많았을 정도로 온라인 교육의 실행이 무엇보다 시급한 상황이었다. 코로나19가 장기화되면서 2021년 현재는 오프라인 수업과 온라인 수업을 적절하게 병행하고 있다. 다행히 공교육 분야는 기존 EBS 등의 교육 방송 채널이나 교육 콘텐츠가 충실하게 갖춰져 있었기에 수업 공백을 비교적 훌륭히 메꿀 수 있었고, 줌이나 마이크로소프트 팀즈*Microsoft Teams*, 구루미*Gooroomee*와 같은 화상회의 플랫폼을 활용하여 실시간 온라인 수업을 진행했다.

초·중·고 공교육뿐만 아니라 유아 교육 또한 온택트 전환의 움직임이 활발히 이루어지고 있다. 예를 들면 만들기 활동이나 구연동화 등의 교육 내용을 선생님이 직접 촬영하여 영상으로 콘텐츠화하고, 필요한 교육 자료를 구성하여 각 가정에 전달하며 진행되는 방식 등이다. 만들기 재료를 각 가정에 미리 배부한 이후에 줌을 통해 화상으로 교육을 진행하는 것이다. 이러한 교육 방식은 단방향의 온라인 수업이 아닌 쌍방향 온택트 교육의 좋은 사례로 꼽히고 있다.

우리 사회는 디지털로 진화 중

코로나19는 전통적인 개념의 오프라인 산업에 변화의 바람을 일으켰다. 변하지 않으면 생존할 수 없다는 절박함을 불러일으켰다. 기존 오프라인 산업에 온택트 기술이 접목되면서 우리 사회는 발 빠르게 디지털로 전환되고 있다.

'디지털 전환'은 디지털 기술을 사회 전반에 적용하여 전통적인 사회구조를 혁신하는 일이다. IBM 기업가치연구소 *IBM Institute for Business Value*는 2011년에 발표한 보고서에서 디지털 전환에 대해 "기업이 디지털과 물리적인 요소들을 통합하여 비즈니스 모델을 변화시키고, 산업에 새로운 방향을 정립하는 전략"이라고 정의했다.

현재 디지털 전환은 산업 영역 곳곳에서 광범위하게 이루어지고 있다. 예를 들어 패스트푸드점에서는 키오스크 주문이 일상화되었고, 이제는 다른 서비스 업종으로 확산되는 추세다. 키오스크로 주문하면 대면 접촉을 최소화하면서 인건비도 절감할 수 있기 때문이다. 주문부터 조리, 서빙까지의 전 과정이 디지털로 운영되기에 효율성이 극대화된다. 모바일 앱으로 매장 주문과 결제를 할 수 있는 스타벅스의 '사이렌 오더Siren Order' 서비스도 주목할 만한 사례다.

또한 대다수 기업들이 재택근무로 업무를 진행하는 것에 익숙해지면서 많은 일을 원격으로 처리하고 있다. 사회적 거리 두기로 인해 재택근무가 늘어나면서 전자결재, 업무용 메신저, 화상회의 등의 협업 플랫폼이 각광받고 있다.

이와 같이 디지털 전환이 진행되면 그에 따라 플랫폼 경제도 활성화된다. 오늘날 거의 모든 경제체계가 '플랫폼'을 중심으로 재편되고 있는 것은 이런 디지털 시대의 경제 흐름을 잘 보여주는 예라고 볼 수 있다.

무엇보다 이 책에서 강조하는 것은 따뜻한 '온溫택트'다. 현대를 살아가는 우리는 어딘가에 항상 연결되어 있다. 스마트폰 너머의 누군가와 연결되어 있고, 앱 너머의 누군가와 연결되어 있고, 줌 너머의 누군가와 연결되어 있다. 인간은 사회적 동물이기에 누군가와의 상호작용이 매우 중요하다. 어떤 것과도, 그 누구와도 연결되지 않고 할 수 있는 일이란 아무것도 없다. 직접 대면하지는 않더라도 온택트를 통해 소통하고 인간적인 따뜻함을 느낄 수 있다. 온택트 시대에 플랫폼이 주목받고 있는 것이 공급자와 수요자 등 각기 다른 이용자들을 연결해서 상호작용할 수 있도록 장을 마련해주기 때문이다.

세상의 모든 것이 온택트로 전환되면서 경제 주체들은 이런 플랫폼이라는 도구를 통해 불편함을 해소하고, 고질적인 문제를 해결해나가고 있다. 온택트의 흐름을 잘 탄 기발한 플랫폼들은 성공 가도를 달리고 있다. 이렇듯 코로나19는 온택트라는 생활 방식의 변화를 이끌고 소비 흐름도 바꾸어 놓았다. 사람들은 안전하고 편리한 단절을 택했고, 결과적으로 O2O 플랫폼이나 e커머스 플랫폼으로 소비자들이 몰려들게 되었다.

다음 장에서는 플랫폼의 성공 요인을 구체적으로 짚어보고, 모두가 힘든 코로나 시기에 플랫폼 기업들이 어떻게 반전에 성공할 수 있었는지 기업별 사례 위주로 살펴보고자 한다.

5

한번 맛보면 끊을 수 없는 플랫폼의 위력

온택트 혁명에 더 뜨는 플랫폼 기업은?

플랫폼은 온택트 시대에 최적화된 서비스를 제공하고 있다. 이렇게 최적화된 편리한 서비스는 기존 오프라인 산업이 고전을 면치 못하는 팬데믹 시기에 플랫폼 기업을 큰 성공으로 이끌었다.

플랫폼의 첫 번째 성공 요인을 살펴보면 '경험 공유'를 꼽을 수 있다. 직접 대면하기 힘든 코로나 시대이기에 이미 경험해본 고객의 평점이나 리뷰는 구매 결정에 큰 영향을 미친다. 플랫폼은 이런 간접 경험이 가능하다. 상품을 먼저 구매해서 사용해본 고객의 리뷰나, 배달 음식을 먼저 구매해 먹어본 고객의 리뷰는 판매자가 올려놓은 상품 정보보다 신뢰감을 준다. 물론 부작용도 있다. 일부 블랙슈머

Blacksumer(의도적으로 악성 민원을 제기해 기업 등으로부터 부당한 이득을 취하려는 소비자)의 별점 테러나 악성 리뷰로 인해 고통받는 판매자가 발생하기도 한다. 따라서 플랫폼은 블랙슈머에 대응하기 위한 별점 및 리뷰 시스템을 지속적으로 관심을 두고 정교하게 보완해 나가야 한다.

두 번째 성공 요인은 '편의성'과 '즉시성'을 들 수 있다. 플랫폼은 온라인으로 24시간 서비스되고 있기에 고객이 언제 어디에 있든지 원하는 바로 그 시간에 서비스를 제공할 수 있다. 온라인만 연결되어 있으면 언제 어디든 편리하고 빠르게 욕구를 충족하거나 문제를 해결할 수 있다.

세 번째 성공 요인은 '빠른 배송'이다. 가장 빠른 배송은 소비자가 직접 제품을 구매해서 획득하는 것이겠지만, 코로나19로 인해 물건을 항상 직접 구매하는 것도 쉽지 않게 되었다. 하지만 최근에는 새벽 배송이나 총알 배송 등 배송·배달 시스템이 더욱 발달하면서 플랫폼의 가장 핵심적인 경쟁력이 되고 있다. 일례로 신선식품의 경우 배송하는 과정에서 시들고 상할 우려가 있어서 온라인 구매를 잘 하지 않는 품목이었는데 빠른 배송 시스템으로 안심하고 주문할 수 있게 되었다. 배송 시스템에도 빅데이터 기술이 접목되고 디지털 전환이 이루어지면서 더욱 빠르고 체계적인 배송이 가능해졌다. 또 음식 배달 플랫폼은 배달 전문 기사들이 늘어나면서 점점 배달이 빨라지고 있다. 오토바이 배달뿐만 아니라 자전거 배달도 늘고 있다. 기다리기를 싫어하는 대한민국 고객에게 빠른 배송·배달은 끊을 수 없는 치명적인 유혹이다.

마지막으로, 네 번째 성공 요인은 '빅데이터 분석을 활용한 추천 및 예측 서비스'를 들 수 있다. 플랫폼에는 방대한 고객 경험 데이터가 축적되어 있기 때문에 빅데이터 분석으로 고객 각자가 관심을 가질 만한 제품을 추천해줄 수 있다. 기존에 수집된 구매 데이터를 분석하여 구매 패턴을 찾아내고, 다음에 필요한 제품을 예측해주는 것이다. 만약 생필품을 구매한 고객이 있다면, 빅데이터 분석을 바탕으로 재구매 시점을 예측하여 구매를 독려하는 문자메시지나 이메일을 보내 재구매를 유도할 수 있다. 이러한 추천 및 예측 서비스는 인공지능 기술이 발달하면서 더욱 정교해지고 있다. 일례로 유튜브는 인공지능 알고리즘을 통한 추천 시스템으로 다음에 볼 동영상을 추천해줌으로써 끊이지 않고 관심 동영상을 볼 수 있게 해준다. 플랫폼에 인구통계학적 개인 정보와 방대한 구매 데이터, 행동 데이터가 있기에 가능한 일이다.

그렇다면 플랫폼의 특징을 잘 활용하여 온택트 시대에 초고속 성장 중인 플랫폼 기업에는 어떤 곳이 있을까? 대표적인 예로 e커머스 플랫폼인 마켓컬리와 쿠팡, 미디어 플랫폼인 유튜브와 넷플릭스를 들 수 있다. 그중 마켓컬리는 신선식품과 샛별배송으로, 쿠팡은 로켓배송으로 승부하고 있다. 유튜브와 넷플릭스는 사회적 거리 두기로 인해 집에 머무는 시간이 늘어난 사람들에게 눈을 뗄 수 없는 흥미로운 콘텐츠를 제공하면서 성장하고 있다.

새벽 배송의 원조 마켓컬리의 혁신성

마켓컬리는 신선식품을 새벽에 배송하는 플랫폼으로 코로나19 이전부터 인기가 높았다. 첫 서비스를 시작한 2015년 이후 연평균 400%씩 성장했으며, 코로나19 상황을 거치면서 폭발적으로 성장해 2020년에는 무려 1조 원 규모의 높은 매출을 기록한 것으로 추정되고 있다.

마켓컬리는 IT 기술을 활용한 상품 관리로 빠르고 효율적인 배송 시스템을 구축해왔다. 특히 마켓컬리가 제공하는 '샛별배송' 서비스는 밤 11시까지만 주문하면 다음 날 오전 7시 전에 문 앞에 상품이 배달된다. 이러한 빠른 배송 시스템으로 소비자는 전날 딴 상추나 잎채소같이 신선한 식재료와 제조된 지 하루가 지나지 않은 두부 등을 다음 날 아침 밥상에서 맛볼 수 있다.

마켓컬리의 혁신성은 상하기 쉽고 재고 부담이 높은 신선식품을 생산자로부터 100% 직접 매입하여 소비자에게 빠르게 배송하는 시스템을 구축했다는 점이다. 고객 주문 기록을 바탕으로 수요를 예측하는 빅데이터 시스템을 이용하여 신선식품을 매입함으로써 재고와 폐기물을 줄일 수 있었다. 이러한 시스템이 코로나19 이전부터 정착되어 있었기 때문에 코로나 사태 이후에 주문량이 폭주해도 별 문제 없이 지속적인 성장을 이끌어낼 수 있었다.

마켓컬리는 온라인 쇼핑몰 최초로 신선식품을 빠르게 서비스하는 모델을 실행함으로써 신선식품의 새벽 배송 시대를 열었다. 신선식품 이야말로 가까운 마트에 직접 가서 구매하는 것이 일반적인 방법이지만, 코로나19로 인해 밖에 나가기가 꺼려지는 상황에서 온라인 장보기에 특화된 마켓컬리는 가장 확실한 대안으로 떠올랐다. 만약 마켓컬리가 폭발적으로 밀려드는 주문량을 제대로 소화해내지 못했다면 지금의 성공은 기대하기 어려웠을 것이다. 코로나19 이전부터 자기 혁신을 통해 성장해왔기 때문에 기회를 놓치지 않고 빛을 발할 수 있었다.

현재 홈플러스나 이마트 같은 대형 유통업체도 신선식품을 배달하기 시작하면서 유통업체 간에 경쟁이 치열해졌다. 하지만 마켓컬리가 구축한 효율적인 시스템과 속도는 이들 기업보다 한 단계 높은 수준이어서 새벽 배송 시장 분야에서 성장세를 이어갈 것으로 보인다.

속도에 승부를 건 로켓배송의 선두 주자 쿠팡

쿠팡은 '로켓배송' 전략을 앞세워 코로나 시대에 비약적인 성장을 이루어냈다. 쿠팡의 시작은 지역 업소의 티켓을 할인해서 판매(즉 티켓 공동구매)하는 소셜 커머스 플랫폼이었으나, 지금은 종합 쇼핑몰로 크게 성장했다. 소셜 커머스 업체로서 새로운 e커머스 시장을 개척하던 그때만 해도 쿠팡이 지마켓과 옥션을 넘어설 것이라고는 누구도 상상하지 못했다.

과거와 달리 최근의 e커머스 플랫폼은 더 이상 최저가 경쟁을 목표로 하지 않는다. 쇼핑몰의 경우 최저가는 이제 당연한 것이 되어 최저가가 아니면 팔리지 않기 때문이다. 가격 비교 사이트를 통해 고객은 너무나 쉽게 최저가를 확인할 수 있다. 물론 가격이 전부는 아니다. 고객은 제품이 싸면서도 품질이 좋고, 편리하게 구매할 수 있고, 빨리 받아보기를 원한다. 쿠팡은 이런 고객의 욕구를 제대로 파고들어 로켓배송에 이어 무료 배송, 그리고 최근에는 음식 배달까지 하고 있다.

무엇보다 쿠팡은 자사가 운영하는 모든 서비스에 '속도'로 승부를 걸었다. 코로나 시대라고 해서 제품을 빨리 받아보고 싶은 욕구가 줄어드는 것은 아니다. 쿠팡은 오픈마켓의 허점인 배송 시스템을 개선하는 데 모든 노력을 쏟아부었다. 오픈마켓은 판매 사업자들이 개별적으로 배송하기 때문에 배송 기간이 제각각이고 느린 단점이 있었다. 이런 문제를 해결하기 위해 쿠팡은 배송을 직접 하겠다고 선언했다. 쿠팡 전속 배송 운전사인 '쿠팡맨'이 탄생한 것이다. 무모하리라 생각했던 도전이 성공하면서 쿠팡의 가치는 엄청나게 상승했다.

여기서 더 나아가 쿠팡은 음식 배달 사업으로까지 영역을 확장해 주문 이후 30분 이내에 음식을 받아볼 수 있는 서비스를 제공하고 있다. 음식을 주문하고 기다리는 시간의 심리적 장벽을 '30분'으로 보기 때문이다. 고객은 30분 내에 배달 음식이 도착하면 빠르다고 인식하고, 반면에 30분을 넘기면 느린 배달로 인식한다는 것이다. 쿠팡은 기존 음식배달 앱 시장을 지배하고 있던 배달의민족이나 요기요와 배달 시간 경쟁을 펼치며 이들 업체를 바짝 추격하고 있다.

쿠팡은 2021년 3월 11일 미국 뉴욕증권거래소 상장에 성공하면서 기업 위상을 높이고 세계적으로 기업가치를 인정받게 되었다. 쿠팡은 e커머스 플랫폼의 한계를 넘어 대형 마트와의 경쟁에도 뛰어들어 유통 산업 전반에 걸쳐 새로운 바람을 일으키고 있다.

TV를 넘어선 리얼한 소통의 플랫폼 유튜브

스마트폰에서 가장 오랜 시간 사용하는 앱을 꼽으라면 단연 유튜브일 것이다. 한마디로 유튜브는 볼거리가 넘쳐난다. 개성 있는 크리에이터들의 콘텐츠부터 방송사나 언론사 등의 콘텐츠까지 세상의 모든 동영상 콘텐츠가 모여 있는 듯하다. 최근에는 옛날에 방영되었던 예능이나 이른바 '탑골 가요'와 같이 향수를 자극하는 콘텐츠들이 많은 사랑을 받으면서 방송사 창고에 박혀 있던 방대한 콘텐츠가 유튜브를 통해 새롭게 업로드되고 있다. 추억 속에만 있던 방송 콘텐츠가 유튜브를 만나면서 다시 재조명을 받고 있다.

유튜브는 운영 초기에는 젊은 세대가 많이 이용했으나, 시간이 지나면서 전 세대가 애용하는 플랫폼이 되었다. 더욱이 코로나19로 인해 집콕 하는 시간이 늘면서 유튜브 이용이 더욱 크게 증가했다. 유튜브는 2019년에 정점을 찍으면서 2020년부터는 상승세가 꺾일 것으로 예상되었지만, 코로나 시기를 거치며 다시금 폭발적인 성장세를 이어 가고 있다.

무엇보다 유튜브 체류 시간이 증가하고 있는 이유는 유튜브의 '동영상 추천 알고리즘'과 같은 기술적 특성 때문이다. 유튜브는 사용자의 인구통계학적 정보와 시청한 동영상, 검색 기록 그리고 동영상을 시청한 뒤 반응하는 좋아요, 싫어요, 댓글 등의 행동 패턴을 분석하여 사용자가 보고 싶어 할 만한 영상을 추천해준다. 계속해서 호기심을 자극하는 동영상을 추천해주니 유튜브에서 눈을 뗄 수가 없는 것이다. 실제로 유튜브 동영상을 시청하다 보면, "유튜브의 알 수 없는 알고리즘이 나를 여기로 오게 했다."라는 재미있는 댓글을 자주 발견할 수 있다. 추천 동영상을 계속해서 보다가 정신을 차렸을 때 전혀 생뚱 맞은 동영상을 무의식적으로 보고 있는 경우도 있다. 유튜브의 이러한 동영상 추천 알고리즘은 편향성 논란을 불러일으키거나 가짜 뉴스가 유포되는 진원지로 질타를 받는 등 사회적 문제가 되고 있기도 하다.

하지만 유튜브는 코로나19를 논외로 하더라도 사람을 만나기 쉽지 않은 상황에서 영상을 통해 다양한 사람들과 소통할 수 있다는 장점이 있다. 완성도가 높은 콘텐츠뿐만 아니라 개성만 있다면 잘 다듬어지지 않은 어설픈 콘텐츠에도 사람들의 관심이 폭증한다. 이제는 대다수 기업과 방송인들이 유튜브에 홍보 영상을 올리거나 직접 출연하여 온라인으로 대면하고, 라이브 스트리밍 방송을 진행해 실시간으로 고객과 소통한다. 연결을 중시하는 진정한 의미의 온택트가 유튜브 플랫폼을 통해 실현되고 있다.

끊을 수 없는 동영상 구독 서비스의 최강자 넷플릭스

동영상 스트리밍 플랫폼인 넷플릭스의 인기도 크게 상승했다. 넷플릭스의 경우 미국이나 다른 국가에서는 큰 인기를 얻고 있었지만 국내에서의 점유율은 미미했다. 케이블TV나 인터넷 가입 회사에서 제공하는 방송 콘텐츠나 VOD만 해도 볼 만한 것이 꽤 많기 때문이다. 하지만 코로나19로 인해 집에서 지내는 시간이 늘면서 좀 더 다양한 즐길 거리를 찾는 사람들이 많아졌고 국내에서의 넷플릭스 인기가 수직 상승했다.

인터넷 연결이 가능한 스마트TV가 대중에게 폭넓게 확산되면서 넷플릭스에 접속하기가 수월해졌고, 기존 케이블TV나 IPTV에서 볼 수 없었던 방대한 콘텐츠가 시청자들의 시선을 사로잡았다. 특히 〈킹덤〉, 〈스위트홈〉 등과 같은 넷플릭스에서만 볼 수 있는 '넷플릭스 오리지널'이 큰 인기를 얻으면서 넷플릭스 가입자도 덩달아 증가했다. 코로나 시기에 극장에서 상영하기가 어려워진 영화들이 넷플릭스에서 개봉하기도 한다. 이처럼 풍성하고 차별화된, 보다 완성도 높은 콘텐츠가 넷플릭스의 첫 번째 성공 요인이라고 할 수 있다.

또 다른 넷플릭스의 성공 요인은 인공지능을 이용한 '개인 맞춤형 콘텐츠 추천'이다. 넷플릭스 사용자들이 남긴 평점과 재생 콘텐츠, 검색 내용을 분석하여 고객에게 지금 현재 가장 보고 싶어 할 만한 콘텐츠를 추천해주는 것이다. 사람들은 심심해서 TV를 켜도 막상 자신의 기호에 맞는 프로그램을 찾지 못해서 그냥 꺼버리는 경우도 많다. 넷플릭스의 분석에 따르면, 일반적으로 사용자들은 시청할 콘텐츠를 선택하고 60~90초 이내에 관심이 식을 수 있다고 한다. 이런 분석에 착안하여 넷플릭스는 사용자들이 90초 이내에 콘텐츠를 재생할 수 있도록 만드는 '추천 엔진'을 개발했다. 넷플릭스 사용자들이 해외 드라마를 밤새도록 시청하게 만든 요인이다. 중간에 광고도 없고, 한 회가 끝나면 바로 다음 회가 재생되기 때문에 계속해서 볼 수밖에 없게 만든다. 그만큼 넷플릭스는 중독성이 강한 플랫폼이다. 최근에는 아이들의 영어 공부를 위해 넷플릭스에 가입하는 사람들이 늘고 있다. 넷플릭스는 다양한 언어와 자막을 지원하기 때문에 외국어 학습에 최적화된 플랫폼으로도 인정받고 있다.

이렇듯 넷플릭스는 사용자의 선호도와 취향을 기초로 가장 맞춤화된 경험을 제공할 수 있도록 기술을 개발했다. 이는 넷플릭스 스트리밍 플랫폼에 축적된 방대한 빅데이터를 분석하는 시스템이 구축되어 있기에 가능한 일이었다. 넷플릭스 오리지널 프로그램을 기획할 때 이런 데이터를 반영하여 사용자가 정말 원하는 콘텐츠를 제작할 수 있었다. 이것이 바로 넷플릭스 오리지널의 인기 비결이다.

넷플릭스는 가장 성공적인 구독경제의 사례로 꼽힌다. 넷플릭스를 유료로 구독하는 사용자 수는 2020년 기준 전 세계 2억 명 이상인 것으로 집계되고 있다. 넷플릭스는 월정액으로 이용하면 방대한 양의 콘텐츠를 무제한으로 즐길 수 있고, 하나의 아이디로 TV를 비롯한 스마트폰, 노트북, 태블릿PC에서 동일하게 시청할 수 있는 것이 장점이다. 모든 회원이 구독료를 내는 유료 회원이기 때문에 광고 없이 시청에 몰입할 수 있는 장점도 있다. 요금제도 다양해서 자신에게 맞는 요금제를 선택해서 즐길 수 있다. 넷플릭스 프리미엄의 경우는 네 명의 사용자가 동시에 접속할 수 있는 멤버십 요금제로, 네 명이 모여 요금을 나눠 낼 수 있기에 저렴한 비용으로 영상을 즐길 수 있다.

이와 같이 넷플릭스는 넷플릭스 오리지널을 비롯한 수준 높은 콘텐츠와 빅데이터 분석을 통한 추천, 편리한 구독 시스템을 발판 삼아 치열한 동영상 스트리밍 업계에서 최강자의 자리를 지키고 있다.

6

기술은 플랫폼으로
모습을 드러낸다

테크노믹스 시대 어떻게 변화해야 할까?

코로나 팬데믹으로 인해 사람들은 좋든 싫든 온택트 기술을 경험하면서 그 '편리함'과 '속도'에 매료되었다. 세상은 이렇게 또다시 산업의 패러다임의 변화를 마주하게 되었다.

2020년 10월 7일, '코리아 인베스트먼트 페스티벌*KIF 2020*'에 연사로 참석한 아룬 순다라라잔*Arun Sundararajan* 뉴욕대학교 경영대학원 교수는 5년 내 플랫폼을 기반으로 하는 사업의 규모가 10배 이상 성장할 것이라고 전망했다. 코로나19에 대응하는 과정에서 '테크노믹스*Technomics*'의 힘이 강력해졌고 플랫폼 기업이 이를 주도하고 있기 때문이라고 설명했다. 테크노믹스란 '기술*technology*'과 '경제 *economics*'를 합친 단어로 기술 주도 경제를 의미한다. 기술이 경제 환경을 변화시키고, 이 같은 경제 패러다임의 변화가 다시 기술 발전의 원동력이 되는 것을 말한다. 최근에는 기술의 발전 속도가 기하급수적으로 빨라지면서 테크노믹스의 순환 속도 역시 빠르게 진행되고 있다.

예를 들면 승객과 운전기사를 연결해주는 플랫폼 기업인 우버의 전체 매출 가운데 우버이츠 *UberEats*를 통한 식품 배달이 차지하는 비중은 기존 주력 사업이던 차량 공유 매출을 이미 뛰어넘었다. 코로나19로 인해 우버의 차량 공유 서비스 이용객이 급감했지만 음식 배달 서비스인 우버이츠의 매출은 폭증했다. 우버는 기술력을 보유하여 쉽게 사업 다각화가 가능한 플랫폼 기업이었기 때문에, 차량 공유 사업의 위기를 음식 배달 사업으로 극복할 수 있었다. 위기를 기회로 바꾼 것이다.

디지털 전환으로 지금까지 존재하지 않았던 사업 영역이 전통 산업 분야를 빠른 속도로 잠식해 나가는 현상이 산업계의 흐름이 되고 있다. 첨단 기술이 경제를 이끌면서 새로운 표준(뉴노멀)이 형성되고, 이에 발맞춰 혁신적인 플랫폼 기업이 계속해서 등장하고 있다. 기술의 발전은 결국 플랫폼을 통해 세상에 모습을 드러낸다. 플랫폼 기업은 새로운 세상에 적합한 또 다른 기술을 적용하여 끝없이 시장을 개척해 나가고 있다.

왜 기업들은 메타버스에 꽂혔나?

앞에서 언급했듯이 온택트 흐름이 확산되면서 현재 가장 핫한 플랫폼으로 주목받고 있는 것은 메타버스다. 메타버스란 초월, 그 이상을 뜻하는 그리스어 '메타*meta*'와 세상 또는 우주를 뜻하는 '유니버스*universe*'의 합성어다. 즉 현실 세계의 사회, 경제, 문화 활동이 이뤄지는 3차원 가상 세계를 일컫는 말로, 가상과 현실이 융합되어 상호작용하는 공간을 말한다.

메타버스의 개념은 2003년에 등장한 가상현실 게임인 세컨드 라이프*Second Life*와 유사하다. 세컨드 라이프가 가상 세계에 집중했다면, 메타버스는 가상과 현실을 융합했다는 차이점이 있다. 한마디로 가상현실을 확장한 개념이라고 볼 수 있다. 코로나 시대의 온택트 경험이 메타버스를 타고 그 진화 속도가 10년은 앞당겨졌다는 평가를 받을 정도로 현재 인기가 뜨겁다.

온택트 문화가 주류로 떠오르면서 동시에 현실 세계를 대신할 수 있는 가상 세계에서의 활동들이 주목받기 시작했다. 예를 들어 에픽 게임즈*Epic Games*의 인기 온라인 게임인 포트나이트*Fortnite*에서는 종종 뮤지션들의 공연이 펼쳐진다. 방탄소년단*BTS*도 2020년 9월 포트나이트에서 '다이너마이트*Dynamite*'의 안무 버전 뮤직비디오를 최초로 공개했다.

로블록스도 메타버스의 대표 사례로 꼽힌다. 로블록스는 사용자 마음대로 직접 게임을 만들거나, 다른 사용자가 만든 게임을 즐길 수 있도록 구현하는 개념인 샌드박스Sand Box 기반의 게임 플랫폼이다. 가상 세계를 직접 창조하고 그 안에서 가상화폐를 사용하여 물건을 만들어 사고파는 등 경제 활동이 벌어진다는 점에서 메타버스 개념을 잘 구현한 게임으로 평가받는다. 로블록스는 유튜브 같은 수익 배분 모델을 운영함으로써 사용자들이 적극적으로 가상 세계를 만들도록 독려하고 있다.

모바일 앱 시장조사 업체인 센서타워Sensor Tower는 2020년 기준 미국 10대들이 가장 많은 시간을 보내고 있는 곳이 로블록스라고 밝혔다. 16세 미만 미국 아이들의 절반 이상이 로블록스에 가입해 게임을 즐기고 있으며, 13세 미만 아이들은 유튜브보다 로블록스에서 약 2.5배 많은 시간을 보내고 있다고 한다.

국내에서는 네이버의 자회사인 네이버제트NAVER Z가 개발한 제페토ZEPETO가 대표적인 메타버스 서비스로 꼽히고 있다. 제페토는 Z세대를 겨냥한 증강현실 아바타 서비스다. 얼굴 인식·AR·3D 기술을 활용해 커스터마이징customizing(개인 맞춤화)한 자신만의 개성 있는 3D 아바타로 제페토 안에서 서로 소통하고 교류할 수 있다. 또한 제페토 계정을 가진 사용자라면 아바타 의상 및 아이템을 직접 만들어 판매하는 경제 활동도 할 수 있다. 제페토의 가입자 수는 약 2억 명을 넘어섰고, 그중 해외 사용자 비중이 90%에 이른다. 특히 10대 사용자 비중이 80%에 달한다. 지금의 10대들이 가까운 미래에 핵심 소비자층이 될 것을 고려하면 메타버스 시장의 규모는 더욱 확대될 것으로 기대된다. 게다가 본격적으로 펼쳐질 5G 시대에는 메타버스가 핵심 콘텐츠로 떠오를 전망이어서 메타버스 열풍이 쉽게 식지는 않을 것으로 보인다.

온택트 시대의 셀링 기술, 라이브 커머스

라이브 커머스는 실시간 동영상 스트리밍을 이용해 상품을 홍보하고 판매하는 온라인 채널이다. 비대면, 비접촉을 추구하는 요즘 같은 시대에 가장 적합한 마케팅 수단으로 주목받으면서 다양한 경제 영역에서 이용되고 있다.

라이브 커머스는 실시간으로 방송하면서 채팅창으로 소비자와 양방향 소통이 가능하다는 장점이 있다. 상품에 대한 질문을 판매자가 즉시 답변함으로써 소비자의 궁금증을 해소해주고, 서로 간에 친밀감을 쌓아나갈 수도 있다. 이처럼 라이브 커머스는 상품에 관한 다양한 정보를 실시간으로 제공하여 온라인 쇼핑의 단점을 보완할 수 있다. 제품을 직접 만져보거나 체험해볼 수 없는 상황에서 라이브 커머스는 소비자가 구매 결정을 하는 데 핵심적인 역할을 할 수 있다.

국내의 대표적인 라이브 커머스 플랫폼으로는 네이버의 쇼핑라이브, 카카오의 톡딜, 티몬의 티비온, CJ올리브영의 올라이브 등이 있다.

라이브 커머스는 이러한 플랫폼이 아니더라도 유튜브의 실시간 스트리밍 방송이나 페이스북의 라이브 방송 등 다양한 미디어 채널을 이용해 진행할 수 있다.

이제 라이브 커머스 채널은 일반인 쇼호스트뿐만 아니라 유명 유튜버나 연예인, 방송인 등이 출연해 소비자에게 오락적인 재미까지 선사해주는 추세다. 상품 판매는 물론 소비자가 재미있어할 만한 상품과 연관된 취미 등을 이야기하며 소비자가 즐길 수 있는 방송으로 진행되고 있다. 쇼호스트 대신 관련 전문가가 직접 진행하거나, 사람들의 이목을 끌 만한 고가의 명품을 팔기도 하고, 전기차도 판매하는 등 판매 상품이나 진행 방식도 갈수록 다채로워지고 있다.

네이버나 티몬의 경우는 쇼호스트나 정해진 방송 형식 없이 판매자가 개별적으로 라이브 커머스를 진행할 수 있도록 시스템을 지원하고 있다. 앞으로는 라이브 커머스가 더욱 확대되어 플랫폼 기업이 주도하는 방송이 아니라, 판매자가 주도하여 자율적으로 방송하는 시스템으로 개편될 전망이다. 그렇게 되면 e커머스 플랫폼의 판도가 또다시 변화될 것이다. e커머스 플랫폼이 라이브 커머스 시장을 키우려는 이유다.

오프라인만의 가치를 찾아야 할 때

공유경제 연구의 권위자인 아룬 순다라라잔 교수는 KIF 2020에서 향후 1~2년 내에 미국의 작은 레스토랑의 3분의 2가 문을 닫고, 매장이 없는 온라인 레스토랑과 공유 주방(클라우드 키친)이 급증할 것으로 전망했다. 오프라인 산업은 점점 설 자리를 잃어가고 있지만, 한편으로 기회도 있음을 강조한 것이다. 그리고 우리는 인식하고 있다. 진정한 가치는 오프라인에 있으며, 그 가치를 지속시키려면 오프라인도 변화해야만 살아남을 수 있다는 것을 말이다.

오프라인 기업은 지금의 플랫폼 기업들보다 훨씬 더 많은 유연성과 창의적 시각, 철저한 준비가 필요하다. 급격하게 변화하는 현대사회에서 기존 방식만을 고수해서는 살아남기 힘들다. 이를테면 소비자가 매장에 방문하지 않더라도 라이브 커머스 같은 방송을 이용해 판매자가 매장에서 소비자와 실시간으로 소통하고 매장 상품을 판매하는 등의 새로운 접근이 필요한 시점이다. 사실 온택트 시대에 오프라인 상점이 온라인과 배달 중심 서비스를 강화해야 하는 것은 더 이상 특별한 전략이 아니다. 신선식품까지 주문할 수 있을 정도로 이제는 온라인에서 구매하지 못할 것이 없는 세상이 되었기 때문이다.

최고급 레스토랑도 예외는 아니다. 시카고에 위치한 미슐랭 3스타 레스토랑인 알리니아*Alinea*도 '마르게리타 키트' 배송을 시작하는 등 온택트 시대에 생존하기 위해 발 빠르게 대응하고 있다. 우리나라 포

항의 한 횟집은 '생선회 드라이브스루' 서비스를 실시해 3,000마리의 횟감을 단 3시간 만에 팔아치우기도 했다.

무엇보다 오프라인 상점은 비대면 방식을 활용한 판매에 그치는 것이 아니라, 충분한 온라인 체험을 제공할 수 있는 독특한 콘텐츠를 제작해 차별화된 브랜드 전략을 구사해야 한다. 온라인의 편리함을 넘어 오프라인만의 개성을 생생하게 체험할 수 있는 공간 마케팅을 펼쳐야 한다. 즉 쿠팡, 마켓컬리, 배달의민족 등 디지털 소비 환경에 푹 빠져 있는 소비자들을 '어떻게 오프라인 매장까지 찾아오게 만드는가'에 대해 근본적으로 고민해야 한다. 이미 상품 구매의 주된 채널은 온라인으로 옮겨갔고, 인공지능 알고리즘으로 최저 가격을 책정하는 시스템으로 인해 가격 경쟁에서도 오프라인 상점이 이기기는 더욱 힘들어졌다. 소비자가 구매는 온라인에서 하더라도 오프라인 매장에서는 새로운 체험을 할 수 있도록 쇼룸과 같은 서비스를 제공하여 브랜드 이미지를 구축하고, 매장을 소통의 채널로써 활용할 필요가 있다. 따라서 소비자가 온라인이나 다른 매장 대신에 자신의 오프라인 매장에 방문해야 하는 이유는 무엇인지, 현실적으로 진단해봐야 한다. 그리고 어떤 방식으로, 어떤 새로운 가치를 제공할 것인지에 대해 고민해야 한다. 오프라인 상점 입장에서 제공하기를 원하는 상품과 서비스가 아닌, 고객이 필요로 하는 상품과 그들과 관련성이 높은 서비스를 제공해야만 온택트 시대에 살아남을 수 있다.

코로나19는 우리에게서 많은 것을 빼앗아 갔지만, 그렇다고 원망만

하고 있을 수도 없고 돌이킬 수도 없다. 일어날 일은 일어날 것이고, 받아들일 일은 받아들여야 한다. 코로나 사태로 인해 발생한 사회 변화를 주의 깊게 진단하고 새로운 기회에 초점을 맞춰야 한다.

혁신 기술보다 필요한 것은 합의의 기술

아무리 혁신적인 기술이라도 기존 사회구조의 큰 변화를 가져오는 기술과 그에 따른 서비스는 사회적 합의를 거쳐 점진적으로 도입되어야 한다. 또한 그 기술을 사업적으로 이용할 때 국내법에 저촉되는지의 여부에 대한 법률적 문제도 자세히 따져봐야 한다. 이러한 사회적 합의와 법률적 분석 없이 새로운 기술을 급격하게 도입하다 보면 반드시 사회적 저항이 따르기 때문이다.

전 세계적으로 엄청난 성공을 거둔 공유경제 플랫폼인 에어비앤비나 우버도 한국에서는 숙박, 택시업계의 반대와 법률적 문제(즉 여객자동차 운수사업법 등 현행법 위반 문제)에 부딪혀 정착하지 못하고 있다. 카풀car pool 플랫폼인 '카카오T 카풀'도 마찬가지 이유로 서비스가 중단되었다.

승차 공유 플랫폼 '타다'의 경우는 2018년 10월 서비스(기사 알선을 포함한 승합차 대여 서비스)를 시작해 이용자가 200만 명 가까이 증가하자, 택시 업계의 거센 반발로 논란의 중심에 선 바 있다. 11~15인승 차량을 빌릴 때는 관광 목적으로 6시간 이상 사용하거나, 대여·반납 장소를 공항 또는 항만으로 해야 운전자를 알선할 수 있도록 하는 일명 '타다금지법(여객자동차 운수사업법 개정안)'이 국회에서 통과되면서 타다 베이직 서비스가 중단되었다. 한마디로 여객자동차 운수사업법을 개정해 타다 같은 승합차 임차 서비스를 관광 목적으로 제한한 것이다. 새로운 플랫폼이 충분한 사회적 합의를 거치지 않고 시행되면서 법까지 개정된 사례다.

글로벌 플랫폼의 경우 국내 시장을 보호하고 과금 문제, 세금 문제 등의 규제를 위해 국내법을 개정하는 이른바 '구글법', '페이스북법' 등의 입법이 추진되고 있는 이유도 마찬가지다.

일반적으로 새로운 기술이나 혁신적인 제품이 시장에 자리 잡기까지는 어느 정도 시간을 필요로 한다. 얼리어답터에 의해 검증받고 여러 시행착오를 거치면서 점진적으로 받아들여 대중화 단계를 밟는다. 특히 소상공인과 같은 사업자 대상 제품의 경우는 그 도입의 속도가 소비자 제품에 비해 느릴 수밖에 없다.

그런데 코로나19와 같이 전혀 예측할 수 없었던 감염병 사태가 발생하면서 급속하게 디지털 전환이 이루어졌다. 이런 전환은 기존 시장 지배자와의 충돌이 일어나고 사회적 합의를 거치게 되는데 그럴 새도 없이 급하게 전개되었다. 당장 감염병 확진자가 빠른 속도로 퍼지고 있는 와중에 사회 구성원들도 자신의 입장과 이익을 따질 겨를이 없었다. 우선은 감염병부터 막고 봐야 했다. 코로나19가 종식될 때까지는 서로의 피해를 감수하면서 버티다가 정확한 이해관계는 코로나19가 끝나면 따져보자는 공감대가 형성되었다. 이런 분위기를 타고 대중화에 지지부진했던 4차 산업 기술이나 플랫폼이 충분한 사회적 합의 없이 곧바로 받아들여졌다. 사회적 거리 두기로 시작해 하나의 트렌드가 된 비대면 언택트는 사회적 변혁을 일으키는 계기가 되었다. 중요한 점은 이렇게 급하게 받아들여진 온택트 기술이나 플랫폼이 코로나19 이후에도 더욱 발전된 방식으로 계속될 것이라는 점이다. 다시 예전의 생활로 돌아가기는 거의 불가능해 보인다. 현재 온택트 기술이 우리 생활에 안착하여 잘 돌아가고 있고, 이미 많은 사람이 적응한 상태에서 굳이 예전으로 돌아갈 이유가 없는 것이다.

코로나19가 장기화되면서 이제는 감염병과 공존하는 미래를 그리거나, 코로나19가 종식된 이후 새롭게 판을 짜야 하는 과제를 떠안게 되었다. 어떤 방향으로든 포스트 코로나 시대의 뉴노멀을 정의하고 준비해야만 새로운 시대에 생존할 수 있을 것이다. 포스트 코로나 시대를 살아가야 하는 우리는 코로나19 이전에 가졌던 생각과는 다른 완전히 새로운 비전을 가져야 한다.

플랫폼 비즈니스,
공간 저 너머로

e커머스 플랫폼, 쩐의 전쟁

e커머스 플랫폼은 어떻게 성장했을까?

코로나 시대의 진정한 승자는 e커머스 플랫폼이라는 말이 나올 정도로, e커머스 플랫폼은 감염병 사태로 인해 자유롭게 접촉하기 어려운 일상에서 우리의 의식주를 책임지고 있다.

e커머스 플랫폼은 이미 2000년대부터 국내 시장에서 꾸준히 성장하며 순항해왔다. 지금은 존재감이 약해졌지만 옥션, 지마켓, 11번가는 과거 오픈마켓의 '빅3'로 꼽히며 유통업계의 강자로 불렸다. 이들 빅3 업체가 창출한 온라인 쇼핑 시장에, 소셜 커머스로 시작해 종합 쇼핑몰로 성장한 쿠팡, 위메프, 티몬 등이 가세하면서 2019년에 이르러서는 그 시장 규모가 135조 원에 달했다.

2021년 현재 코로나19로 인해 거의 모든 산업의 경기가 악화된 상황에서도 e커머스 플랫폼의 성장세는 꺾이지 않고 오히려 높은 성장세를 이어가고 있다. 2020년 국내 e커머스 거래액은 2019년의 135조 원보다 18.7% 증가한 약 161조 원 규모로 집계되었다. 2018년 대비 2019년 성장률인 11.9%에 비해 급격하게 증가한 수치다. 2021년에는 국내 e커머스 거래액이 약 185조 원을 기록할 것으로 추정되며 13.7%의 성장률을 유지할 것으로 보인다. 사회적 거리 두기로 비대면 문화가 확산되면서 백화점, 대형 마트 등의 오프라인 유통 채널에서 빠져나온 소비자들을 e커머스 플랫폼이 흡수하며 높은 성장률을 기록하고 있다.

❙ 국내 e커머스 플랫폼의 시장 규모

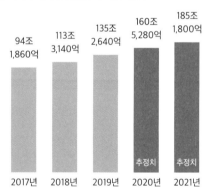

자료: 통계청, 하나금융투자.

출처: "코로나 1년 4개월, 급성장하는 e커머스 vs 쪼그라드는 TV홈쇼핑", 아시아경제, 2021.4.22, https://www.asiae.co.kr/article/2021042210030305563

오프라인 유통 시장의 강자로 그 자리를 지켜왔던 백화점이나 대형 마트도 e커머스 플랫폼 사업에 집중하는 모습을 보이고 있다. 물류와 배송 시스템을 강화해 온라인 채널 중심으로 체질 개선을 진행 중이다. 이들 업체는 새벽 배송이나 당일 배송을 앞세워 소비자들의 마음을 사로잡고자 모든 노력을 기울이고 있다.

TV홈쇼핑의 모바일 버전이라고 할 수 있는 라이브 커머스도 영향력이 확대되고 있다. 네이버와 카카오 등 IT 업계가 라이브 커머스 시장에 뛰어들면서, 이른바 '소비의 디지털화'가 빠르게 진행되고 있다. 2020년에 약 4,000억 원이던 라이브 커머스 시장 규모는 2021년에는 약 2조 8,000억 원으로 크게 증가할 것으로 전망된다.

편리함을 무기로 종합 쇼핑몰에서 모바일 앱으로

국내 e커머스 시장은 1996년에 인터파크가 오픈하면서 시작되었다. 당시 e커머스 업계는 벤처기업이나 대기업 주도의 '종합 쇼핑몰'이 대세를 이루었다. 이후에는 옥션과 지마켓 같은 '오픈마켓'이 등장하면서 시장의 판도가 오픈마켓으로 빠르게 바뀌었다. 2000년대에 들어서는 카페24, 고도*godo*몰과 같은 쇼핑몰 임대 및 호스팅 서비스가 등장하면서 개인 판매자도 누구나 자신의 몰을 오픈해 인터넷 사업을 할 수 있게 되었다. 이른바 소호몰(개인이 운영하는 온라인 쇼핑몰) 시대가 열린 것이다.

2003년에는 네이버 지식쇼핑 서비스가 시작되었고, 이후 '가격 비교' 검색 서비스가 주목받았다. 종합 쇼핑몰, 오픈마켓, 소호몰 등 쇼핑몰이 워낙 많이 생기다 보니 가격이 천차만별이었는데, 정보 불균형으로 인해 누구는 싸게 사고, 누구는 비싸게 사는 일이 흔하게 일어났다. 그렇다고 소비자가 모든 쇼핑몰을 뒤져볼 수도 없는 노릇이었다. 이런 시기에 네이버 지식쇼핑이 오픈하면서 최저가 검색이 가능해졌고, 이때부터 최저가 전쟁이 시작되었다. 또 e커머스 플랫폼이 네이버나 다음 등의 검색 포털에 지나치게 의존하며 종속되기 시작한 시점이기도 하다.

2009년 아이폰이 국내에 상륙한 이후에는 페이스북, 트위터 등의 소셜 미디어 열풍이 거세게 불었다. 이 열풍을 타고 '소셜 커머스' 시장이 폭발적으로 성장했고, 수많은 소셜 커머스 업체가 우후죽순 생겨났다. 하지만 시간이 지나면서 하나둘 사라지고 쿠팡, 티몬, 위메프 등 일부 업체만 살아남았다. 이때만 해도 소셜 커머스가 오픈마켓을 뛰어넘을 정도로 성장할 것이라고는 상상조차 하지 못했다. 그러나 아이폰을 필두로 스마트폰이 대중에게 확산되면서 모바일 쇼핑 시장이 열리기 시작했고, 모바일 쇼핑의 성장과 함께 소셜 커머스도 성공할 수 있었다.

2012년에는 네이버가 샵N 서비스로 e커머스 시장에 진출하며 엄청난 파장을 불러일으켰다. 검색을 장악하고 있는 네이버가 e커머스 플랫폼에 도전하겠다고 하니, e커머스 업계에서는 우려스러운 일임이 분명했다. 샵N은 1인 기업이나 소상공인이 손쉽게 온라인 쇼핑몰을 만들 수 있도록 서비스를 제공한다. 게다가 네이버 쇼핑 검색에 노출이 잘되기 때문에 홍보하는 데 큰 노력을 기울이지 않아도 된다. 샵N의 판매 수수료도 PG Payment Gateway(전자결제 대행)사 카드 결제 수수료인 3%대이며, 네이버 쇼핑 검색을 통해 판매가 이루어지면 매출 연동 수수료 2%가 추가된다. 일반적인 오픈마켓의 판매 수수료가 12%이고, 소셜 커머스의 판매 수수료가 18% 수준인 점을 감안하면 파격적인 수준의 판매 수수료인 것이다.

실제 네이버의 엄청난 검색량은 e커머스 시장을 장악하는 상황으로 이어지고 있다. 판매 수수료, 쇼핑 광고, 멤버십을 포함한 네이버 쇼핑 매출은 2020년에 1조 897억 원을 달성했으며, 총 거래액은 26조 8,000억 원에 이른다. 이는 전체 e커머스 시장 규모에서 17%를 차지하는 수치다. 소비자 입장에서도 네이버 쇼핑은 사용하기 편리한 플랫폼이다. 네이버 멤버십에 가입하거나, 네이버 페이에 카드 번호를 등록하면 간편하게 결제할 수 있다. 네이버가 체크카드나 신용카드를 출시하는 등 페이 서비스를 강화하며 핀테크에 주력하고 있는 이유다. 네이버 샵N은 이후 스토어팜 StoreFarm 으로, 현재는 스마트스토어 smartstore 로 명칭을 변경하여 운영하고 있다.

2016년부터는 국내 '모바일 쇼핑' 거래액이 폭발적으로 증가하기 시작했다. 종합 쇼핑몰, 오픈마켓, 소셜 커머스 할 것 없이 해당 기업들이 자체 모바일 앱을 개발해 서비스하고 있다. 이는 간편 결제 등의 핀테크가 함께 발전했기 때문에 가능한 일이었다. 앱에 신용카드만 등록하면 결제가 너무 쉽게 처리되니 구매에 거리낌이 없어진 것이다. 특히 소셜 커머스 업체는 타임 세일이나 파격적인 할인 행사 등의 이벤트를 진행하여 사회적 이슈가 되기도 했다. 소셜 커머스 업체는 모바일 앱을 통해 딜 정보를 실시간으로 푸시 알림 하며 구매를 유도한다. 프로모션 형태로 진행되는 행사는 구매 전환율이 매우 높게 나타나고 있다. 가격 정보가 공개되어 있기 때문에 어디에서도 이 정도 가격에 구매할 수 없음을 소비자들도 이미 알고 있는 것이다. 소셜 커머스에서 진행하는 이 같은 이벤트는 자체적으로 깐깐한 심사 과정을 거쳐 엄선해 진행한다는 믿음이 형성되어 있어서 소비자들은 가격이나 품질에 대해 큰 고민하지 않고 구매하게 된다.

e커머스 플랫폼에서 쇼핑하는 시간이 늘면서 고객이 특정 플랫폼을 떠나지 않는 락인 효과Lock-in effect(잠금 효과)도 나타나고 있다. 모바일 쇼핑 앱의 등장은 경쟁적인 쇼핑 시장에서 하나의 플랫폼을 선택하여 사용하기를 선호하는 싱글호밍 이용자의 락인을 촉진하고 있다. 검색부터 주문, 결제까지 자신이 사용하는 앱이 편리하기 때문에 다른 곳으로 이동하기가 싫어지는 것이다. 또 소비자들은 주로 이용하는 쇼핑 앱에서 제일 싼 것이 전체 쇼핑몰에서 제일 싸다고 인식하는 경향이 있다. e커머스 플랫폼 입장에서도 소비자들이 손품 팔며 돌아다니기 번거로워한다는 것을 알고 있으며, 한번 잡은 소비자들이

실망하고 떠나지 않도록 총력을 기울여 다음 이벤트를 준비한다.

현재 e커머스 플랫폼의 화두는 여전히 '배송'이다. e커머스 플랫폼은 코로나19 감염 위험을 방지하기 위해 비대면 배송으로도 소비자가 상품을 제대로 받을 수 있도록 서비스를 개선했다. 신선식품과 같이 상하기 쉬운 상품은 받자마자 냉장고로 옮겨야 하는데 택배를 집 앞에 두고 가니 몇 시간씩 방치되는 문제가 자주 발생했기 때문이다. 배송 상황을 실시간으로 알릴 필요가 생긴 것이다. 그래서 실시간 배송 현황을 모바일 앱이나 카카오톡, 문자메시지로 전달하면서 고객이 인지할 수 있도록 돕는 서비스가 개발되었다. 배송 과정에서 발생하는 다양한 요구를 반영하여 배송 산업의 디지털 전환을 이루어내고 있는 것이다.

e커머스 플랫폼의 미래도 배송에 달려 있다고 봐도 무방하다. 아무리 온택트를 강조하는 시대여도 상품은 오프라인으로 전달되어야 하니 말이다. 앞에서 살펴봤듯이 쿠팡이 배송을 직접 하겠다고 했을 때만 해도 무모한 도전처럼 여겨졌지만, 로켓배송 서비스가 자리 잡은 이후에는 쿠팡의 최고 경쟁력이 되어 미국 증시에 상장하는 데 가장 결정적인 역할을 했다. 마켓컬리의 경쟁력도 샛별배송이라는 새벽 배송 서비스다. 전국에 지점이 있는 이마트의 경우는 당일 배송이 경쟁력이다.

현재 더욱 효율적인 배송을 위해 최첨단 기술로 관리되는 대형 물류센터가 지역 곳곳에 건립되고 있고, 머지않은 미래에는 드론과 무인 자율주행차가 배송에 활용될 전망이어서 앞으로 어떤 물류 혁신이 펼쳐질지 기대된다.

인플루언서와 함께하는 라이브 쇼핑

오늘날 국내 e커머스 플랫폼은 크게 '오픈마켓(지마켓, 옥션, 11번가)', '소셜 커머스(쿠팡, 위메프, 티몬)', '포털 사이트(네이버, 다음)' 3강 체제로 정착된 상황이다. 그리고 이 거대 플랫폼에 맞서 SNS를 활용한 '미디어 커머스'와 인플루언서를 활용한 '인플루언서 커머스', 크리에이터를 활용한 '라이브 커머스'가 활기를 띠고 있다. 바로 앞에 열거한 세 가지 커머스는 주로 인플루언서나 크리에이터가 판매 주체가 되어 콘텐츠를 기획해 제품을 판매하고 수익을 창출하는 방식으로 거래가 이루어진다. 핫트*HOTT*, 온더룩*onthelook*, 픽*PICKK*은 이런 유형의 거래가 이루어지는 대표적인 플랫폼이다. 지금까지의 쇼핑 행태가 목적 중심의 검색 기반으로 이뤄졌다면, 이 플랫폼들은 인플루언서나 크리에이터가 생산하는 색다른 콘텐츠를 보고 구매한다는 차이점이 있다. 최근에는 검색 기반에서 콘텐츠 중심으로 소비 트렌드가 변화하고 있는 것이다. 앞에서 예로 든 인플루언서 또는 크리에이터 커머스 플랫폼들은 거대 플랫폼에 비교될 수준은 아니지만 나름의 전문 영역을 구축하고 있으며, 실제 커머스를 진행할 때 상당한 수준의 매출을 올리고 있다. 이러한 인플루언서를 활용한 라이브 커머스는 소상공인과 중소기업에 새로운 돌파구가 되고 있다.

다양한 형태의 커머스가 등장하면서 개인이 온라인을 이용해 경제 활동을 하는 긱 이코노미 *Gig Economy* (비정규 프리랜서 근로 형태가 증가하는 경제 현상) 시장도 성장하고 있다. 인플루언서나 크리에이터는 말할 것도 없고 일반 개인도 상품을 소싱 *sourcing* (조달)해 판매하는 시대다. 쇼핑몰 구축부터 상품 소싱, 상세 페이지 제작, 택배 등 쇼핑몰 운영에 대한 모든 세부 사항은 준비되어 있다. 상품을 판매할 수 있는 제반 인프라가 갖추어져 있다는 의미다. 제품 사입 仕入 (판매를 위해 도매상이나 제조사로부터 물건을 사들이는 것)이 어려운 개인들에게 위탁 판매가 가능하도록 상품을 공급해주는 도매몰도 성행하고 있다. 이제는 개인이 어떤 상품을, 어떤 콘셉트의 콘텐츠로 제작해, 어떤 미디어에서 판촉할 것인가만 결정하면 된다.

뉴노멀의 수혜를 타고 해외 직구 시장을 향해

e커머스의 고속 성장과 더불어 '해외 직구'나 '구매 대행' 시장도 커지고 있다. 코로나19로 인해 해외여행이 거의 불가능해진 상황에서 사람들은 온라인 해외 직구로 갈증을 해소하고 있는 모양새다. 통계청에 따르면 한국 국민의 해외 직구 거래액은 2020년에 처음으로 4

조 원대에 진입한 것으로 나타났다. 즉 2017년에 2조 2,435억 원에서 2018년에 2조 9,717억 원, 2019년에 3조 6,360억 원, 2020년에는 4조 1,094억 원으로 해외 직구의 시장 규모가 급성장했다. 이러한 해외 직구 거래액의 성장률이 지속적으로 크게 증가하는 가운데 2019년 대비 2020년 성장률이 상대적으로 감소했으나, 이는 코로나19가 처음 확산하기 시작한 2020년에 소비 심리가 위축되었기 때문인 것으로 풀이된다. 하지만 2021년에는 코로나 사태의 장기화로 그동안 위축되었던 소비가 한꺼번에 폭발적으로 늘어나는 이른바 '보복 소비' 수요가 터져 나오고 있어 해외 직구 성장률도 다시 크게 증가할 것으로 보인다.

해외 직구는 아마존, 알리바바, 라쿠텐*Rakuten* 등의 해외 사이트에서 직접 구매하는 방식이 있고, 국내 e커머스 플랫폼에서 구매 대행 서비스로 구매하는 방식이 있다. 예를 들면 쿠팡, G9(지구, 이베이코리아 운영), 11번가, 위메프, 롯데ON 등이 해외 직구 서비스를 운영 중이다. 현재 '로켓직구' 서비스로 해외 직구 배송 기간을 평균 3~4일로 줄인 쿠팡과 해외 직구로 구입한 명품의 경우 1년 동안 무상 수리 서비스를 제공하는 G9 등이 해외 직구 시장을 선도하고 있다. 11번가는 세계 최대 규모의 e커머스 플랫폼인 아마존과의 협업을 추진하고 있다. 아마존에서 거래되는 상품을 앞으로 11번가에서도 구매할 수 있을 것으로 보여 11번가의 약진이 예상된다.

국내 e커머스 시장은 한정된 수요 속에 플랫폼 간의 경쟁이 치열해지면서 성장이 정체한 레드오션*Red Ocean*으로 진입하고 있는 만큼 성장 가능성이 충분한 해외 직구 시장에 집중할 필요가 있다.

해외 시장 진출이라는 측면에서 볼 때, 쿠팡의 미국 증시 상장은 제조업도 통신사도 금융사도 게임사도 아닌 국내 e커머스 플랫폼이 상장에 성공한 사례로 상당히 고무적인 일이 아닐 수 없다. 미국 증시에 상장하면 미국 내에서의 인지도가 올라가고, 더 많은 투자자가 몰리면서 자본 확보가 용이해져 기업가치를 키울 수 있기 때문이다. 쿠팡은 미국 증시에 상장한 이후 삼성전자와 SK하이닉스에 이어 국내 시가총액 규모에서 3위에 등극했다. 국내 4대 유통 기업인 신세계, CJ, 롯데, 현대의 시가총액을 모두 합쳐도 쿠팡에 미치지 못할 정도다. 이는 쿠팡이 창업 10년 만에 이룬 성과여서 더욱 놀랍다. 쿠팡 외에도 국내의 유력한 플랫폼 기업들이 미국 증시에 상장하기 위한 가능성을 검토하고 있다.

코로나19가 앞당긴 온택트 시대에 e커머스 플랫폼의 성장은 엄청난 경제 효과로 이어졌다. 하지만 새로운 시장이 창출되었다기보다는 오프라인을 잠식한 결과이기도 해서 우리나라 전체로 보면 마냥 좋아할 일은 아니다. 상호 이익을 누리며 윈윈 하는 포지티브섬*positive-sum* 게임이 아니라, 내가 얻는 만큼 네가 잃는 제로섬*zero-sum* 게임 상황이기 때문이다. 앞에서 강조했듯이 온라인으로의 쏠림 현상은 거스를 수 없는 흐름이기에, 오프라인 기업도 오프라인만을 고집하지 않고 온라인을 접목해 활로를 모색해야 할 것이다.

8

낚여도
미디어 플랫폼은 즐겁다

왜 기업들은 미디어 플랫폼에 목맬까?

많은 사람들이 스마트폰 영상을 시청하다 시간 가는 줄 모를 만큼, 미디어 플랫폼은 우리 일상과 매우 밀접한 매체가 되었다. 현재 스마트폰에서 가장 많이 사용되는 앱은 유튜브, 페이스북, 카카오톡과 같은 소셜 미디어 플랫폼이다. 이제는 뉴스도 미디어 플랫폼을 통해 시청하는 것이 흔한 일이 되었다.

특히 유튜브에는 없는 정보가 거의 없을 정도로 콘텐츠의 양이 방대하다. 지금 이 순간에도 유튜브의 콘텐츠는 끊임없이 생산되고 있다. 유튜브에 콘텐츠를 올려서 많은 조회 수를 기록하면 짭짤한 광고 수입도 올릴 수 있기에 많은 사람들이 유튜브 세계에 뛰어들고 있다.

10대들의 희망 직업이 크리에이터로 꼽히고 있을 정도다. 이는 달리 말하면 시청자들의 눈과 귀를 사로잡기 위한 경쟁이 더욱더 치열해지고 있다는 의미일 것이다.

페이스북은 불과 10여 년 만에 세계 최대의 소셜 네트워크 서비스 *SNS*로 성장했다. 하지만 페이스북의 인기도 언제 그랬냐는 듯이 이제는 시들해졌다. 아직 페이스북 가입자들이 페이스북을 떠나지는 않았지만, 인스타그램 등과 같은 새로운 SNS로 눈길을 돌리고 있다. 너무 많은 개인 정보가 쌓이면 피로도도 따라서 높아지는 페이스북의 특성도 가입자들이 즐겨 찾지 않는 이유 중에 하나다.

이렇듯 미디어 플랫폼은 시대 흐름에 따라 흥망성쇠를 반복한다. 영원할 것만 같던 페이스북이 시들한 것만 봐도 플랫폼 세계에서 영원한 절대 강자란 존재하지 않는다는 것을 잘 보여준다. 마찬가지로 지금은 유튜브가 영원할 것 같지만, 유튜브를 이을 다음 세대의 미디어 플랫폼은 필연적으로 등장하게 되어 있다.

미디어는 정보나 메시지를 전달하는 수단을 말한다. 문화비평가 마셜 매클루언 *Herbert Marshall McLuhan*은 1964년에 발간한 그의 저서 《미디어의 이해 *Understanding Media*》에서 "미디어는 메시지다." 라고 밝힌 바 있다. 메시지를 전달하는 방식의 변화는 사회적, 경제적, 문화적으로 큰 변화를 가져왔다. 특히 인류의 역사에서 기술의 발달은 미디어의 변화와 함께해왔다. 구텐베르크의 인쇄술이 등장하기 전까지는 '광장'을 통해 정보가 전달되었고 '구전'으로 전파되었다. 인쇄술이 도입된 이후에는 인쇄 미디어가 비약적으로 발전하여 '책, 신문, 잡지 등'을 통해 정보를 전파하고 습득할 수 있었다. 이후 '텔레비전'을 비롯한 영상 미디어가 등장하면서 매스미디어의 황금기가 시작되었다.

통상 4대 매체라 불리는 '신문, 잡지, 라디오, 텔레비전'은 대중매체로서 발신자와 수신자가 구분되어 있다. 이때 수신자는 발신자가 전달하는 메시지를 일방적으로 받는 수동적인 위치에 있다. 그만큼 과거 4대 매체가 대중에게 행사하는 지배력은 절대적이었다. 대중에게 정보나 메시지를 전달하는 엄청난 권력을 가지고 있었기 때문에 광고 시장은 이 4대 매체에 의해 독점되었다.

그러나 4대 매체가 지배하던 시장은 '인터넷'의 등장과 함께 엄청난 판도 변화를 겪었다. 모든 미디어가 인터넷을 중심으로 재편되기 시작했다. 일방적으로 정보를 수신하는 데 그쳤던 일반 대중은 발신자가 되어 영향력을 행사하기 시작했다. 다만 인터넷이 도입된 초창기에는 커뮤니티가 활동의 중심이었다면, 이제는 소셜 미디어가 활동의 중심이 되었다. 인터넷의 등장과 함께 시작된 미디어 환경의 판도 변화는 우리의 라이프 스타일 자체가 바뀔 만큼 큰 변화를 일으켰다. 즉 4대 매체로 대변되는 매스미디어에서 IT 기반의 미디어 플랫폼으로 우리 삶의 주된 소통의 창구가 바뀌었다.

그때 그 시절의 미디어 플랫폼

미디어 플랫폼은 시대를 반영한다. 테크놀로지와 시대의 변화에 따라 흥망성쇠를 반복한다. PC 통신 시절에는 BBS*Bulletin Board System*라는 게시판이 미디어 역할을 했다. 일례로 하이텔 동호회의 창작 게시판에 연재해 큰 인기를 끈 '퇴마록'은 책으로 출간된 데 이어 영화로도 만들어졌다. 한 시대를 풍미한 '퇴마록'은 이처럼 PC 통신에서 만들어져 한국형 판타지 소설의 효시가 되었다. 나우누리의 유머 게시판에 연재했던 '엽기적인 그녀' 역시 마찬가지 사례다.

PC 통신 시대 이후 1990년대 말에서 2000년대 초반에 인터넷 시대가 본격적으로 개막하면서 아이러브스쿨, 프리챌, 다음카페와 같은 동호회 사이트가 큰 인기를 끌었다. 사람들은 이런 커뮤니티 사이트를 통해 졸업 후 연락이 끊겼던 학교 친구를 만나거나, 관심사가 같은 사람들을 만나 교류하거나, 정보를 공유했다. 당시 커뮤니티 사이트가 미디어의 역할을 한 셈이다. 이후에는 싸이월드 미니홈피, 블로그 등이 등장하면서 동호회 중심에서 개인 중심으로 미디어의 주체가 변화하기 시작했다. 이때가 '1인 미디어'라는 용어가 본격적으로 등장한 시점이다.

2009년에는 아이폰의 등장과 함께 본격적으로 무선 인터넷 시대가 열렸다. 이전에도 무선 인터넷 서비스는 있었지만 서비스 이용료가 비쌌기 때문에 대중화되지는 못했다. 통신사에서 서비스를 주도하다 보니 다양성이 떨어지는 문제점도 있었다. 그러나 아이폰이 한국에 상륙한 후 스마트폰 시장이 폭발적으로 성장하면서 무선 인터넷은 일상적인 서비스가 되었다. 트위터, 페이스북 등의 소셜 미디어가 전 세계적으로 인기를 얻으면서 새로운 미디어 플랫폼으로 각광받기 시작했다.

2011년에는 4G 시대가 열리면서 초광대역 인터넷 접속이 가능해졌다. 4G는 고속으로 이동하는 중에도 100Mbps(1Mbps는 1초에 약 100만 비트의 데이터를 전송할 수 있다는 뜻임)를 지원하며, 정지 상태에서는 1Gbps(1Gbps는 1초에 약 10억 비트의 데이터를 전송할 수 있다는 뜻임)를 지원한다. 또 대용량의 이미지나 고품질 동영상 서비스도 가능하게 되었다. 이러한 네트워크 환경은 미디어 플랫폼인 유튜브의 폭발적인 성장을 이끌었다. 유튜브는 한국인이 가장 많은 시간을 사용하는 앱 순위에서 카카오톡과 함께 1, 2위를 다투고 있다.

앞으로 5G 시대가 본격적으로 펼쳐지면 미디어 플랫폼은 또 다른 형태로 진화할 것이다. 5G 시대가 되면 주파수 대역대가 더욱 확대되면서 지금보다 더 풍성한 콘텐츠를 기반으로 한 미디어 플랫폼이 등장할 것이다. 실제로 증강현실이나 가상현실을 실시간으로 보여주는 미디어 플랫폼이 등장했다. 가상현실과 증강현실을 융합하여 콘텐츠의 이질감은 낮추면서 몰입도를 높인 혼합현실MR 기술도 실용화 단계를 밟고 있다. 엔터테인먼트 분야에 편향된 가상현실과 킬러 콘텐츠가 부족한 증강현실 사이에서 혼합현실이 혁신적인 사용자 인터페이스*UI*와 실용적인 콘텐츠를 앞세워 새로운 차원의 서비스를 선보일 전망이다. 2021년에 뜨거운 이슈로 급부상한 메타버스도 5G 시대의 대표적인 미디어 플랫폼이 될 것으로 보인다. 현재 동영상 플랫폼을 장악하고 있는 유튜브도 이러한 콘텐츠 트렌드의 변화에 대응하지 못하면 도태될 수밖에 없다. IT 업계에서는 영원한 승자는 없고 끝없는 경쟁만 있다는 말이 실감 나는 대목이다.

나를 어디론가 이끄는 미디어 플랫폼

미디어 플랫폼이 새롭게 개발되면 기업은 플랫폼을 출시하기 전에 베타테스터*betatester*를 모집하여 시스템을 점검하고 문제점을 찾는다. 그리고 플랫폼이 정식으로 출시되면 실험적인 마케터와 기업들이 이 비즈니스에 발 빠르게 진입하여 새로운 미디어 플랫폼의 가능성을 살핀다. 물론 새로운 것에 민감하고 호기심 많은 얼리어답터가 이런 기회를 놓칠 리 없다. 얼리어답터는 새로운 미디어 플랫폼을 가장 먼저 사용해보고 평가한 후 이에 관한 정보를 주위에 알린다. 이런 과정을 거쳐 새로운 미디어 플랫폼이 성공 사례로 등장하면 언론에 집중 조명되어 대중에게 알려지기 시작한다.

이후에는 해당 미디어 플랫폼의 사용자가 폭발적으로 증가하여, 대다수 기업도 미디어 플랫폼 비즈니스에 뛰어들어 마케팅을 진행한다.

하지만 이 단계에서는 이미 레드오션으로 전락했기 때문에 피 터지는 경쟁을 피할 수가 없다. 기업들의 마케팅 경쟁이 치열해질수록 미디어 플랫폼은 광고판이 되어가고 일반 회원의 불만이 쌓인다. 또 미디어 플랫폼 내에서 맺어지는 약한 관계week tie에서 오는 피로도가 점점 높아진다. 굳이 알지 않아도 되는 SNS 친구들의 시시콜콜한 일상을 매일 접하게 되고, 슬픈 일부터 경사스러운 소식까지 노출되면서 의식적 또는 무의식적으로 마음에 부담이 된다. 게다가 무차별적으로 게재되는 광고 콘텐츠는 이를 통제하지 못하는 미디어 플랫폼을 불신하게 만든다. 이때부터 미디어 플랫폼의 사용자 이탈이 본격화되기 시작한다.

그러나 네트워크 효과가 발생하면서 성장하기 시작한 미디어 플랫폼은 쉽게 무너지지 않는다. 다양한 사용자층이 폭넓게 포진해 있기도 하고, 애정을 가진 충성도 높은 사용자가 플랫폼을 지탱하기 때문이다. 하지만 사용자가 겪는 이 같은 불만이 계속 방치되면 어느 순간 해당 미디어 플랫폼은 인기가 떨어지며 시들해진다. 플랫폼의 철저한 자정 노력이 필요한 시점이다.

미디어 플랫폼의 자정 노력은 플랫폼의 생명과 직결된다. 유튜브는 세계 최대의 동영상 플랫폼이지만 한때 수준 낮은 동영상 콘텐츠들이 범람하면서 위기를 겪기도 했다. 홍보를 하거나 조회 수를 크게 올리기 위해 의도적으로 낚시성 제목 등을 노출해 사용자를 유인하는 어뷰징abusing이 성행했으며, 19금 동영상도 쉽게 검색될 만큼 관리가 허술했다. 이런 문제를 해결하기 위해 유튜브는 고강도의 자정 노력을 기울였다. 인공지능을 이용해 방대한 동영상 콘텐츠를 검열했다. 이런 과정을 거쳐 미풍양속을 해치거나 사회적으로 논란의 소지가 있는 콘텐츠들은 정해진 절차에 따라 퇴출했다.

그리고 광고주 친화적인 콘텐츠 가이드라인을 내걸고 일정 수준 이상의 콘텐츠만 광고 수익을 얻을 수 있도록 운영 정책을 개편했다. 광고주 친화적인 콘텐츠에만 광고를 실어 광고주를 보호하고 광고 효율을 높이겠다는 뜻이다. 여기서 광고주 친화적이지 않은 주제로는 부적절한 언어, 폭력, 논란의 소지가 있는 문제, 성인용 콘텐츠, 증오성 콘텐츠 등이 있다. 결국 불법적인 콘텐츠나 어부징, 다른 사람에게 불쾌감을 줄 수 있는 콘텐츠는 유튜브에서 더 이상 설 자리가 없다는 뜻이다. 인공지능은 이 같은 수준 미달의 콘텐츠를 찾아내 유튜브 광고가 게재되지 않도록 조치했다. 이러한 유튜브의 자정 노력은 양질의 콘텐츠를 제작하도록 만들어 이전보다 동영상 콘텐츠의 품질이 향상되기에 이르렀다.

'유튜브 파트너 프로그램'에 참여할 수 있는 자격 요건도 강화했다. 이제는 유튜브로부터 광고 수익을 공유받으려면 유튜브 파트너 프로그램에 참여해야 한다. 초기에는 구글 애드센스 계정만 있으면 누구나 광고 수익을 창출할 수 있었지만, 현재는 구독자 수 1,000명 초과, 최근 12개월간 공개 동영상의 유효 시청 시간이 4,000시간을 넘어야 하는 등의 자격 요건을 충족해야 한다. 품질 낮은 동영상을 올리는 일반 이용자보다는 전문적으로 동영상을 제작하는 크리에이터에게 수익 창출의 기회를 줌으로써 콘텐츠의 품질 향상을 꾀하려는 유튜브의 의지를 엿볼 수 있다. 이러한 유튜브의 노력은 품질 좋은 동영상에 광고가 게재될 수 있도록 하여 플랫폼 자체의 품위를 유지하면서 광고 효율도 높일 수 있는 광고주 친화적인 환경을 마련해주었다.

또한 앞에서 언급했듯이 인공지능에 의한 유튜브 알고리즘은 사용자 개개인에게 최적화된 콘텐츠를 추천해준다. 사용자의 성향을 파악해서 좋아할 만한 콘텐츠를 끊임없이 추천해줌으로써 계속해서 다른 동영상을 시청하게끔 한다. 문제는 유튜브 알고리즘이 사용자의 편리성이 아니라 중독성을 극대화하기 위해 설계되었다는 점이다. 알고리즘은 사용자의 행동을 끊임없이 분석하면서 학습하기 때문에 시간이 지날수록 더욱 정교해지는 특성이 있다. 알고리즘은 어떤 문제를 해결하기 위해 정한 절차 또는 규칙의 모음이다. 이 중에서도 추천 알고리즘은 방대한 데이터를 분석하여 일정한 규칙에 따라 사용자가 좋아할 만한 콘텐츠를 추천해 사용자의 만족도를 높여준다. 이는 플랫폼 체류 시간을 늘려주고, 콘텐츠 운영의 효율성을 높여 구독자 이탈을 막는 데 효과적이다.

알고리즘이 추천할 콘텐츠를 선택하는 방법은 크게 '콘텐츠 기반 필터링'과 '협업 필터링' 두 가지가 있다. 콘텐츠 기반 필터링은 콘텐츠 정보를 바탕으로 다른 콘텐츠를 추천하는 방식이다. 영화 콘텐츠의 경우라면 영화의 줄거리, 등장 배우와 장르 등을 데이터화하고, 상품이라면 상품의 상세 정보를 분석하여 추천하는 방식이다. 협업 필터링은 많은 사용자로부터 얻은 기호 정보에 따라 사용자 개인의 관심사를 자동으로 예측해주는 방식이다. 같은 행동을 한 사람들을 하나의 프로파일링 그룹으로 묶어서 그룹 내의 사람들이 공통으로 봤던 콘텐츠를 추천해주는 방식이다.

알고리즘에 따른 추천 시스템이 편향적인 동영상 시청을 유도한다는 지적도 제기되고 있다. 결국 미디어 플랫폼이 알고리즘에 의해 영향력을 행사함으로써 사용자를 상대로 여론을 형성하거나 다양성에 영향을 미칠 수 있기 때문이다. 알고리즘은 인류가 개발한 그 어떤 도구보다도 자신의 신념과 일치하는 정보만 받아들이고 그렇지 않은 정보는 무시하는 인간의 습성인 '확증편향confirmation bias'을 강화하는 방향으로 나아가고 있다. 거대 플랫폼의 알고리즘으로 인해 사용자가 자신의 취향과 일치하는 정보만 받아들이게 되고, 다양한 의견이나 정보에 대한 접근이 제한될 수 있다는 '필터 버블filter bubble'에 대한 우려가 현실이 되고 있는 상황이다. 하지만 원하는 콘텐츠를 직접 찾지 않아도 알아서 추천해주기 때문에 플랫폼 사용자 입장에서는 마다할 이유가 없다는 의견도 있다. 너무 중독되지 않고 적당히 이용할 수만 있다면 말이다. 이러한 알고리즘 논란은 앞으로도 플랫폼이 존재하는 한 끊임없이 발생할 것이다. 어쩌면 이런 논란이 일어나고 있다는 자체가 우리 사회에 끼치고 있는 플랫폼의 영향력이 막대하다는 것을 잘 보여주는 사례라 하겠다.

또한 앞에서 지적했듯이 인기 있는 미디어 플랫폼이라도 일정 수준 이상으로 성장하면 사용자의 피로도가 증가하면서 쇠퇴하는 과정을 피할 수 없다. 어떤 제품이나 서비스든 간에 처음에 사용할 때는 없으면 못 살 것처럼 좋아하다가도 계속 사용하다 보면 질리기 마련이다. 이때 미디어 플랫폼 기업이 어떻게 대처하느냐에 따라 플랫폼이 오래 갈 수도 있고, 어느 순간 사라져버릴 수도 있다. 예를 들어 사용자의 피로도가 증가해 쇠퇴하기 시작했던 페이스북은 잠재적인 위협이자 가장 강력한 경쟁자였던 인스타그램을 인수해 운영상의 문제를 해결할 수 있었다. 결과적으로는 경쟁적 병목 시장에서 가장 치열하게 경쟁하던 미디어 플랫폼 두 개가 경쟁이 아닌 협력 관계가 되면서 승자 독식 구조의 시장이 형성되었다.

경이로운 미디어 플랫폼의 파급 효과

카카오톡은 미디어 플랫폼의 경제 효과를 극명하게 보여주는 대표적인 예다. 카카오톡의 등장으로 문자메시지를 무료로 주고받을 수 있는 세상이 펼쳐지면서 통신 시장의 구조가 통신회사 중심에서 앱 생태계 중심으로 전환되었다. 그로 인해 통신회사들은 음성 중심 요금제에서 데이터 중심 요금제로 개편해야 했다. 카카오톡은 스마트폰에 필수로 설치해야 하는 국민 앱으로 자리매김했으며, 급기야 영향력 있는 포털 사이트인 다음과 합병하여 상장하기에 이르렀다. 이제는 1억 명이 넘는 카카오톡 사용자 풀을 기반으로 카카오뱅크와 카카오페이가 새로운 금융 플랫폼으로의 도약을 꿈꾸고 있다.

카카오톡의 사례에서 유추할 수 있듯이, 미디어 플랫폼의 경제 효과는 크게 '디지털 마케팅, 미디어 커머스, 콘텐츠 유통 채널, 부가 신규 사업'과 같이 네 가지 측면으로 분석할 수 있다.

'디지털 마케팅'은 대형 포털이나 커뮤니티에 배너나 키워드 광고를 진행하는 것이 기본이다. 하지만 미디어에 대규모의 광고비를 지불해야 하기에 자금 사정이 넉넉하지 못한 중소기업이나 소상공인은 디지털 마케팅에 접근하는 것 자체가 어려웠다. 그러나 미디어 플랫폼을 이용한 마케팅은 기본적으로 무료다. 배너나 키워드 광고가 유료 모델이라면, 미디어 플랫폼을 이용한 홍보 방식은 무료 모델이다. 이러한 특징으로 인해 미디어 플랫폼은 디지털 마케팅의 핵심 채널로 떠올랐다. 사람들이 몰리는 곳에는 마케터가 발 빠르게 몰려들기 마련이다. 지금 온라인에서 가장 많은 사람이 몰리는 곳은 바로 페이스북, 인스타그램, 유튜브와 같은 미디어 플랫폼이다. 마케터들은 이 같은 미디어 플랫폼에 채널을 개설하고, 콘텐츠를 제작하여 업로드하고, 구독자를 모은다. 좋은 품질의 콘텐츠를 지속적으로 제공하면 콘텐츠가 확산되면서 덩달아 구독자도 증가한다. 이러한 선순환 구조가 만들어지면 미디어 플랫폼 내에서의 마케팅 영향력은 더욱 커진다. 앞에서 설명한 마케팅 활동은 전부 무료로 가능하고, 더 큰 홍보 효과를 얻고 싶으면 유료 광고를 진행하면 된다.

'모두홈도어'와 '읽으면 좋은글' 앱을 홍보하는 과정에서도 미디어 플랫폼이 적극 활용되었다. 모두홈도어는 네이버 검색 결과 노출을 위해 공식 블로그를 메인으로 운영하고 있으며, 부가적으로 페이스북 페이지와 인스타그램을 함께 운영하고 있다. 유튜브에 공식 채널은 없지만 개인 계정을 통해 모두홈도어 시공 과정을 영상으로 제작해 홍보하고 있다. 또 홈인테리어 관련 정보를 공유하고 인테리어 상품도 판매하는 '모두의 홈인테리어' 플랫폼도 구축하여 홍보하고 있다.

읽으면 좋은글 앱이 홍보를 위해 주력하는 미디어 플랫폼은 카카오스토리다. 읽으면 좋은글의 주요 타깃층과 카카오스토리의 이용자층이 잘 매치되기 때문이다. 읽으면 좋은글은 부가적으로는 페이스북 페이지를 운영하고 있으며, 다른 미디어 플랫폼은 개인 계정을 이용해 홍보하고 있다. 미디어 플랫폼을 통해 좋은 글을 전달하며 읽으면 좋은글 앱 설치를 유도하고 있다. 이러한 홍보 전략은 꽤 효과가 있어 앱 운영을 시작하고 3년 만에 10만 다운로드를 달성했다. 많은 홍보 비용을 투입하지 않은 상황에서 이룬 성과이기에 미디어 플랫폼의 위력을 실감할 수 있는 좋은 예라고 생각된다.

네이버나 구글은 사람들이 의도를 가지고 찾는 '검색'이라면, 페이스북과 인스타그램은 '발견'이라고 말할 수 있다. 물건을 사기 위해 네이버나 구글에서 검색할 때는 이미 구매하고자 하는 의도를 가지고 있기에 구매 전환율이 높다. 한편 페이스북이나 인스타그램에서는 새로운 정보나 상품을 우연히 발견하고 관심을 갖게 된다. 이러한 발견은 새로운 경험과 재미를 선사해준다. 페이스북은 친구들이 올리는 콘텐츠를 보고 발견하고, 인스타그램은 해시태그(#)를 타고 돌아다니다가 발견한다. 즉 페이스북은 관계의 미학, 인스타그램은 발견의 미학, 네이버와 구글은 검색의 미학이라고 말할 수 있다.

따라서 미디어 플랫폼으로 홍보를 하기 위해서는 플랫폼별 특성을 파악해 자신이 홍보하고자 하는 아이템과 잘 맞는 미디어 플랫폼을 선정하는 것이 중요하다. 또 홍보하려는 타깃층과 플랫폼의 주 이용자층이 잘 맞는 곳을 선정해야 좋은 홍보 효과를 기대할 수 있다.

물론 미디어 플랫폼을 활용하는 것은 무료라고 해도 운영에 따른 인건비나 대행료, 콘텐츠 제작비 등의 비용은 추가된다. 소상공인이나 중소기업의 경우 별도의 인력 충원 없이 기존 인력이 마케팅을 진행하겠지만, 어느 정도 규모가 있는 기업의 경우는 디지털 마케팅을 위해 별도의 팀을 구성하고 콘텐츠 제작비나 광고비 등의 예산을 편성한다.

미디어 플랫폼이 디지털 마케팅 채널로 각광받으면서 스토리의 중요성도 나날이 커지고 있다. 광고 중심의 마케팅 시대가 끝나고, 사람들의 관심을 자연스럽게 붙잡아 마케팅 메시지를 전달하는 스토리텔링 콘텐츠가 인기를 끌고 있는 것이다. 스토리텔링 콘텐츠는 명료한 메시지를 감성적으로 잘 표현해 강력하게 전달해야 한다. 페이스북의 카드뉴스, 유튜브의 동영상 등은 이런 스토리텔링을 바탕으로 제작해야 좋은 마케팅 효과를 얻을 수 있다.

미디어 플랫폼을 통한 커머스 산업도 폭발적인 성장세를 보이며 경제 효과를 만들어내고 있다. '미디어 커머스'는 제품을 판매하는 행위도 재미있는 콘텐츠로 제작하여 콘텐츠 소비와 제품의 거래가 동시에 이루어지는 e커머스 형태를 말한다. 미디어 플랫폼 내의 콘텐츠를 활용해 직접적으로 상품을 판매하는 경제 활동이다. 예를 들면 페이스북, 인스타그램, 유튜브의 인플루언서 또는 크리에이터에게 제품을 제공하고 해당 제품에 대한 리뷰 콘텐츠를 제작하여 업로드하는 것이다. 이때 콘텐츠 등록과 함께 제품을 구매할 수 있는 쇼핑몰 링크나 입금 계좌 등의 구매 정보를 구체적으로 제시하여 실질적인 매출을 발생하도록 하는 것이 핵심이다.

미디어 커머스는 '재미있는 콘텐츠가 제품을 팔리게 한다'는 콘셉트에서 시작되었다. 제품의 특징을 무미건조하게 소개하는 콘텐츠가 아니라, 인플루언서나 크리에이터의 정체성을 기본으로 하여 콘텐츠 안에서 제품을 자연스럽고 재미있게 녹여내 소개함으로써 좋은 반응을 이끌어내는 것이다. 근래에는 인플루언서나 크리에이터의 독창성을 그대로 빌리면서 제품의 스토리가 가미된 브랜디드 콘텐츠 *branded contents*가 각광받고 있다. 한마디로 콘텐츠 안에 브랜드 이미지를 자연스럽게 녹여내는 것이다.

유튜브 콘텐츠에서는 기존 방송과 비슷한 PPL(간접광고) 방식으로 제품을 노출하기도 한다. 동영상에서는 제품에 대한 언급 없이 자연스럽게 제품을 사용하는 모습을 보여주고, 구매 정보는 설명글이나 댓글로 알려주는 방식이다. 유튜브와 같은 동영상 기반 미디어 플랫폼에서는 크리에이터의 수익원 중 유튜브에서 제공하는 광고 수익이 이들 수익의 거의 대부분을 차지한다. 하지만 신규 채널이 늘어나면서 유튜브에서의 경쟁도 치열해지고 있고, 그만큼 광고 수익도 줄어들 수밖에 없다. 이에 유튜브 크리에이터들은 줄어드는 광고 수익을 대체하기 위해 미디어 커머스 영역을 개척하고 있다.

또한 미디어 플랫폼은 뉴스 및 정보 콘텐츠의 대표적인 '유통 채널'로서 경제 효과를 일으키고 있다. 트위터와 페이스북은 소셜 네트워크 기반의 콘텐츠 확산 알고리즘으로 뉴스 및 정보 콘텐츠를 폭 넓게 유통시키고 있다. 이런 흐름에 따라 뉴스의 소비 문화도 바뀌고 있다. 포털 사이트에서 제공하는 뉴스 대신에 미디어 플랫폼에서 친구가 추천해주는 뉴스나 언론사 채널을 통해 직접 뉴스를 제공받는 것이다. 이 콘텐츠의 형식은 카드뉴스와 같은 이미지이거나, 동영상이거나, 텍스트와 링크가 결합한 것이 있다. 이미지와 동영상으로 제작된 콘텐츠는 미디어 플랫폼 내에서 확산하다가 소멸하는 특성이 있지만, 생명력이 길고 메시지 전달도 확실하다. 또 콘텐츠와 웹사이트로 연결되는 아웃링크를 함께 제공하면 일반적으로 미디어 플랫폼 내에서의 확산 속도와 범위는 줄어들지만, 자신의 웹사이트로 이용자를 유입시켜 자체 회원을 확보하는 데에는 유리하다.

개인이 웹사이트나 커뮤니티, 뉴스 사이트 등의 독립된 사이트를 운영한다면 초기에는 홍보에 어려움을 겪을 수밖에 없다. 대형 포털에 광고해서 회원을 모으기도 쉽지 않기 때문이다. 이때 미디어 플랫폼을 이용해 콘텐츠를 유통한다면 자신의 웹사이트로 회원 유입을 이끌 수 있다. 앞에서 설명했듯이 기본적인 콘텐츠를 제공해주고 아웃링크를 통해 자신의 웹사이트로 끌어들이는 것이다. 웹사이트로 유입된 회원에게는 광고를 제공해 수익을 발생시키거나 제품 구매로 연결할 수 있다. 트래픽이 늘어나면 수익을 발생시킬 방법은 다양하다. 웹사이트로 신규 회원을 유입시키기 위해 키워드 광고를 진행한다면, 1클릭에 최소 60원에서 70원의 비용이 발생한다. 이때 키워드 경쟁이 치열하다면 클릭당 광고비는 높아진다. 만약 미디어 플랫폼을 통해 콘텐츠를 유통시켜 100명의 유입이 발생했다면 6,000원에서 7,000원의 비용 절감 효과가 발생했다고 볼 수 있다. 미디어 플랫폼을 운영하기 위한 기본적인 지식을 갖추고 성과 측정을 실행하여 끊임없이 연구해 나간다면 콘텐츠를 최적화할 수 있다.

앞에서 예로 든 좋은 글 및 명언 콘텐츠를 제공하는 앱은 카카오스토리나 페이스북 등의 미디어 플랫폼으로 콘텐츠를 유통시켜 앱 설치를 유도하는 것이 효과적이다. 좋은 글 및 명언 콘텐츠와 앱을 설치할 수 있는 커스텀 URL(링크 클릭 시 앱을 실행시킬 수 있는 URL)을 함께 제공하는 것이다. 사용자가 커스텀 URL을 클릭할 때 앱이 설치되어 있다면 앱이 실행되면서 해당 게시물로 이동하게 되고, 앱이 설치되어 있지 않다면 앱을 설치할 수 있는 앱 마켓으로 연결한다. 콘텐츠를 미디어 플랫폼으로 유통시키면서 신규 사용자를 확보하는 방법을 잘 보여 주는 좋은 예다.

미디어 플랫폼의 경제 효과는 표면적으로 잘 나타나지 않는 경우도 많다. 미디어 플랫폼을 이용한 '부가 신규 사업'이 대표적이다. 미디어 플랫폼에서 개방한 정보를 기반으로 새로운 서비스를 제공하는 이른바 '서드파티 _third party_' 사업이 그것이다. 서드파티란, 특정 기업의 자회사나 하청 업체가 아닌 독립된 제3의 회사를 말한다. 특정 기업에 소속되지 않은 기업으로, 독자적으로 해당 플랫폼의 관련 제품이나 소프트웨어를 개발 및 판매하는 사업자를 일컫는다. 서드파티는 대형 미디어 플랫폼이 API _Application Programming Interface_ 형태로 개방한 자원을 활용하여 새로운 플랫폼을 만들고, 플랫폼 회원을 대상으로 부가 서비스를 제공한다. 미디어 플랫폼에는 회원들의 인구통계학적 정보부터 성향과 기호에 대한 정보가 가득하므로, 이를 활용하면 더욱 다양한 분야에서 새로운 경제 효과를 창출해낼 수 있다.

서드파티뿐만 아니라 플랫폼 자체적으로도 신규 서비스를 제공함으로써 수익성을 높이고 있다. 수익 다각화를 위해 돈이 되는 서비스를 기획하거나 서드파티에서 제공하던 서비스를 수직통합하여 제공하기도 한다. 대형 미디어 플랫폼은 신규 서비스를 계열사로 독립시키거나 M&A를 통해 외연을 확장해 나가고 있다. 엄밀히 말하면 카카오에서 새롭게 출시하거나 카카오 계열사의 신규 사업 역시도 카카오톡에 기반한 부가 신규 사업이다. 카카오의 계열사는 2021년 7

월 기준 118개에 달한다. 이는 SK그룹에 이어 두 번째로 많은 계열사를 보유한 것이다. 대한민국에서 독보적인 미디어 플랫폼인 카카오톡이 있었기에 가능한 일이다.

이처럼 미디어 플랫폼은 정치, 경제, 사회, 문화 등 우리 삶 전반에 걸쳐 막대한 영향력을 행사한다. 대규모 회원 기반을 제공하며, 중소기업이나 개인에게는 다양한 사업 기회를 제공한다. 미디어 플랫폼을 얼마나 효과적으로 활용하느냐에 신생 스타트업의 성공 여부가 달려있다 해도 과언이 아니다. 또한, 미디어 플랫폼은 광고, 콘텐츠, 커머스, O2O, 핀테크 등 다양한 사업 분야로 진출하여 빅테크 기업으로 성장한다. 미디어 플랫폼이 직간접적으로 창출하는 경제 효과는 한 나라의 운명을 좌지우지할 만큼 막강한 것이다.

9

내 손안에서 누리는 O2O와 공유경제 플랫폼

O2O · 공유경제 플랫폼은 어떻게 대세가 되었나?

오늘날 현대인들은 스마트폰을 자신의 분신처럼 사용하고 있다. 더욱이 코로나 팬데믹 상황으로 인해 가급적 모든 것을 집 안에서 해결하려다 보니 생활 밀착형 앱의 사용량이 증가하고 있는 추세다. 앱을 이용하면 좀 더 빠르고, 간편하고, 저렴하게 제품과 서비스를 구매할 수 있기 때문이다. 소비자는 발품을 팔지 않고도 간편하게 원하는 서비스를 받을 수 있고, 공급자는 손쉽게 많은 고객을 유치할 수 있어서 소비자와 공급자 모두가 만족할 만한 플랫폼으로 활용되고 있다.

이러한 생활 밀착형 앱은 대부분 O2O와 공유경제 플랫폼이다. 음식을 배달시키고, 청소 도우미 서비스를 요청하고, 세차 서비스를 신청하면 내 집 앞까지 서비스가 찾아와준다. 인테리어도 O2O 플랫폼으로 간편하게 견적받을 수 있으며, 이사 갈 집도 손쉽게 알아볼 수 있다. 이처럼 앱으로 간단하게 처리할 수 있는 일들이 늘어나다 보니, 소비자는 점점 더 편리한 플랫폼의 매력에 빠져들고 있다.

물론 이 같은 서비스를 플랫폼 기업이 직접 제공하는 것은 아니다. 플랫폼은 오프라인에 있는 공급자와 소비자를 온라인으로 '연결'해 줄 뿐이다. 하지만 이런 중개 방식으로 운영되는 플랫폼은 어마어마한 부가가치를 창출하고 있다. 플랫폼의 원리를 이해하고 우리 주변에서 플랫폼으로 발전시킬 수 있는 것들을 생각해보면 다양한 비즈니스 모델을 만들 수 있다.

이 장에서는 플랫폼 경제를 대표하는 비즈니스 모델로서 가장 가파른 성장세를 보이는 'O2O'와 '공유경제' 플랫폼에 대해 자세히 살펴보고, 이 플랫폼들이 어떠한 경제 효과를 창출하는지 알아보고자 한다.

생활 밀착형 서비스로 안착한 O2O 플랫폼

O2O는 'Online to Offline'의 약자로, 온라인이 오프라인으로 옮겨온다는 의미다. 풀이하자면 온라인과 오프라인을 연계한다는 뜻이다.

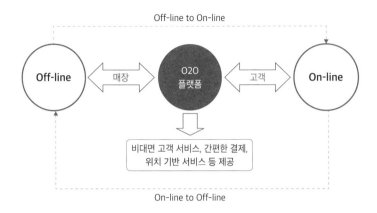

온라인에서 대금 결제를 한 후, 오프라인에서 실제 상품이나 서비스를 받는 소비가 O2O의 대표적인 형태다.

O2O라는 개념은 2010년에 IT 전문 매체인 테크크런치*TechCrunch*가 그루폰*Groupon*의 급속한 성장에 주목하며 처음으로 언급한 것으로 알려져 있다. 그루폰은 세계 최초의 소셜 커머스 기업으로, 소셜 커머스 열풍을 불러일으킨 주역이다. 소셜 커머스는 처음에는 온라인 매체를 이용해 오프라인 상점에 고객을 연결하는 개념이었지만, 지금은 양쪽 모두에게 고객을 연결하는 개념으로 쓰이고 있다. 즉 O2O는 'On-line to Off-line', 'Off-line to On-line'으로 폭넓게 쓰이는 개념이 되었다. 온라인과 오프라인이 상호 유기적으로 연결되어 서로의 판매나 홍보에 도움을 주는 비즈니스 모델이라고 보면 된다.

대표적인 O2O 플랫폼은 역시 '배달 앱'을 꼽을 수 있다. 배달 앱은 스마트폰을 통해 고객의 위치 정보를 알고 있기 때문에 근처의 배달 가능한 음식점을 추천해주거나 쿠폰을 제공하여 구매를 촉진한다. 소비자가 배달 음식을 고르고 배달 앱에 저장해놓은 결제 수단으로 간단히 결제하면 음식이 배달된다. 과거에 음식 배달을 시키려면 전단지를 보고 음식을 고르고, 음식점에 전화하고, 음식을 받고 돈을 지불해야 했다(쿠폰을 하나하나 모으기도 했다). 그런데 이런 번거로운 절차를 배달 앱 하나로 간편하게 처리할 수 있게 된 것이다.

초기에 음식 배달 플랫폼은 배달원이 있는 배달 전문 음식점 위주로만 서비스했으나, 배달 대행업체가 생기면서 지금은 거의 모든 음식점의 서비스가 가능하다. 플랫폼의 '배달료'라는 개념도 이때 생겨났다.

최근까지도 음식점과 소비자를 연결해주는 O2O 플랫폼의 선두 주자는 배달의민족이다. 코로나19 상황을 거치면서 음식 배달 수요가 폭발적으로 증가해 2020년 한 해 배달의민족 거래액만 해도 약 15조 7,000억 원에 이른다. 같은 해 매출액은 약 1조 995억 원으로 2019년 대비 94.4% 증가한 것으로 나타났다. 거의 두 배가 오른 수치다. 2020년 기준으로 배달의민족 기업가치는 5조 원 규모로 추정되고 있다.

최근에 창업하는 스타트업들은 O2O 분야에 집중하고 있다. 배달 앱의 사례에서 볼 수 있듯이 온라인과 오프라인의 경계가 허물어지고 초연결 사회로 접어들고 있는 이 시점에 O2O는 새로운 기회로 가득한 시장이기 때문이다. 아직 온라인으로 넘어오지 못한 오프라인 분야에 기회가 있다는 의미다. 온라인으로 넘어오지 못했는데 반복적인 구매가 일어나는 분야라면 O2O 플랫폼으로 접근하기 쉬운 영역이다. 음식 배달, 자동차, 숙박, 여행, 부동산 등의 O2O 플랫폼을 생각해보면 이해하기 쉬울 것이다. 실제로 다양한 분야에서 새롭고 기발한 O2O 플랫폼들이 등장하고 있다.

PC 시대에는 컴퓨터를 끄면 오프라인이 되었다. 하지만 스마트폰이 등장한 이후로는 지금 이 순간이 온라인 상태인지 오프라인 상태인지 답하기도 애매하다. 24시간 언제든지 손만 뻗어서 스마트폰을 열면 바로 온라인에 연결될 수 있기 때문이다. 향후 본격적인 사물인터넷 시대에는 온라인과 오프라인의 경계를 나누는 것은 더 이상 의미 없는 일이 될 것이다. 사물인터넷 시대가 되면 모든 일상에 걸쳐 O2O 플랫폼이 자리 잡고 있을 것이기 때문이다.

언뜻 단순해 보이는 O2O 플랫폼에는 이미 첨단 기술이 융합되어 있다. 간편하게 결제할 수 있는 결제 시스템과 빅데이터 분석을 이용한 추천 시스템이 작동하고 있다. 또 위치 정보를 확인할 수 있는 LBS 기술과, 실시간으로 주문 상태나 배달 상황을 업데이트해주는 기능도 지원되고 있다. 한편 오프라인 상점에서는 비콘*beacon*이나 NFC*Near Field Communication*(근거리 무선통신) 기술을 이용해서 할인쿠폰을 푸시해주거나, 간편하게 결제해주기도 한다. 비콘은 블루투스 기술을 활용한 근거리 위치 기반 통신 장치다. 조약돌만 한 송수신기를 매장에 달면 70미터 안에 있는 잠재 고객에게 할인쿠폰을 푸시해서 매장으로의 방문을 유도할 수 있다. NFC는 10센티미터 정도로 가까운 거리에서 기기를 접촉하지 않고 데이터를 주고받을 수 있는 기술이다. 현재 NFC는 다양한 분야, 특히 모바일 결제 분야에서 적극 활용되고 있다. 예를 들면 애플페이*Apple Pay*는 아이폰의 기본 앱인 애플 월렛 *Apple Wallet*에 신용카드 정보를 저장해두고, 물건값을 치를 때 아이폰의 터치 아이디*ID*에 지문을 인식한 채 결제 단말기에 가까이 대면 결제가 완료된다.

이렇듯 O2O 플랫폼은 소비자와 오프라인 상점을 연결해주는 기본적인 플랫폼 비즈니스 모델에 첨단 기술을 적용하고, 배달 전문 업체와 같은 서드파티 시장을 창출하며 한층 더 성장하고 있다.

O2O 사업은 무한 확장 중

배달의민족, 요기요 능 음식 배달 앱에서 촉발된 O2O 플랫폼 경쟁은 숙박, 부동산, 대리운전, 헤어, 세차, 구내식당 식권(즉 모바일 식권) 등의 분야로 확산되고 있다. 온라인으로 진입하지 못했던 전통적인 오프라인 틈새 분야에 플랫폼화가 진행되면서 O2O 플랫폼 경쟁이 치열하게 전개되고 있다.

대표적으로 카카오는 국내 모바일 메신저 시장을 석권하고 있는 카카오톡을 기반으로 택시 등 다양한 O2O 시장에 진출하면서 플랫폼 영역을 확장하고 있다. 네이버는 소상공인을 위한 네이버 예약, 쇼핑윈도 등의 O2O 서비스를 제공하고 있다. 네이버가 검색을 기반으로 한 쇼핑 분야의 O2O 서비스에 집중하고 있는 한편, 카카오는 이동성이 강조되는 교통 분야의 O2O 서비스에 집중하고 있다.

온라인과 오프라인의 경계를 허무는 O2O 플랫폼 서비스는 다음과 같은 특징이 있다. 첫째, 정보를 찾기 힘든 지역 서비스에 대한 정보를 편리하게 찾을 수 있다. 둘째, 플랫폼 내에서 예약 및 결제 서비스가 모두 이루어진다. 셋째, 지역 소상공인이 아니라 플랫폼이 주로 보증하고 책임을 진다. 이처럼 O2O 플랫폼은 서비스 이용의 편리함과 차별화된 멤버십 서비스로 우리의 일상 곳곳에 깊이 스며들고 있다.

▎2020년 O2O 플랫폼 분야별 거래액

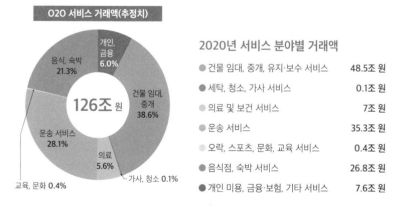

O2O 서비스 거래액(추정치)

개인, 금융 6.0%
음식, 숙박 21.3%
건물 임대, 중개 38.6%
126조 원
운송 서비스 28.1%
의료 5.6%
교육, 문화 0.4%
가사, 청소 0.1%

2020년 서비스 분야별 거래액

- 건물 임대, 중개, 유지·보수 서비스 　48.5조 원
- 세탁, 청소, 가사 서비스 　0.1조 원
- 의료 및 보건 서비스 　7조 원
- 운송 서비스 　35.3조 원
- 오락, 스포츠, 문화, 교육 서비스 　0.4조 원
- 음식점, 숙박 서비스 　26.8조 원
- 개인 미용, 금융·보험, 기타 서비스 　7.6조 원

출처: 과학기술정보통신부, '2020년 O2O 서비스 산업조사', 2021.4.8.

과학기술정보통신부가 2021년 4월에 발표한 '2020년 O2O 서비스 산업조사'에 따르면, O2O 플랫폼에서 이뤄진 2020년 한 해 동안의 총거래액은 약 126조 원으로 2019년보다 29.6% 성장한 것으로 나타났다. 코로나19로 인한 음식 배달의 수요 급증이 주된 요인으로 풀이된다. 특히 음식 배달, 이사, 퀵서비스 등이 속한 '운송 서비스' 분야의 2020년 총 거래액이 약 35조 3,000억 원으로 2019년에 비해 23.7% 증가한 것으로 조사되었다.

O2O 플랫폼의 매출액도 성장했다. 2020년에 O2O 플랫폼 기업의 총매출액은 3조 5,000억 원으로 2019년에 비해 18.3% 성장했다. O2O 플랫폼의 분야별 매출액은 음식 배달을 포함한 '운송 서비스'가 1조 3,000억 원(38.5%)으로 가장 높았으며, '음식점, 숙박 서비스(30.4%)', '오락, 스포츠, 문화, 교육 서비스(12.1%)', '건물 임대, 중개, 유지·보수 서비스(7.8%)' 등 순이다. O2O 플랫폼의 성장과 더불어 코로나 시기에 O2O 플랫폼이 우리의 일상을 보다 안전하게 유지하는 데 얼마나 큰 역할을 했는지도 잘 알 수 있다.

한 가지 주목할 점은 O2O 플랫폼의 매출 유형을 살펴보면, 2019년에 31.2%였던 수수료의 비중이 2020년에는 52.7로 대폭 증가한 반면, 같은 기간에 광고 비중은 25.6%에서 7.3%로 크게 감소한 것으로 조사되었다. O2O 플랫폼의 거래액이 큰 폭으로 증가하면서 '광고' 매출 중심에서 '수수료' 매출 중심으로 비즈니스 모델이 변화하고 있음을 알 수 있다.

안타까운 것은 O2O 플랫폼이 성장하고 있기는 하지만 기존 오프라인 상권과의 마찰이 불가피하다는 점이다. 택시 업계와 카풀 앱, 타다 등의 갈등이 대표적이다. 오프라인이 온라인으로 넘어가면서 어느 정도 매출이 증가한다면 별문제가 발생되지 않겠지만, O2O 플랫폼을 통해 새로운 경쟁자가 시장에 진입하여 생존을 위협받는다면 문제가 될 수 있다. 앞에서 언급했듯이 기존에 형성된 시장 구조를 획기적으로 변화시킬 수 있는 플랫폼의 경우에는 무엇보다 플랫폼 기업이 사회적 합의를 이끌어내기 위한 충분한 노력이 필요하다.

소유 말고 공유하세요

공유경제*sharing economy*는 "한 번 생산된 제품을 여럿이 공유해 쓰는 협업 소비를 기본으로 한 경제 방식"을 의미한다. 공유경제라는 용어는 로런스 레시그*Lawrence Lessig* 하버드대학교 법학 교수가 2008년에 출간한《리믹스*Remix*》에서 처음으로 사용했는데, 상업경제와 공유경제 개념을 설명하면서 알려지기 시작했다. 대량생산과 대량소비가 특징인 20세기 자본주의 경제에 대비해 생겨난 개념이라고 볼 수 있다. 로런스 레시그 교수는 인터넷 사용자들이 작성한 백과사전인 '위키피디아*Wikipedia*'와 같은 인터넷에서의 오픈소스 문화를 예로 들며 공유경제를 설명했다.

처음에 공유경제는 주로 인터넷상의 자원을 공유하는 개념으로 쓰였다. 하지만 최근에는 온라인뿐만 아니라 오프라인에서도 공유경제가 실현되고 있다. 공유경제는 '내 것이니 너는 쓸 수 없다'라는 생각을 바꿔, '내 것이지만 같이 쓰자' 또는 '우리 모두의 것'이라는 생각을 퍼뜨렸다. 미국의 시사 주간지 〈타임Time〉은 2011년에 '세상을 바꿀 수 있는 10가지 아이디어' 가운데 하나로 공유경제를 꼽았다.

그렇다면 우리 삶에서 다른 사람과 나눠 쓸 수 있는 것은 무엇이 있을까? 예를 들면 집, 자동차, 옷, 책, 공구, 자전거 등이 있을 것이다. 이처럼 공유경제는 자신에게 활용도가 떨어지는 물건 등을 다른 사람과 함께 공유함으로써 자원 활용률(즉 자원의 지속 가능성)을 높이는 경제 활동이라고 말할 수 있다.

현재 함께 쓰고 나눠 쓰자는 의미의 공유경제는 코로나 시기를 거치면서 일시적인 침체기를 겪고 있다. 차량이나 숙박 공유도 어디를 가야 이용할 수 있는데 코로나19로 인해 여행 자체를 거의 하지 않으니 말이다. 하지만 중고품을 거래하거나 공유하는 당근마켓이나 헬로마켓, 개인의 재능이나 지식, 전문성을 공유하는 크몽kmong이나 숨고 Soomgo(숨은 고수라는 의미) 등의 공유경제 플랫폼은 오히려 비대면 시대에 급성장하고 있다.

공유경제 플랫폼은 공유하고 싶은 물건 등을 소유한 사람과 이를 사용하고 싶은 사람을 연결해주는 플랫폼이다. 소유자 입장에서는 자원의 효율을 높이고, 구매자는 저렴한 비용에 서비스를 이용할 수 있어서 대중의 관심이 높아지고 있다. 자신이 매일 쓸 것이 아니라면 필요할 때마다 빌려 쓰면 되기 때문이다.

예를 들어 숙박 공유 플랫폼인 에어비앤비의 이용자는 자기가 사는 집을 출장이나 긴 여행으로 비우는 동안 다른 이용자에게 얼마간의 돈을 받고 빌려준다. 이 과정에서 에어비앤비 이용자는 온라인에서 신뢰를 쌓는다. 서로 믿어야만 내 집을 빌려주고 남의 집을 빌려 쓸 수 있으니 말이다. 에어비앤비와 비슷한 공유 서비스가 활발하게 운영된다는 것은 신뢰 있는 사회가 만들어진다는 것을 의미한다. 숙박업소 예약 사이트에 불과해 보이는 에어비앤비가 주목을 받는 이유다.

미국의 집카Zipcar는 자동차 공유 플랫폼이다. 비싼 돈을 지불하고 자동차를 구입해도 실제 사용하는 시간은 얼마 되지 않는다는 점에서 착안해 차량 공유 서비스를 시작했다. 집카는 시간당 8달러만 지불하면 필요한 때 자동차를 공유해 사용할 수 있다.

이와 같이 공유경제 플랫폼은 사업자와 소비자를 연결해주는 것이 아니라, 소비자와 소비자를 연결해주는 특징이 있다. 일반 소비자도 공급자가 될 수 있는 것이다. 보유 자산을 활용한 개인 간P2P, Peer-to-Peer 거래 자체는 새로운 모델이 아니지만, 공유경제 플랫폼의 경우 인터넷과 스마트 기기 등의 기술 발전으로 거래량이 획기적으로 늘면서 하나의 산업을 이루는 데 성공했다.

공유경제 플랫폼이 수많은 소비자와 자산 보유자를 실시간으로 연결해주고, 표준화된 거래 조건에 따라 과거에 불가능했던 거래를 실현할 수 있게 되면서 숨어있던 시장을 개척하는 것이 한층 쉬워졌다. 이 과정에서 과거에는 공급자가 아니었던 유휴 자원의 소유자들이 공급자로 새롭게 등장하게 되었다. 자신이 소유하고 있지만 현재는 사용하지 않는 유휴 자원을 공유경제 플랫폼에 등록해서 판매할 수 있게 된 것이다. 이때 플랫폼에서 판매한다고 하여 소유권이 이전되는 것은 아니며, 사용자는 일정 기간을 사용하고 돌려주는 방식이다. 이용자는 대여료를 지불하고, 대여자는 대여 수익을 얻는 것이다. 그리고 공유경제 플랫폼은 대여료에서 일정 부분의 수수료를 책정해 수수료 수익을 얻는다.

일반적으로 공유경제 플랫폼에서는 유휴 자원을 보유한 사람이 공유자가 될 수 있지만, 기존 사업자도 공유자가 될 수 있다. 예를 들어 펜션 운영자가 에어비앤비에 등록하기도 하고, 영업용 차량을 우버에 등록하기도 한다. 이처럼 공유경제 플랫폼의 규모가 커지면서 기존 사업자를 끌어들이는 효과도 나타내고 있다. 기존 사업자에게 공유경제 플랫폼이 하나의 홍보 채널로 쓰일 수 있다는 뜻이다.

▌공유경제 플랫폼 개념도

앞에서 언급했듯이 최근에는 개인의 지식이나 재능, 기술을 필요로 하는 구매자에게 연결해주는 공유 플랫폼도 등장했다. 공유경제가 필요한 영역은 우리 주변에 널려 있고 기회 또한 충분하다. 문제는 얼마나 많은 사람이 돈을 지불하고 대여할 만한 가치가 있는 아이템이냐 하는 것이다. 플랫폼을 유지할 수 있을 만큼 찾는 사람이 많은 영역이라면 새로운 시장을 개척할 수 있다.

공유경제는 경제 성장의 둔화, 인구 노령화, 1인 가구의 증가라는 세계적인 추세와 맞물려 새로운 소득원이 필요한 공유자와 적은 비용으로 빌려 쓰고자 하는 이용자의 니즈가 절묘하게 맞아떨어지면서 전 세계적으로 확산되고 있다.

대표적인 숙박 공유 플랫폼인 에어비앤비의 기업가치는 2020년 기준으로 약 350억 달러(약 40조 원)에 달했다. 이는 세계적 호텔 체인인 힐튼이나 전통적 자동차 회사인 폭스바겐, 제너럴모터스를 넘어서는 금액이다. 이러한 성장은 에어비앤비가 거래에 필요한 숙박 시설 등의 자산을 보유하지 않고 이룩했다는 점에서 의미가 크다. 코로나19 장기화로 인해 영업 손실이 증가하면서 현재는 기업가치가 180억 달러 수준으로 평가되고 있지만, 앞으로 여행이 다시 활성화되면 빠르게 회복할 것으로 보인다. 또 차량 공유 플랫폼인 우버의 기업가치는 720억 달러(약 83조 원)였다. 우버 역시 차량 등의 자산을 소유하지 않고 공유자와 이용자를 연결해주는 플랫폼만으로 이룩한 성과여서 더욱 놀랍다.

무엇보다 공유경제 플랫폼은 선순환 구조의 생태계를 만드는 데 유리하다. 공유자와 이용자의 니즈가 명확하기 때문이다. 다만 공유경제 플랫폼이 만들어내는 시장 규모가 플랫폼을 개발하고 유지할 수준이 되는지에 대해서는 면밀한 시장조사가 필요하다. 아무리 아이디어가 좋아도 시장 자체가 성립되지 않는 수준의 규모라면 한계에 부딪힐 수밖에 없기 때문이다. 공유경제 플랫폼의 경우 국내의 시장 규모만으로 운영이 어렵다면 처음부터 해외 시장을 겨냥하는 전략도 필요하다.

공유경제는 시대의 큰 흐름이다. 앞으로 더욱 다양한 공유경제 플랫폼이 등장하게 될 것이다. 공유경제 플랫폼은 현재 사용하지 않는 보유 자산에 경제적 가치를 창출한다. 이용자에게 새로운 수익원을 제공해줌으로써 실질적으로 생활에 도움이 되는 수익 활동을 돕는다. 또한 일반 개인에게 진입 장벽으로 작용하는 보증금이나 임대료, 장비 구입 등의 투자금 없이 경제 활동을 시작할 수 있도록 해준다. 공유경제 플랫폼은 개인들이 이 같은 경제 활동에 참여하여 사회적 경제에 기여할 수 있도록 돕는다. 이처럼 우리 사회는 소유 중심에서 협력적 공유를 중심으로 하는 사회로 한 걸음 나아가고 있다.

10

긱 이코노미 플랫폼,
일하는 방식을 재구성하다

긱 이코노미, 긱 워커, N잡러란?

사회가 분업화, 전문화되면서 일하는 방식도 변화하고 있다. 갈수록 정규직보다는 비정규직인 프리랜서나 파트타이머가 늘어나는 추세다. 아울러 인터넷 서비스의 대중화와 일자리 관련 플랫폼이 발전하면서 단기 프로젝트에 따라 그때그때 필요한 사람을 고용하는 사례가 증가하고 있다. 기업 입장에서는 정규직 채용에 따른 부담을 최소화하면서 전문 인력을 고용하여 필요한 업무를 처리할 수 있으니 업무 효율성도 높아지고 마다할 이유가 없다. 일은 전문성에 맞춰 쪼개지고 있고, 오늘날 기업들도 상황에 맞게 프로젝트 형태로 비즈니스를 운영하는 방식을 많이 따르고 있기에 이 같은 단기 계약직 고용 형태는 더욱 확산될 것으로 보인다.

이렇듯 '긱 이코노미Gig Economy'는 기업들이 직접 고용보다 필요에 따라 계약직 또는 임시직으로 사람을 고용하는 경향이 커지는 경제를 일컫는다. '긱gig'은 사전적 의미인 '임시로 하는 일'이라는 개념에서 확장되어, 주로 프리랜서나 1인 기업 등을 뜻하는 용어로 사용되고 있다. 수요자의 요구에 즉각적으로 대응하여 서비스나 제품을 제공하는 온디맨드On-Demand 경제가 등장하면서 그 의미가 더욱 확장되었다. 이를테면 글로벌 컨설팅 기업인 맥킨지McKinsey는 긱을 '디지털 장터에서 거래되는 기간제 근로'라고 정의 하기도 했다.

긱 이코노미 시대 'N잡러'의 탄생

긱 이코노미는 개인들이 자신의 재능을 살려 원하는 곳에서 필요한 만큼 일할 수 있는 직업적 자유를 줄 수 있다는 점에서는 긍정적인 평가를 받고 있다.

긱 이코노미가 주목받게 된 계기는 차량 공유 플랫폼인 우버나 숙박 공유 플랫폼인 에어비앤비의 성장을 통해서다. "No Shifts, No Boss, No Limits(교대 근무 없음, 상사 없음, 제약 없음)"라는 우버의 운전자 모집 광고에서 알 수 있듯이, 많은 직장인이 이 같은 부푼 꿈을 안고 '긱 워커Gig worker'의 삶에 뛰어들었다. 독립된 사업자이기에 근무가 자유롭고, 누구의 간섭도 받을 필요가 없기 때문이다. 우버와 에어비앤비는 이런 긱 경제의 수혜를 입고 기업가치 10억 달러 이상의 스타트업을 일컫는 유니콘 기업의 반열에 올랐다.

최근에 긱 워커는 부업이나 앱 테크, 디지털 부수입 등 돈이 벌리는 다양한 수익 구조를 만드는 이른바 'N잡러'로까지 그 의미가 더욱 확장되었다. N잡러는 말 그대로 두 개 이상의 직업을 가진 사람을 의미한다. 사실 긱 워커를 N잡러로 보는 것은 새로운 개념이 아니다. 우리가 오래전부터 알고 있는 주업 이외의 부업을 N잡러 개념으로 볼 수 있다. 인터넷을 이용해 부가적인 수익을 올리는 사람들을 긱 워커나 N잡러로 특징지어 표현하기도 한다.

일례로 나는 인터넷 초창기인 2000년에 '마이웹스타일.net'이라는 커뮤니티 사이트를 개설해 운영한 경험이 있다. 이때는 직장을 다니고 있었는데, 아이라이크클릭ILikeClick, 링크프라이스LinkPrice 등의 제휴 마케팅 서비스를 이용하여 짭짤한 광고 수익을 올리기도 했다. 이처럼 본업 이외에 부업으로 수입이 발생하고 있다면 당신도 'N잡러'다.

긱 이코노미가 빠르게 성장한 이유는 플랫폼이 기술적으로 진보하면서 개인의 능력이나 재능을 손쉽게 사고팔 수 있는 토대가 마련되었기 때문이다. 또한 수요자와 공급자 간에 거래가 활성화될 수 있는 선순환 구조의 생태계가 이미 구축되어 있었던 것도 그 이유다.

오늘날 일과 삶의 조화를 일컫는 워라밸 문화가 중시되고 있고, 조직에 얽매이는 것을 싫어하며, 자기 주도적으로 일하려는 성향이 강한 젊은 세대들이 긱 이코노미에 뛰어들면서 노동시장의 변화를 주도하고 있다.

단기 주문 일자리, 플랫폼 노동자의 명과 암

플랫폼 기업은 공급자와 수요자를 연결하는 장을 제공해주고 돈을 번다. 플랫폼에 참여하는 그룹은 물건을 사고팔 수도 있고, 무형의 가치를 교환할 수도 있다. 어떤 아이템을 거래하느냐에 따라 e커머스 플랫폼이 되기도 하고, 앱 마켓이 되기도 하고, 공유경제 플랫폼이 되기도 한다.

긱 이코노미 플랫폼은 무형의 가치인 노동이나 재능, 시간 등을 거래한다. 유휴 자원을 공유하는 방식이기에 공유경제 플랫폼에 속한다. 이러한 긱 이코노미 플랫폼에서 노동이나 재능, 시간을 거래하고 수익을 창출하는 사람을 '플랫폼 노동자'라고 한다. 이들은 주로 차량 공유 앱이나 음식 배달 앱, 대리운전 앱, 재능 거래 앱 등에서 활동한다. 플랫폼 노동자는 사용자에게 종속된 노동자가 아닌 독립된 사업자로 보며, 특수고용 노동자와 유사하기에 '디지털 특고'로도 불린다. 플랫폼 노동자는 플랫폼을 통해 일거리를 구하면 일정 비용을 플랫폼에 수수료로 지급한다.

예를 들어 우버는 차량을 소유한 사람들을 드라이버 파트너로 계약하고, 독립 계약자 형태로 서비스를 제공한다. 아마존은 고객에게 빠른 배송 서비스를 제공하고 비용을 절감하기 위해 개인 차량을 소유한 사람들을 배송 요원으로 계약한다. 아마존과 계약한 운전자들은 시간당 18~25달러를 받으면서 하루 12시간 이내에서 원하는 만큼 자유롭게 일할 수 있다. 쿠팡에서 배송을 담당하는 쿠팡맨은 직접 고용을 통해 월급제로 운영되지만, 쿠팡 플렉스Coupang Flex는 자신의 차를 이용해 독립 사업자로 계약한 후 배송 일을 할 수 있다.

플랫폼 노동자는 코로나19로 인해 비대면 문화가 확산되면서 더욱 바빠지고 찾는 곳이 많아졌다. e커머스 플랫폼에서 주문량이 늘어날수록 배송량도 늘어나기 마련이고, 음식 배달이 많아지면서 라이더도 더 필요해졌기 때문이다. 배송한 만큼 돈을 버는 일의 특성상 비대면 시대에 라이더와 같은 플랫폼 노동자들이 특수를 누리고 있는 것도 사실이다. 플랫폼 노동자의 예에서 알 수 있듯, 긱 이코노미는 점점 미래 사회의 주요한 일자리 형태로 자리매김하고 있다. 그러나 동시에 긱 이코노미 생태계는 해결해야 할 과제 또한 산적해 있다.

긱 이코노미의 가장 큰 장점은 노동자들이 원하는 시간에 원하는 만큼 일할 수 있다는 직업의 유연성에 있다. 은퇴자나 경력단절 여성 등이 노동시장에 재진입할 수 있다는 측면에서도 긍정적이다. 하지만 자유롭게 자기 주도적으로 일하는 것을 좋아하고 이러한 긱 워커의 길을 선택했다고는 하지만, 그렇다고 임금 하락을 기대한 것은 아닐 것이다. 개인 역량에 따라 다르겠지만 대다수 긱 워커의 현실은 최저 임금이라도 벌 수 있으면 다행이다. 한마디로 플랫폼 노동자들은 강자만이 살아남는 적자생존의 밀림에 내던져진 상황이다. 플랫폼 노동자들은 매시간 또는 매번 일거리를 하나라도 더 잡기 위해 얼굴도 모르는 수많은 또 다른 플랫폼 노동자들과 경쟁해야 한다. 이들은 남들보다 일을 더 많이 획득할수록 돈을 더 많이 버는 비슷한 처지의 사람들이다. 디자인이나 웹 개발, 마케팅, 강습, 인테리어 시공 등과 같이 전문성이 요구되는 분야라면 그나마 다행이지만, 음식 배달이나 대리운전, 청소와 같이 비교적 쉽게 접근할 수 있는 일거리는 그만큼 경쟁이 치열해진다. 경쟁이 치열하면 할수록 플랫폼 노동자들은 제 살 깎아먹기식 경쟁을 하기에 이르고, 그로 인해 가져가는 수익도 줄어드는 악순환이 이어진다.

저성장 시대에 코로나19라는 악재까지 겹치면서 실업률이 증가하고 있고, 기업들이 채용을 멈추면서 취업 준비생이나 구직자들은 갈 곳을 정하지 못하고 떠돌고 있다. 온택트 시대에 플랫폼과 공존하는 것이 아니라 플랫폼에 종속되어 생존을 이어가는 노동자들이 더욱 증가하는 추세다. 플랫폼 노동자뿐만 아니라 이들을 고용하는 사용자들도 플랫폼에 종속되어 살아가기는 매한가지다. 물론 경영 악화로 직장에서 내몰린 사람들에게 플랫폼이 공백기 동안 임시로 일할 수 있는 피난처가 되어주기도 하지만, 여기도 이미 포화 시장이다. 이렇듯 긱 이코노미는 플랫폼 경제가 떠오르면서 빠른 속도로 성장하고 있는 한편, 그 안에서 일하고 있는 플랫폼 노동자는 열악한 상황을 벗어나기 힘든 실정이다.

재능 플랫폼에서 긱 워커로 살아간다는 것

근래 긱 이코노미를 표방하는 플랫폼으로 주목받고 있는 것은 '재능 거래' 플랫폼이다. 예를 들면 국내에서는 크몽, 숨고, 라우드소싱 *loudsourcing, LOUD* 등의 플랫폼을 꼽을 수 있다. 1인 기업이나 프리랜서들이 활동하면서 새로운 일을 구해야 할 때 이런 재능 거래 플랫폼을 많이 이용하고 있다. 재능 있는 긱 워커들이 플랫폼에 자신의 재능이나 기술을 상품화해서 판매하는 것이다.

크몽의 경우 초기에는 모든 상품의 판매 금액을 5,000원으로 통일했기 때문에 캘리그래피나 캐리커처를 그려주는 것과 같이 금액에 상응하는 한정된 분야에서만 판매되었다. 최근에는 크몽이 판매 금액에 대한 제한을 풀면서 웹 개발이나 디자인, 마케팅, 레슨, 영상 제작 등 전문 영역의 일을 거래하는 수준으로까지 확대되었다. 지금은 이러한 재능 거래 플랫폼에 사람이 할 수 있는 거의 모든 일이 올라와 있다.

하지만 재능 거래 플랫폼이 인기를 얻고 대중에게 알려지기 시작하면서 여러 문제점이 노출되고 있다. 예전 같으면 홈페이지를 제작하는 일의 경우 웹 에이전시에서 견적을 받았지만, 지금은 재능 거래 플랫폼에서 견적을 받게 된 것이다. 짐작할 수 있듯이, 웹 에이전시보다 재능 거래 플랫폼에서 받는 견적이 훨씬 싸다. 기업에서 체계적인 시스템하에 제작하는 방식과 개인이 제작하는 방식에 차이를 두는 것이다. 긱 워커를 고용하는 기업 입장에서는 작업 결과물에 대한 신뢰성이나 프로젝트 종료 후 유지·보수 등의 문제가 마음에 걸리지만, 당장에는 저렴한 비용에 끌릴 수밖에 없다. 위험을 감수하고 맡겨보면 견적 금액에 비해 결과물의 품질 수준도 그렇게 떨어지지 않는다. 이러한 학습 효과가 생기면서 아웃소싱을 재능 거래 플랫폼에서 해결하는 기업이 늘고 있다.

재능 거래 플랫폼의 거래 금액이 늘어나면서 사회 전반에 걸쳐 아웃소싱 단가가 떨어지는 현상까지 발생하고 있다. 이러한 현상은 IT 분야에서 더욱 심각하게 나타나고 있다. 일거리 경쟁이 치열하다 보니, 자신의 재능을 헐값에 판매하는 것이다. 자유 경쟁 시장에서 일거리를 하나라도 더 따내기 위한 어쩔 수 없는 선택이라고 해도, 산업 전체로 볼 때 악순환을 일으키는 요인으로 이어지면서 비판의 목소리가 높아지고 있다. 개별 단가가 떨어져서 전체적인 파이가 줄어들고 있는 셈이다. 상황이 이렇다 보니 기존에 잘나가던 웹 에이전시들도 사정이 어려워지고 있다. 결과적으로 재능 거래 플랫폼은 세상에 존재하지 않던 전혀 새로운 시장을 만들었다기보다는, 기존 시장의 파이를 축소해서 빼앗아온 꼴이 되었다.

이처럼 문제점이 분명히 드러나고 있지만, 사회는 이미 긱 이코노미 시대로 성큼 나아가고 있다. 따라서 미래에는 이런 현상이 더욱 심화될 것으로 보인다. 일은 점점 작게 쪼개지고, 거기에 맞는 사람을 필요할 때만 섭외해 맡기는 방식이 노동시장의 흐름이 되어가고 있기 때문이다.

그렇지만 중요한 것은 관점의 전환이다. 긱 워커들은 플랫폼 노동자라는 틀에서 벗어나 기업가 정신*entrepreneurship*을 가지고 자신의 정체성을 새롭게 확립해 나가야 한다. 기업가 정신은 새로운 것에 과감히 도전하는 혁신적이고 창의적인 정신을 의미한다. 긱 이코노미 플랫폼에 참여한 긱 워커는 독립된 사업자로서 어디에 소속되어 있는 상태가 아니기에 창업을 했다고 봐도 무방하다. 개개인이 사장이고 대표라는 자긍심을 가져야 한다. 내 사업이라는 주인 의식이 생기면, 결국 작업 결과물이나 서비스 품질도 향상되고 긍정적인 레퍼런스(즉 경력이나 실적)가 쌓인다. 이렇게 쌓인 레퍼런스는 가장 큰 자산이 되어 앞으로 어떤 일을 하든지 자신에게 이로운 영향을 미치게 된다. 노동 가격이 저렴한 것이 경쟁력이라고 생각될 수 있지만, 그렇지 않다. 고객은 다양한 레퍼런스와 후기를 꼼꼼하게 읽어보고 믿을 만한 사람에게 일을 준다. 모든 고객이 만족하고 감동할 수 있도록 최선을 다해서 일을 처리해준다면 노동 가격이 조금 비싸더라도 일을 따낼 수 있다.

이와 같이 긱 워커는 기업가 정신을 가지고 자신만의 전문성을 갖추기 위해 노력해야 한다. 나만이 할 수 있는 영역을 개척해야 한다.

나의 장점은 무엇인지, 나의 경쟁력은 무엇인지를 고민하여 차별화된 가치를 만들어가야 한다. 무엇보다 평생직장이 사라진 오늘날 긱 워커로 사는 많은 개인이 자신의 일을 즐기면서도 의미 있는 경력을 쌓아나갈 수 있도록 긱 이코노미 생태계에 관련된 제도가 정비되어야 한다.

2018년 기준 플랫폼 노동자 수가 110만 명으로 전체 생산가능인구(15~64세)의 2.6%까지 늘어난 영국은 노동개혁 계획을 발표해 긱 이코노미 시대 고용시장의 지각변동에 대비하고 있다. 맥킨지에 따르면 2025년에 미국의 노동인구 중 18.5%, 영국의 노동인구 중 16.1%가 긱 이코노미에 참여할 것으로 전망했다. 긱 이코노미 플랫폼과 긱 워커의 활동으로 플랫폼 경제의 규모가 더욱 커지고 있다는 의미다.

하지만 앞에서 지적했듯이 긱 이코노미 플랫폼이 장밋빛 미래만 있는 것은 아니다. 해결해야 할 분명한 과제가 존재한다. 대부분의 긱 이코노미 플랫폼은 전에 없던 새로운 시장을 창출했다기보다는 이미 존재하던 시장을 방식만 바꿔서 선달하고 있는 수준이다. 오프라인에서 움직이던 시장을 온라인 플랫폼이나 앱으로 유통 경로만 바꾼 결과다. 그렇다 보니 기존 시장 이해관계자들과 마찰을 피할 수 없게 되었다. 긱 이코노미가 경제 효과를 인정받기 위해서는 기존의 경제 활동 주체들과 충돌하지 않으면서 새로운 영역을 개척할 수 있는 플랫폼을 만들어내야 한다.

로봇과 인공지능, 사물인터넷 기술의 발달도 긱 이코노미 생태계에서는 잠재적 위험 요소다. 긱 이코노미는 아직 단순한 업무가 대부분이기 때문에 인공지능이 일자리를 대체하면 긱 워커들이 가장 먼저 일자리를 잃게 될 수 있다. 일례로 2021년 4월, 도미노피자는 미국 휴스턴에서 운전자 없는 자율주행차로 피자 배달 서비스를 시작했다. 고객이 도미노피자 웹사이트에서 자율주행차 배달을 선택해 선불 주문을 완료하면, 회사는 일종의 비밀번호인 핀*PIN* 번호와 자율주행차의 위치 추적이 가능한 문자메시지를 발송한다. 이렇게 피자 배달 자율주행차가 목적지에 도착하면 구매자는 핀 번호를 입력하여 차량 문을 열고 피자를 가져가면 된다. 도미노피자의 자율주행차 배달이 성공적으로 안착할 경우 다른 배달업계는 물론 고용시장에도 큰 변화가 예상된다.

긱 이코노미의 그림자가 이슈가 되고 있지만, 긱 이코노미 플랫폼의 경제적 가치는 매우 밝다. 현대 기업의 전문화와 점점 세분화되는 조직의 특성은 긱 워커를 필요로 하고 이들을 단기 고용함으로써 기업의 효율성을 높일 수 있기 때문이다. 경기 침체로 취업 시장이 얼어붙으면서 사람들이 선호하는 정규직 등의 일자리가 점점 줄어드는 것도 그 이유다. 이런 현대 사회의 특성과 개인의 요구가 맞물려 미래 사회에는 긱 이코노미 플랫폼이 더욱 성장할 것으로 보인다.

11

블록체인 플랫폼이
세상을 바꾸는 방법

사람들은 왜 블록체인에 열광하는 걸까?

많은 사람들이 '블록체인Block Chain' 하면 비트코인Bitcoin이나 이더리움Ethereum과 같은 암호화폐(가상화폐)를 먼저 떠올린다. 지난 2017년부터 2018년까지 암호화폐 광풍이 불었기 때문이다. 2017년 초에 100만 원대였던 비트코인이 2017년 말에는 2,000만 원대에 거래되기도 했다. 암호화폐 투자를 하든 안 하든 사람들 대다수가 비트코인에 대한 관심이 지대했던 시기였다. 이후 암호화폐에 관한 논란이 뜨거운 가운데 투자 광풍이 점차 사그라들면서 비트코인은 폭락하기에 이르렀다.

그런데 코로나19가 발발한 2020년부터 암호화폐 시장이 또다시 불붙기 시작했다. 2021년 3월에는 테슬라 CEO인 일론 머스크*Elon Musk*가 자사 전기자동차 결제에 비트코인을 사용할 것이라고 발표하면서 비트코인과 테슬라 주식이 동반 폭등하기도 했다. 이후에 테슬라가 비트코인 사용을 철회하면서 비트코인 가격이 반 토막 나는 해프닝도 있었다. 예상치 못한 다양한 변수에 따라 암호화폐 가격이 요동치고 있지만, 이제는 암호화폐도 점차 어엿한 자산의 한 종류로 받아들여지고 있는 분위기다.

사람들이 블록체인을 암호화폐와 동일한 개념으로 간주하며 부정적인 시각으로 바라보기도 하지만, 사실 블록체인은 그렇게 간단히 정리할 수 있는 존재가 아니다. 블록체인의 산물 중 하나인 암호화폐에만 집중할 것이 아니라, 블록체인 기술을 이용한 플랫폼에 집중해야 한다. 미래의 인터넷은 블록체인 기술로 대체될지도 모른다. 블록체인을 바탕으로 한 새로운 네트워크 혁명이 어떤 식으로든 진행될 것이다.

가상화폐가 블록체인의 다는 아니야

블록체인이란 데이터를 거래할 때 중앙집중형 서버에 기록을 보관하는 기존 방식과 달리, 거래 참가자 모두에게 내용을 공개하는 '분산원장 기술*DLT, Distributed Ledger Technology*'이다. 여기서 분산원장은 인터넷에서 서로 알지 못하는 다수의 상대방과 거래할 때 공인된 제3자 기관Trusted Third Party의 개입 없이 서로 신뢰할 수 있도록 만들어 주는 탈중앙화된 정보공유 저장 기술이다(블록체인은 거래 내역이 담긴 블록Block이 모여 사슬Chain처럼 엮여 있다고 해서 붙여진 명칭이다). 쉽게 말하자면 블록체인은 네트워크 내의 모든 참여자가 공동으로 거래 정보를 검증하고 기록, 보관함으로써 공인된 제3자 없이도 거래 기록의 신뢰성을 확보하는 기술이다. 블록체인은 해시Hash, 전자서명, 암호화 등과 같은 보안 기술을 활용한 분산형 네트워크를 기반으로 다양한 응용 서비스를 구현할 수 있는 구조를 가지고 있다.

블록체인의 가장 큰 특징은 '분산형 구조'이기 때문에 중앙집중적 조직이나 공인된 제3자가 필요 없다는 것이다. 따라서 현재 중앙집중형 시스템의 운영과 유지·보수, 보안, 금융 거래 등에 필요한 비용을 절감할 수 있다. 모든 사용자(즉 노드node)가 거래 장부를 가지고 있는 셈이어서 네트워크 일부에 문제가 생겨도 전체 블록체인에는 영향이 없기 때문이다.

비트코인의 핵심 기술로서 디지털 통화의 발행과 유통, 거래가 주요 기능이었던 기존의 '블록체인 1.0'은 비트코인의 한계를 극복해 나가며 다양한 영역으로 확장하는 것을 목표로 하는 '블록체인 2.0'으로 발전하고 있다. 블록체인 2.0의 대표적인 기술로는 이더리움을 꼽을 수 있다. 이더리움은 디지털 통화의 기능과 더불어 블록체인 기술을 바탕으로 한 스마트 계약Smart Contract 기능을 구현하기 위한 분산

컴퓨팅 플랫폼이다. 즉 블록체인 기반 위에서 부동산 계약, 온라인 투표 등 다양한 분산 앱을 개발하고 운영할 수 있는 플랫폼으로 확장되었다. 이와 같은 블록체인 기술은 금융 분야뿐만 아니라 정부·공공 분야, 의료, 문화·예술, 공유경제 등 비금융 분야에서도 활발히 적용되고 있다.

거시적인 사회 흐름으로 볼 때, 중앙화는 분권화를 거쳐 분산화로, 국가 권한은 지방분권과 함께 시민 자치로, 독점 경제는 과점 경쟁을 넘어 공유경제 등으로 전환되는 현상들이 블록체인 기술의 탄생과 발전에 영향을 미쳤다. 이처럼 블록체인도 새로운 차원의 사회 문화를 주도적으로 만들어 나가고 있다.

현재 삼성전자는 IBM과 함께 사물인터넷에 블록체인 기술을 적용하는 사업을 추진하고 있다. 또 LG CNS는 블록체인 스타트업 5개사와 함께 블록체인 기반의 금융상품 오픈 플랫폼을 개발하고 전자증권을 발행했다.

미국은 의료 데이터를 전자기록 형태로 보관할 수 있게 한 블록체인 기반의 서비스를 합법화하여 기관 간 의료 데이터를 공유할 수 있도록 했다. 영국 정부는 모든 공공 서비스에 블록체인과 스마트 계약을 적용하는 사업을 추진하고 있다. 스페인의 신생 정당인 포데모스 *Podemos*는 공정한 의사결정을 위해 블록체인을 적용한 투표 시스템인 아고라 보팅*Agora Voting*을 도입했다. 유럽의 작은 나라 에스토니아는 블록체인과 연계한 전자시민권*e-Residency* 제도를 시행하고 있으며, 이를 바탕으로 결혼, 계약, 출생증명 등을 공증하는 신원 서비스를 제공하고 있다.

이와 같이 블록체인은 보안에 강한 인터넷 기술이기 때문에 개인 인증이 필요한 분야나 투명한 거래와 공증이 필요한 분야에 적용을 시도해볼 수 있다.

블록체인 기술은 2008년에 등장한 이후 빠르게 진화 중이다. IT 분야의 컨설팅 기업인 가트너*Gartner*의 2016년 '하이프 사이클*Hype Cycle*' 보고서에 따르면, 블록체인 기술이 '부풀려진 기대의 정점*Peak of Inflated Expectations*'의 초입에 위치해 있으며, 향후 5~10년 이내에 시장의 주류를 이루어 다양한 상용 서비스가 나타날 것으로 전망했다. 그리고 2017년과 2018년의 '하이프 사이클' 보고서에서는 블록체인 기술이 세간의 기대감을 반영해 '부풀려진 기대의 정점' 후반부에 위치하며 상용 서비스로 실현될 가능성이 높다고 보았다. 여기서 하이프 사이클이란 가트너가 개발한 '기술의 성장 주기'로 5개의 단계(1단계 기술 촉발, 2단계 부풀려진 기대의 정점, 3단계 환멸, 4단계 계몽, 5단계 생산성 안정)로 구분된다.

블록체인은 네트워크 및 암호 분야의 플랫폼 기능에 따라 '암호화폐, 공공·보안, 산업 응용, 거래·결제'와 같이 활용 범위가 산업 전반에 걸쳐 확대되고 있다. 즉 디지털 자산이나 지식재산 등의 영역으로 블록체인 기술이 활발히 적용되면서 점차 그 역할이 강조되고 있다.

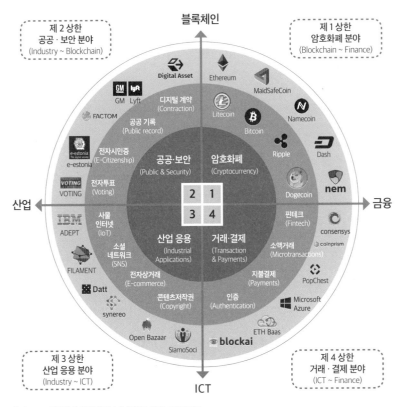

출처: ETRI, 임명환, '블록체인 기술의 활용과 전망', 2016.5.31.

　세계경제포럼WEF도 '금융 서비스의 미래The Future of Financial Services'라는 보고서에서 블록체인 기술이 '파괴적 혁신'을 주도할 것이라고 밝힌 바 있다. 블록체인은 아직 태동기에 있는 기술이지만 그 가능성이 무궁무진하여 주요 국가들이 전략적으로 관련 산업을 육성하고 있다.

보안성과 투명성을 높여줄 블록체인 플랫폼

블록체인은 기반 기술이기에 블록체인을 이용해 다양한 형태의 플랫폼을 개발할 수 있다. 블록체인은 디지털 공간에서 안정적으로 암호화폐를 구현할 수 있는 기술 중심으로 탄생되었기 때문에, 초기의 블록체인 생태계는 금융 거래 분야 위주로 조성되었다. 이를테면 은행, 증권 회사, 카드 회사에서 점차 거래 솔루션 기업, 전자상거래 기업 등으로 적용 분야가 확대되었다. 앞으로는 사물인터넷이나 O2O 기업, ICT 기기 업체, 방송·통신 사업자, 저작권 기관 등 다양한 플랫폼 사업자가 새로운 플랫폼을 개발하기 위해 블록체인 생태계에 뛰어들 것으로 보인다.

블록체인은 디지털 자산의 이전을 가능하게 하고 다양한 가치를 나타내준다. 즉 자산 자체가 고유 가치를 지닌다. 블록체인의 영구적인 위·변조 방지 데이터 기록은 사용자에게 거래 행위와는 또 다른 디지털 작업을 수행하기 위한 보안 수단을 제공한다. 디지털 시대에 들어선 현시점에 블록체인을 미래의 인터넷 기술이라고 칭할 수 있는 이유다.

앞에서 언급했듯이 블록체인 기술을 이용해 새로운 플랫폼을 개발할 수 있도록 글로벌 ICT 기업들이 지원에 앞장서면서 블록체인 생태계가 활발히 조성되고 있다. IBM, 마이크로소프트 등의 글로벌 ICT 기업들은 자체 플랫폼을 블록체인과 연계시켜 새로운 차원의 ICT 블록체인 생태계를 구축하고 있다. 이 과정에서 혁신적인 스타트업과 공동 협력 사업을 운영하여 플랫폼의 국제 표준화와 신규 시장을 창출하기 위한 노력을 기울이고 있다.

미래에는 수백억 개의 사물들이 네트워크에 연결되는 사물인터넷 세상이 펼쳐질 것이다. 이때 중앙집중형으로 연결하여 네트워크를 관리할 경우 막대한 비용이 들고, 특정 서버가 고장 나면 그곳에 연결된 사물들은 모두 작동할 수 없게 된다. 이 같은 이유로 분산형의 P2P 방식을 사물인터넷에 적용하는 방안을 적극적으로 추진하고 있다.

예를 들어 IBM은 블록체인 기술을 이용해 사물인터넷 플랫폼인 'ADEPT'를 개발했다. 삼성은 IBM과 함께 ADEPT 관련 프로젝트를 진행 중이다. 삼성전자의 경우 스마트 세탁기를 사물인터넷에 연결하여 주변 사물들과 통신하도록 하여 유지·보수를 스스로 해결하는 블록체인 솔루션을 제공하고 있다. 주변 사물들의 소모품 교체 주기를 파악하여 주문하거나, 자체 점검 시스템을 통해 가전제품을 제어 및 관리하는 것이다. 스마트 세탁기가 집 안 사물인터넷의 허브 역할을 하는 셈이다. 그 기술의 중심에 블록체인 솔루션이 있다.

GM은 자율주행차 개발과 관련하여 승차 공유 기업인 리프트*Lyft*와 협력해 블록체인 기반의 '자동차 금융 계약'을 추진하고 있다. 사물인터넷으로 차량을 등록할 뿐만 아니라 스마트 계약을 활용해 차량 유치권, 이전, 압류, 담보 관리 등을 자동화하여 처리할 수 있는 작업을 진행하고 있다.

또한 블록체인 기술을 활용하여 개인 정보를 보호하고, 최적의 콘텐츠 유통에 초점을 맞춘 오픈소스 기반의 소셜 네트워크 서비스를 구축할 수 있다. 페이스북이나 유튜브 같은 중앙집중형 소셜 네트워크 서비스는 중앙 서버에 사용자가 제공한 모든 정보를 저장하지만, 분산 및 오픈소스의 소셜 네트워크 서비스는 서로 다른 서버가 동일한 소프트웨어를 통해 연결될 수 있다. 분산 기반의 소셜 네트워크는 사용자의 데이터가 회사(또는 단체)에 의해 저장되거나 제어될 수 없어서 강력한 개인 정보 보호가 가능하다.

블록체인 기술은 새로운 전자상거래 방식을 만들어낼 수도 있다. 현재 디지털 통화를 이용하여 네트워크에서 상품이나 서비스를 자유롭게 거래할 수 있는 온라인 중개 쇼핑몰을 위한 분산 전자상거래 플랫폼이 개발되고 있다.

아울러 중복 사용이 불가능한 블록체인의 장점을 이용해 음악, 영화, 예술 작품, 영상 등의 저작권 구조를 획기적으로 변화시키는 기술을 개발하여 권리를 보호하고, 유통 거래에 활기를 불어넣을 수 있다. 이 같은 기술이 개발되면 콘텐츠를 생산하여 블록체인에 등록함으로써 해당 콘텐츠가 어디로 누구에 의해 전파되는지 명확하게 파악할 수 있다. 즉 소유권 문제와 불법 복제를 근본적으로 방지할 수 있어 음원이나 영상 등 디지털 콘텐츠 산업의 저작권 구조를 보다 투명하게 바꿀 수 있다.

앞에서 여러 번 언급했듯이 메타버스도 블록체인 기술을 사용한다.

메타버스 내에서 아이템이나 디지털 자산을 거래할 때 대체 불가능 토큰인 NFT가 이용되고 있다. 무한 복제가 가능한 디지털 공간에서 이러한 블록체인 기술은 개인의 고유한 아이템이나 디지털 자산의 가치를 지키고 권리를 행사하는 데 도움을 주고 있다.

결국 블록체인의 가장 매력적인 요소는 '분산구조, 보안성, 투명성' 이다. 이는 네트워크에 의해 거의 모든 생활과 상거래가 이루어지는 디지털 세상에서 반드시 필요한 특성이다. 블록체인 기술이 다양하게 상용화되면 암호화폐를 넘어 초연결 시대를 주도하는 새로운 생태계가 형성될 것으로 기대된다. 이러한 생태계가 구현되면 현재의 중앙집중 방식으로 각종 디바이스와 사물이 연결되는 종속 개념의 수직 생태계는 모든 객체가 독립적으로 상호 연결되는 수평 생태계로 변화되어 ICT 생태계에 커다란 변화를 가져올 것이다.

플랫폼에서 블록체인이 중요한 이유는 인터넷 기술의 패러다임이 블록체인으로 바뀌고 있기 때문이다. 온택트 시대가 펼쳐지면서 인공지능과 더불어 사물인터넷의 확산 속도가 빨라지고 있고, 사회가 점차 무인으로 운영되는 자동화 시스템이 확산되고 있다. 이렇게 변화되는 사회구조에서는 엄청나게 많은 상호작용이 일어나고, 데이터들이 양산되면서 더 이상 중앙집중적인 시스템으로는 한계에 부딪힐 수밖에 없다. IPv4 시대에서 IPv6 시대로 넘어왔듯이(IPv4와 IPv6는 인터넷이나 네트워크에서 활용되는 IP 주소 체계다.), 상호작용 기술도 블록체인 기반으로 바뀌고 있기 때문에 그에 맞는 플랫폼이 필요하다는 의미다. 블록체인 기술은 이제 막 발전해 나가고 있는 초기이므로 많은 기회가 열려 있다. 블록체인 기술이 앞으로 어떻게 활용될 것인지 좀 더 유연한 태도로 관심 있게 바라봐야 하는 이유다.

나만 몰랐던 사이 스며든 블록체인

앞에서 살펴보았듯이 블록체인 기술은 전 사업 분야에서 활용 범위가 확대되고 있으며, 특히 ICT 분야와 밀접한 관련성을 갖는다. 그렇다면 블록체인의 경제적 효과는 얼마나 될까? 세계경제포럼이 ICT 분야의 전문가와 경영진을 대상으로 한 설문조사에 따르면(2016년), 응답자의 절반 이상이 2025년까지 글로벌 GDP의 최소 10%가 블록체인 기반 플랫폼에서 일어날 것이라고 전망했다.

현재 블록체인의 특성상 기술 도입을 가장 적극적으로 고려하고 있는 영역은 금융권이다. 컨설팅 전문 기업 액센츄어와 맥라건McLagan이 세계적인 투자은행들을 대상으로 조사한 보고서에 따르면(2017년), 투자은행들이 블록체인 기술을 적용할 경우 거래 비용의 약 30%를 절감할 수 있다고 보았다. 이는 중앙 서버와 보안 시스템의 구축 비용은 물론 거래 절차 및 시간의 단축, 그리고 사람에 의한 실수를 최소화함으로써 얻는 이익 등을 반영하여 분석한 수치다.

블록체인 기술이 이미 우리 일상에 많은 영향을 끼치고 있지만, 일반 대중이 직접적으로 알아차리기는 어렵다. 블록체인은 다양한 인터넷 서비스나 플랫폼에 쓰이는 기반 기술이기 때문이다. 여전히 블록체인을 가장 쉽게 체감할 수 있는 분야는 암호화폐다. 예를 들면 블록체인을 기반으로 한 프로젝트를 진행하면서 암호화폐를 발행해 사업 자금을 마련하는 데 활용하는 것이다. 하지만 블록체인이 대중에게 알려지기 시작한 초기에 암호화폐 광풍이 일어나면서 무분별한 블록체인 프로젝트가 난립했고, 이를 이용한 각종 사기나 다단계가 판을 쳤다. 이 같은 사건은 사회적 파장을 일으켰고, 사람들이 블록체인에 대해 부정적인 시각을 갖게 했다. 하지만 그동안의 경험이 학습효과로 작용하면서 암호화폐를 대하는 시민의 수준도 차츰 높아지고 있다. 그에 따라 블록체인 산업도 초기 개발 단계에서 확장 단계로 접어들고 있다. 암호화폐를 저렴하게 매수해 시세 차익을 노리기보다는 건실한 블록체인 프로젝트를 발굴하고 투자하는 개념으로 바뀌고 있는 것이다. 스타트업이나 벤처기업도 새로운 블록체인 프로젝트를 기획하고 암호화폐를 발행하여 사업 자금을 수혈받고 있다.

이러한 일련의 과정에서 알 수 있듯이, 블록체인 기술은 우리 생활 깊숙한 곳까지 점점 영향력을 확대해 나가고 있다. 앞으로 인공지능과 사물인터넷 산업이 성장하면 블록체인 기술은 공식적 또는 비공식적인 프로젝트를 통해 다양한 서비스가 제공되면서 엄청난 경제 효과를 일으킬 것이다.

12

사물인터넷 플랫폼이 여는 랜선 라이프

사물인터넷 서비스 어디까지 왔을까?

'사물인터넷' 하면 먼 미래의 이야기 같고 낯선 느낌이 들지만, 우리는 이미 인터넷이 연결된 다양한 디바이스를 경험하고 있다. 스마트폰으로 제어할 수 있는 홈 IoT는 현재 새로 지어지는 아파트에 기본으로 탑재되고 있다. 스마트폰으로 조명을 켜고 끄는 시스템이나, 보일러 등의 가전제품을 제어하는 서비스는 쉽게 찾아볼 수 있다. 해외여행 중에도 인터넷만 연결되어 있으면 가전제품이나 기기를 제어할 수 있으므로 불을 켜놓고 나왔다고 걱정하지 않아도 되는 세상이다.

모든 사물이 인터넷에 연결되는 사물인터넷 세상은 코로나19로 인해 더욱 빨리 현실화되고 있다. 실제 코로나19를 극복하는 과정에서 사물인터넷은 우리 생활 곳곳에 적용되어 크게 기여하고 있다(대표적으로 키오스크를 이용한 주문과 결제 등). 포스트 코로나 시대에는 무인 운영 매장이나 사회 기반 시설에 사물인터넷을 적용하여 스마트 시티를 조성하는 사업들이 본격적으로 추진될 계획이다.

기술이 발달하지 못했던 과거에 코로나19 같은 팬데믹 사태를 만났다면 더욱 끔찍한 상황을 경험해야 했을지도 모른다. 기술의 발달이 과연 인간을 진정으로 행복하게 만들고 있는지 의견이 분분하지만, 좋든 싫든 사물인터넷 세상은 생각보다 빨리 우리의 삶 속에 스며들고 있다.

'사물인터넷'이란 용어는 1999년 당시 MIT의 연구원이었던 케빈 애슈턴*Kevin Ashton*이 처음 사용한 것으로 알려져 있다. 하지만 사물인터넷은 그리 새로운 개념은 아니다. 이전에 이미 '유비쿼터스 *Ubiquitous*'라는 개념이 있었기 때문이다. 유비쿼터스는 '언제 어디서나 존재한다'는 뜻의 라틴어다. 말하자면 센서나 미니컴퓨터가 곳곳에 설치되어 있어서 언제 어디서나 별 의식하지 않고도 네트워크에 접속할 수 있는 환경을 의미한다. 사물인터넷은 이러한 유비쿼터스에서 확장된 개념이라고 보면 된다. 차이가 있다면 유비쿼터스는 사람이 주도적으로 개입하는 반면에, 사물인터넷은 사물과 사물 간에 상호작용이 일어난다는 점이다. 사물들끼리 알아서 서로를 인식하고 상황에 맞는 특정한 기능을 수행하는 것이다. 사물인터넷은 기술의 발전으로 진화하는 주체를 사람에서 사물로 초점을 맞추었다고 볼 수 있다.

사물인터넷 세상으로 나아갈수록 컴퓨터는 점점 작아지고, 네트워크 접속은 점점 저렴하고 간편해지고 있다. 앞으로 모든 사물에 인간의 오감 역할을 하는 센서를 부착하여 자료를 수집하고, 이를 상황에 맞는 네트워크로 송수신하고, 받은 자료를 플랫폼에서 분석하여 부가가치를 창출하려는 과정에서 수많은 비즈니스 모델이 탄생할 것이다. 다만 스마트홈도 스마트 팩토리도 스마트 시티도 모든 사물을 안전하게 연결시키고, 제어·관리하는 고도화된 사물인터넷 플랫폼이 구축되어야 이 같은 혁신이 가능할 것이다. 사물인터넷이 보다 많은 분야에 접목되고, 더욱 많은 사람이 이용하기 위해서는 접근이 쉬운 사용자 친화적인 플랫폼으로 개발되어야 한다.

사물인터넷의 놀라운 스마트함

사물인터넷 생태계를 성공적으로 구축하기 위해서는(197쪽 표 참고) 다음 표에 정리된 사물인터넷 요소 기술들이 플랫폼에 구성되어야 한다. 이러한 사물인터넷 서비스 인프라를 위한 요소 기술 외에도, 사물인터넷을 가능하게 하려면 '센싱 기술, 인터페이스 기술, 네트워킹 기술'과 같은 핵심 기술도 갖춰야 한다.

요소 기술(가치사슬)	활용 분야								
	운송업	유틸리티	헬스케어	스마트시티	물류	운영기술	스마트홈	농업	숙박·외식업
사물인터넷 서비스									
IT 서비스									
기업 소프트웨어(SW)									
데이터센터									
통신									
인프라									
미들웨어·보안									
운영체제(OS)									
하드웨어(HW)									
HW 서비스(디자인, ODM, EMS)									
반도체									
범용표준(General Standards)									

출처: 한국정보화진흥원, '사물인터넷 실증사업의 경제적 파급 효과 분석', 2015.12.15.

일반적으로 센싱 기술은 온도, 습도, 열, 가스, 위치, 속도, 조도 등과 같은 물리량을 다양한 방법으로 측정하는 기술이다. 사물인터넷에서는 센서를 통해 수집된 정보를 인터넷으로 공유하기 위해 기본적인 신호처리와 함께 알고리즘 수행이 가능한 스마트 센서 기술이 필요하다. 인터페이스 기술은 특정 기능을 수행하는 응용 서비스와 연동하는 기술을 의미한다. 사물인터넷의 다양한 서비스 기능을 구현하기 위해서는 정보를 검출하고 처리하는 기술, 위치 정보 기반 기술, 보안 기술, 인간이 보고 듣고 느끼고 생각하는 것을 컴퓨터에서 처리할 수 있는 형태로 표현하는 등의 기술이 필요하다. 그리고 네트워킹 기술은 분산된 환경에 존재하는 다양한 디바이스를 물리적으로 연결시키는 유무선 네트워킹 기술을 말한다.

이러한 모든 기술을 기반으로 현재 활용되고 있는 '주요 사물인터넷 서비스 분야'에는 운송업(자동차, 교통 등), 유틸리티, 헬스케어, 스마트 시티, 물류, 운영 기술, 스마트홈, 농업, 숙박·외식업 등이 있다. 이 외에도 사물인터넷은 홈케어, 건설, 환경, 엔터테인먼트, 에너지, 안전, 경로 추적, 식품·급식, 보안 등의 산업 분야에서 새로운 시장을 개척하고 있다. 최근에는 기업 간 비즈니스(B2B)에서 점차 일반 소비자 대상의 비즈니스(B2C)로 발전하면서 다양한 사물인터넷 소비재 제품도 출시되고 있다.

앞으로 펼쳐질 신기한 미래 기술로만 생각되었던 사물인터넷은 이처럼 생각보다 우리 곁에 가까이 다가와 있다. 이제는 없으면 불편한 RFID 교통카드, ATM 기기, 택배 배송 추적, 내비게이션, 가로등 원격 제어, 교량 및 댐 안전관리, 공장 설비 등이 그 예다. 그렇다면 사물인터넷 플랫폼을 통해 우리 생활에서 어떤 사물인터넷 서비스가 실제로 구현되고 있는지 몇 가지 대표적인 사례를 중심으로 살펴보자.

먼저, 학습형 '온도조절기'인 네스트 *Nest Thermostat*는 집 안의 온도를 자동으로 관리하는 장치다. 네스트는 집 안 온도와 보일러의 가동 내역을 기록하고, 이러한 학습을 통해 사용자의 패턴에 맞게 온도를 제어한다.

군포시는 군포국민체육센터 입구에 페트병과 캔 수거를 위한 '재활용품 무인 회수기'를 시범적으로 설치해 운영하고 있다. 재활용품 무인 회수기는 페트병이나 캔을 무인 회수기 투입구에 넣으면 인공지능 기술로 자동 분류된 후 압축되고, 사용자가 전화번호를 입력하면 페트병 또는 캔 한 개당 각각 10원이 적립된다. 군포시 외에도 고양시, 서울시 용산구 등 여러 지역이 페트병, 캔 무인 회수기를 운영하고 있다. 또한 같은 방식의 '공병 무인 회수기'도 사용하는 곳이 점차 늘고 있다.

삼성전자는 홈페이지를 이용한 '비대면 온택트 서비스'를 강화했다. 비대면 온택트 수요가 늘어나는 최근 흐름을 고려하여 불필요한 대면 서비스 없이 제품 상태를 확인하거나, 상품 구입 등의 원하는 서비스를 비대면으로 편리하게 이용할 수 있는 기능을 홈페이지에서 제공하고 있다. 먼저, 고객이 가전제품의 상태를 손쉽게 확인할 수 있도록 '제품 자가진단' 기능을 새롭게 제공했다. 홈페이지와 가전제품이 사물인터넷 기반으로 연결되어 제품 상태를 실시간으로 분석하고, 이상이 발견되었을 때 해결 방법을 제시하며 필터 청소나 소모품 교체 등 제품관리 방법을 제때 알려주는 방식이다. 고객은 제품 자가진단 결과를 바탕으로 제공된 영상 콘텐츠나 맞춤형 챗봇 상담을 이용해 문제를 해결할 수 있어서 불필요한 센터 방문이나 출장 서비스로 인한 시간과 비용을 절약할 수 있다. 이 서비스 대상 제품은 삼성 스마트싱스*SmartThings*가 탑재된 냉장고와 세탁기, 에어컨, 건조기로 향후에는 다른 가전제품에도 지속적으로 확대하여 탑재할 계획이다.

독일 지멘스*Siemens*의 암베르크 공장은 수만 개의 사물인터넷 기반 센서를 사용하여 운영하고 있다. 또 5,000만 개가 넘는 빅데이터를 실시간으로 분석하는 지능형 제조 설비를 갖추었다. 이러한 설비를 바탕으로 한 개의 라인에서 100종이 넘는 제품을 생산하고 있다.

그 밖에도 환자가 약병을 열면 센서가 감지해 환자가 약을 복용했는지에 대한 정보를 병원에 전송해주는 '스마트 약병'도 있다. 복용 시간이 지났는데도 약병 뚜껑이 열리지 않으면 병원 시스템이 자동으로 환자에게 문자나 알림을 보내준다. 농업을 위한 관개시설에도 사물인터넷이 적용되고 있다. 농작물이 뿌리를 내리는 흙의 적당한 깊이에 센서를 배치하면, 이 센서가 온도와 습도, 토양의 상태를 추적한 데이터를 관개 장비에 전송하고, 그에 따라 관개 장비가 알아서 물이나 비료를 주는 방식이다.

이와 같이 우리가 미처 알아차리지 못하는 사이에 사물인터넷은 우리의 생활 깊숙이 들어와 있다. 인간이 사물의 정보를 수집하고 지시하는 방식이 아니라, 사물 센서가 스스로 정보를 수집하고 판단하여 실행하는 방식이다. 이 혁신의 한가운데 사물인터넷 플랫폼이 자리하고 있다.

상상 그 이상의 세계를 만드는 사물인터넷

우리가 느끼기에 사물인터넷 서비스는 경이로운 수준이지만, 사물인터넷은 이제 막 걸음마를 떼기 시작한 단계라고 볼 수 있다. 사물과 사물이 데이터만 주고받던 시기를 지나 아주 조금 더 똑똑해졌을 뿐이다. 여기에 어느 정도 수준의 인공지능이 지원되느냐에 따라 구글 홈이 될 수도 있고, 자율주행차가 될 수도 있다.

앞에서 살펴보았듯이 사물인터넷은 다양한 산업과 융합하여 새로운 경제 가치와 시장을 만들어내고 있다. 특히 스마트 헬스케어, 스마트카, 스마트홈 등의 산업 분야를 중심으로 성장하고 있다.

스마트 헬스케어 시장은 기존의 의료기관 치료 중심의 방식에서 '개인 맞춤형' 의료 시대로 변화하고 있다. 개인화, 예측, 예방, 참여 등으로 의료 서비스가 변화하면서 사물인터넷이 이를 가능하게 해주는 핵심 기술로 자리 잡고 있다. 그런 가운데 '모바일 헬스케어' 산업의 등장은 기존의 병원, 기업 등의 의료 서비스 공급자 중심에서, 환자 중심의 의료 환경으로 변화시킬 수 있는 계기를 마련해주고 있다.

스마트카는 전기, 전자, 통신 기술을 융합해 고도의 안전과 편의를 제공하는 자동차를 의미한다. 좁은 의미로는 통신망에 연결된 '커넥티드카Connected Car'를 의미하고, 넓은 의미로는 스스로 움직이는 '무인 자동차'까지 포함된다. 커넥티드카는 실시간 내비게이션과 원격 차량 제어, 멀티미디어 등의 기능과 더불어 자동차가 더 이상 운송 수단에 그치지 않고 사용자의 삶과 연결된 디바이스로 기능하도록 구현된 모든 첨단 기술의 집합체다.

스마트홈 서비스는 단순히 홈네트워크를 구축하는 것을 넘어 홈시큐리티, 스마트러닝, 홈헬스, 그린홈, 홈엔터테인먼트까지 포함하여 이 모든 서비스를 결합한 '통합형 플랫폼'으로 진화하고 있다. 특히 스마트홈은 통신, 가전, 보안, 교육, 의료, 에너지, 미디어, 모바일 등 일상생활 전반에 관련된 업종이 다수 포함될 정도로 광범위한 생태계를 이룬다.

또한 사물인터넷은 사회적 역할을 수행하는 데에도 활용된다. 예를 들어 정부가 취약계층을 돌보고 관리하는 데 사물인터넷이 도움을 주고 있다. 취약계층을 돌보기 위해서는 많은 전담 인력이 필요하다. 하지만 관리 인력은 늘 부족하고, 민원은 넘쳐난다. 이러한 취약계층 관리에 사물인터넷 기술이 접목되면서 적은 인력으로도 기존 업무를 좀 더 효율적으로 수행할 수 있게 되었다. 특히 독거노인 같은 사회적 약자에게 다양한 돌봄 서비스를 실행하는 데 큰 도움이 되고 있다. 예를 들면 지속적으로 건강 상태를 체크하고 관리해주는 사물인터넷 장치를 설치하여 활용하고 있으며, 집 안 온도나 조명을 제어하는 장치도 제공하고 있다. 독거노인들에게 말동무가 되어줄 수 있는 인공지능 스피커도 설치하고 있다. 이처럼 사물인터넷 기술을 이용하면 더 많은 사회적 약자에게 보다 촘촘한 복지 혜택을 제공할 수 있다.

2020년 12월 말 기준으로 가전제품, 보안 등의 부문에서 활용도가 늘고 있는 사물인터넷 서비스의 가입 회선이 1,000만 개를 넘어섰다. 2019년 12월 말과 비교하면 24.3% 증가한 수치다. 가전 회사들이 사물인터넷 제어 서비스를 활용한 제품을 쏟아내고 있는 데다, 교육이나 육아, 반려동물 돌봄 서비스까지 다양한 영역에서 사물인터넷 서비스가 이용되고 있기 때문이다.

특히 전기차, 자율주행차 시장이 성장하고 있다 보니, 차량 관제 분야에서 사물인터넷이 폭발적인 성장세를 기록하고 있다. 테슬라와 현대자동차 등의 완성차 업체를 비롯해 구글, 애플 등 글로벌 IT 기업까지 자율주행차 개발에 사물인터넷 기술과 서비스를 적극적으로 도입하고 있다.

이러한 흐름에 비추어볼 때 기존의 IT 제품이나 서비스는 사물인터넷을 수용할 수 있도록 기존의 시스템을 개편해야 한다. 개편 속도는 빠르면 빠를수록 좋다. 앞에서 설명한 일련의 과정은 곧 마주하게 될 사물인터넷 시대에 피할 수 없는 현실이다. 막연한 미래의 일이 아니다. 하지만 모든 시스템을 사물인터넷 기반으로 개편하는 과정에서 우리는 또다시 많은 기회를 얻게 될 것이다. 온택트 시대가 본격화되면 거의 모든 IT 제품들이 인터넷으로 연결되기 때문에 관련 산업이 성장할 수밖에 없다. 새로운 기회를 만들어내는 사물인터넷은 우리가 상상할 수 없을 만큼 엄청난 경제적 파급 효과를 가져올 것이다.

13

거의 모든 것을 위한
인공지능 플랫폼

인공지능은 선택이 아니라 필수라고?

온택트 시대에 살아남기 위해 기업들이 부단히 디지털 전환을 시도하고 있는 가운데, 기업들의 온택트 전략에서 가장 큰 역할을 담당하고 있는 것이 바로 '인공지능AI'이다. 현재 우리 일상에서 제공되고 있는 대표적인 인공지능 서비스는 챗봇, 인공지능 검색, 인공지능 스피커, 비대면 헬스케어 등이 있다.

근래 코로나19의 확산을 방지하기 위해 각 분야의 콜센터 인원을 축소 운영하면서 고객의 전화 상담 수요를 정상적으로 소화하기가 힘들어졌다. 이에 기업들은 밀려드는 전화를 해결하기 위해 챗봇 상담 시스템을 구축하기 시작했다. 현재 많은 콜센터들이 챗봇 상담을 통해 고객들의 상담을 우선적으로 처리하고 있고, 챗봇 상담으로 해결되지 않는 문의는 채팅 상담이나 전화 상담으로 해결하고 있다. 예를 들어 신한생명은 온택트 기반의 새로운 고객 경험을 제공하고, 디지털 채널을 강화하기 위해 인공지능 대고객 챗봇인 '신비' 서비스를 오픈했다. AI 챗봇 개발을 위해 관련 업체는 AI가 은행 업무와 관련된 3만여 개의 지식을 수집하여 학습하게 하고, 사용자의 의도를 파악하는 지능형 기술인 인텐트 *intent*에 따라 중요도를 분류했다. 그렇게 도출된 결과를 기준으로 상담 이력을 분석해 학습 데이터에 반영했다. 이 같은 학습을 위한 챗봇 서비스 업그레이드는 지속적으로 이루어질 계획이다.

고객의 편의와 궁금증 해소를 돕기 위해 검색 서비스에도 인공지능이 도입되고 있다. 삼성전자는 홈페이지에 접속한 고객이 원하는 정보를 정확하게 찾을 수 있도록 인공지능 딥러닝 기술을 접목한 검색엔진을 도입했다. 고객이 많이 묻는 질문을 유사 표현까지 포함하여 16만 건 이상 학습한 딥러닝 검색엔진이 고객의 질문 의도를 예측해 최적의 검색 결과를 보여준다. 코로나19로 인해 대면 서비스가 어려워지다 보니 온라인을 이용한 서비스를 제공해 고객의 마음을 잡으려는 노력의 일환이다.

의료 분야에서는 인공지능을 이용한 온택트 상담 서비스가 제공되고 있다. 가톨릭대학교 은평성모병원은 인공지능 의료 서비스 플랫폼을 활용해 건강검진 결과를 비대면 상담으로 진행하고 있다. '건강검진 비대면 상담'은 인공지능 기반 음성 인식 앱이 탑재된 스마트폰을 활용하여, 건강검진 결과에 대해 전문의와 일대일 상담 환경을 제공한다. 건강검진 비대면 상담은 고객이 원하는 시간과 장소에서 결과를 확인할 수 있고, 화상으로 모든 검진 결과를 의료진과 환자가 함께 공유하며 상담할 수 있어서 더욱 확산될 전망이다.

여러 지방자치단체에서는 소외된 독거노인을 대상으로 AI 스피커를 지원하는 사업을 전개하고 있다. 제공되는 AI 스피커는 감성 대화나 라디오 청취 등의 기본적인 서비스뿐만 아니라, 노인들의 인지 훈련 강화와 치매 예방에 도움을 주는 기억력 테스트 관련 서비스도 지원한다. 또한 집에만 있는 노인들의 몸과 마음에 활력을 불어넣어 주는 가벼운 운동형 콘텐츠도 제공된다. 무엇보다 홀로 있는 노인에게 위급 상황이 발생했을 때 AI 스피커에 도움을 요청하면 인근 ICT케어센터와 보건소 담당자, 보호자 등에 인적 사항이 발송된다. 그렇게 ICT케어센터에서 일차적으로 상황을 확인한 뒤 위급하다고 판단되면 즉시 119 출동을 할 수 있도록 지원하고 있다.

이와 같이 인공지능은 우리 삶에서 알게 모르게 다양한 역할을 하며 많은 도움을 주고 있다. 앞에서 예로 들었던 유튜브의 동영상 추천 시스템도 인간이 설계한 알고리즘을 바탕으로 인공지능이 딥러닝을 통해 추천해주는 방식이다. 결국, 인공지능을 서비스로 구현하고 성능을 결정짓는 플랫폼의 역할이 매우 중요하게 부각되는 대목이다. 인공지능 자체도 플랫폼이지만, 인공지능을 사람이 이용할 수 있도록 만들어진 서비스 플랫폼이 개발되어야 비로소 세상의 빛을 볼 수 있다는 의미다. 인공지능 플랫폼은 인공지능과 사람을 연결해주는 매개체다. 플랫폼이 인공지능과 사람을 연결해줌으로써 과거와는 비교할 수 없는 혁신적인 부가가치가 만들어지고 있다.

배울수록 강해지는 인공지능

인공지능이란, 컴퓨터가 인간의 지능적 행동인 사고, 학습, 판단, 추론, 지각 능력을 모방할 수 있는 기술을 의미한다. 영국의 수학자 앨런 튜링Alan Turing은 1950년에 발표한 한 논문에서 인간이 기계와 이야기하는지 혹은 사람과 이야기하는지를 분간할 수 없다면 컴퓨터가 지능을 갖고 있다고 봐야 한다는 튜링 테스트Turing Test를 고안했다. 이러한 튜링 테스트는 이후 인공지능 연구개발에서 중요한 개념적인 기반을 제공했다.

또한 컴퓨터게임과 인공지능 분야의 개척자로 불리는 아서 사무엘 Arthur Samuel은 1959년에 머신러닝Machine Learning(기계학습)을 "명시적인 프로그램의 작성 없이 컴퓨터에 배울 수 있는 능력을 부여하는 연구 분야"라고 정의한 바 있다. 즉 컴퓨터가 사람처럼 데이터를 받아 학습하여 새로운 지식을 얻도록 하는 방식이라고 개념화했다.

머신러닝의 학습 방법 가운데 하나인 '딥러닝Deep Learning(심층학습)'의 핵심은 분류를 통한 예측이다. 수많은 데이터 속에서 패턴을 발견해 인간이 사물을 구분하듯이 컴퓨터가 데이터를 분류하는 방식이다. 알파고가 바로 이 딥러닝 기술로 바둑을 학습해 프로 바둑기사들을 상대로 승리함으로써 전 세계적으로 센세이션을 불러일으켰다.

이세돌과 알파고의 바둑 대결은 2016년 3월의 일이다. 당시에 이세돌의 승리를 믿어 의심치 않았던 프로 바둑기사들은 이제 인공지능으로 바둑 훈련을 하고 있다. 최고의 다음 한 수를 알아내기 위해 헤아릴 수 없는 많은 사람이 수천 년 동안 바둑을 연구해왔건만, 지금은 인공지능에게 물어보며 훈련한다. 바둑은 이제 인공지능 이전과 인공지능 이후로 나뉠 정도로, 바둑계에 인공지능이 몰고온 변화는 엄청나다.

구글 어시스턴트나 애플 시리와 같은 AI 비서의 음성 인식 기술에 딥러닝이 적용된 것은 이제 낯선 일도 아니다. AI 기반의 음성 인식 기술은 사용하면 할수록 분석할 수 있는 데이터가 많아지면서 음성 인식률이 더 높아지고, 이해할 수 있는 단어와 문장도 대폭 증가한다. 그런 이유로 구글 어시스턴트는 한국어보다는 영어를 더 잘 이해하고, 답변도 더 잘해준다. 영어를 사용하면 연속으로 이어서 대화도 가능하다. 요즘 아이들은 구글 AI 스피커와 대화하며 영어를 공부하기도 한다. 구글 어시스턴트가 영어 사용자에 의해 만들어진 영향도 있겠지만 그만큼 영어 데이터가 방대하게 축적되었다는 의미다. 구글 AI 스피커와 한국어로 대화하다 보면 잘 이해하지 못했다고 답변하거나, 더 열심히 배우겠다고 답변하는 경우가 많다. 한국어를 사용하는 사람이 증가하고 데이터가 축적되어야 구글 어시스턴트의 한국말 실력도 늘게 될 것이다.

페이스북은 사람 얼굴을 인식해 구분하는 '딥페이스DeepFace' 서비스를 제공하고 있다. 딥페이스는 딥러닝을 활용한 대표적인 영상 인식 기술이다. 딥페이스는 데이터 분석에 1억 2,000만 개의 연관 관계를 파악해낼 수 있는 심층학습을 수행하며, 데이터 분석을 위해 4,000여 명의 사용자 얼굴에서 추출한 400만 개의 얼굴 이미지를 활용했다. 딥페이스의 인식 정확도는 97.25%로 인간 눈과 거의 차이가 없다고 봐도 무방하다. 현재 인간 눈의 정확도는 97.53%로 알려져 있다. 페이스북은 사용자가 올린 사진에서 얼굴 옆모습만으로도 어떤 사용자인지 거의 판별해낼 수 있다.

딥러닝은 의료 분야에서도 다방면에 걸쳐 적용되고 있다. 특히 MRI를 분석하여 병을 진단하거나, 유사한 영상을 찾아 진단을 내리는 데 도움을 준다. 기존 데이터를 학습해 추후 발병 가능성이 있는지 여부를 예측하기도 한다. 예를 들어 IBM의 의료용 인공지능 '왓슨'은 특정 증상을 입력하면, 수만 가지의 사례를 분석하여 적절한 치료법을 몇 분 만에 검색해준다. '왓슨 포 지노믹스Watson for Genomics' 시스템의 경우 대량의 유전적 정보와 약물 정보, 최신 학술 문헌을 인공지능으로 분석해 의사가 환자에게 가장 적합한 치료법을 검토할 수 있도록 돕는다. 온라인 의학 저널 '온콜로지스트The Oncologist'에 게재된 한 연구논문에 따르면, 1,018명의 환자를 대상으로 왓슨 포 지노믹스를 후향적으로 검증한 결과 전체 환자의 99%에서 왓슨과 의사의 진단이 일치한 것으로 파악되었다. 게다가 임상적으로 적용 가능하지만 의사가 식별하지 못한 치료법을 왓슨이 찾아낸 사례도 300건이 넘었다. 이 치료법들은 왓슨에게 입력하지 않았음에도 왓슨 스스로가 치료 방법을 제시했다는 점에서 의료계에 큰 놀라움을 안겨주었다.

이렇듯 이미 온라인 쇼핑몰에서는 내가 사야 하는 상품과 사고 싶은 상품을 골라서 추천해주고, 페이스북은 사진을 보고 친구의 얼굴을 인식해 태그를 추천한다. 인공지능이 나의 비서가 되고, 친구가 되어 나의 생활을 보살펴 주는 시대가 펼쳐지고 있다. 머지않은 미래에는 매일 건강 상태를 체크하여 질병을 조기에 진단해주고 치료받을 수 있도록 돕거나, 자율주행차가 우리를 목적지까지 안전하게 데려다주는 서비스도 실현될 전망이다.

그러나 인공지능의 발전 속도가 너무 빨라 가까운 미래에 인공지능이 사람의 일자리를 빼앗는다거나, 심지어 인공지능에게 지배당할지도 모른다는 우려 섞인 시선도 존재한다. 일은 인공지능과 로봇이 하고, 사람은 놀면서 정부에서 제공하는 기본급으로 생활하는 시대가 펼쳐질 것이라는 의견도 제기되고 있다. 중요한 점은 미래에 대해 걱정만 해서는 해결될 일이 아무것도 없다는 것이다. 세상은 기다려주지 않으며, 세상의 발전을 외면하면 자신을 지키기 어렵다. 인공지능 시대에 더 나은 미래를 만들어가려면 인공지능을 이해하고 적절하게 활용할 수 있어야 한다.

특히 미래의 부를 차지하고 싶다면 인공지능과 사물인터넷을 접목한 플랫폼으로 승부를 걸어볼 만하다. 이미 서비스하고 있는 플랫폼도 인공지능을 활용하는 방향으로 발전시켜야 한다. 어떤 플랫폼을 구축해야 할지 고민하고, 어떤 플랫폼이 주목받을지 관심 있게 지켜봐야 한다. 인공지능을 활용하여 새로운 부가가치를 만들 것인가, 아니면 인공지능을 외면할 것인가는 전적으로 우리의 선택에 달렸다.

인공지능의 무한한 시장 잠재력

모든 영역에서 인공지능은 그야말로 새롭게 열리는 가능성의 세계다. 머신러닝이나 딥러닝을 활용하여 훨씬 더 정밀한 사용자 맞춤형 개인화와 추천이 가능하기 때문이다. 이런 기술을 바탕으로 스마트 검색이나 음성 인터페이스, 지능적인 가상 비서를 구현하거나, 그 밖의 다양한 방법으로 새로운 서비스를 개발할 수도 있다.

이와 같이 가까운 미래에는 거의 모든 산업분야에서 인공지능이 기본 옵션으로 장착되는 시대가 펼쳐질 것이다. 우리가 인공지능으로 인식하지 못할 정도로 약한 인공지능이냐 혹은 강한 인공지능이냐의 차이일 뿐이다. 인공지능 자체를 별도로 개발하기는 어려운 일이지만, 인공지능 플랫폼을 이용해서 자신의 산업에 적용하는 것은 그리 어려운 일이 아닌 시대가 되었다. 물론 인공지능을 자체로 개발하면 엄청난 경제 효과가 발생하겠지만, 개발된 인공지능을 다양한 산업에 응용하여 발생되는 경제 효과도 어마어마할 것이다.

맥킨지는 산업 전반에 인공지능을 응용한 400개 사례를 분석해, 이 사례들이 창출하는 잠재적 경제 효과를 전망한 보고서 '인공지능(딥러닝)의 응용 사례와 가치*Notes from the AI frontier: Applications and value of deep learning*'(2018년)를 발표했다. 이 보고서에 따르면 소매, 여행, 금융, 농업 등 미국의 19개 전통 산업과 9개 비즈니스 영역에 인공지능 기술을 접목할 경우 연간 3.5~5.8조 달러의 경제적 효과가 창출될 것으로 보았다. 그중 소매 부문이 연간 최대 8,000억 달러로 가장 높은 경제 효과가 창출될 것으로 전망했다. 또 운송·물류, 여행, 소비재, 공공 사회재, 자동차·부품 부문 등이 두각을 나타낼 것으로 보았다.

맥킨지는 이 같은 높은 경제 효과를 이끄는 주요한 인공지능 기술은 '심층 신경망*Deep Neural Network*'이라고 설명하며, 400개 사례 가운데 69%가 심층 신경망을 활용해 매출과 비즈니스 성능을 향상시킬 것으로 분석했다.

아울러 19개 산업 중 여행 분야처럼 다양한 마케팅과 영업 전략이 필요한 분야의 경우, 인공지능을 활용하면 더욱 크게 매출을 높일 수 있을 것으로 분석했다. 또 첨단 기술을 포함한 하이테크, 운송·물류, 제약 산업 부문에서 인공지능이 큰 영향을 미칠 것으로 예측했다.

그리고 '마케팅과 판매, 공급망 관리·제조, 위기관리, 서비스 운영,

제품 개발, 금융과 IT, 기업 전략과 재무, 인적자원관리, 기타 운영'의 9개 비즈니스 영역에서는 마케팅과 판매 영역이 최대 1.4~2.6조 달러, 공급망 관리·제조 영역이 1.2~2조 달러의 경제 효과가 발생한 것으로 나타나, 인공지능의 도입 효과가 클 것으로 예측했다.

맥킨지의 이 보고서는 미국만을 대상으로 연구한 자료이지만 우리나라에도 시사하는 바가 크다. 인공지능이 초래하는 경제 효과를 산업 분야별로 아주 상세히 연구해 수치화했기 때문이다. 이 보고서를 기초로 추정해볼 때, 우리나라 역시 인공지능을 여러 산업에 응용하면 매출이 크게 향상될 것이라고 본다.

인공지능이 가져올 파급 효과가 더욱 큰 이유는, 인공지능이 자동차와 만나면 자율주행차가 되고, 사물인터넷과 만나면 사물에 지능을 부여하며, 플랫폼에 적용하면 획기적인 기능을 구현할 수 있다는 점이다. 다양한 산업과 결합하여 시너지 효과를 발생시키면서 혁신을 일으키는 것이 인공지능의 가장 큰 잠재력이라 할 수 있다. 따라서 모든 산업에 인공지능을 언제, 어떤 방식으로 도입할지에 대한 전략을 수립해야 한다. 4차 산업혁명 시대가 본격적으로 시작되기 전에 인공지능 도입에 대한 로드맵이 치밀하게 준비되어 있다면 미래 산업의 경쟁 구도에서 유리한 위치를 선점할 수 있을 것이다.

세상 모든 것의 플랫폼

14

플랫폼을
왜 알아야 할까?

이 책 전체에 걸쳐 '플랫폼 경제'를 다루며 플랫폼에 대해 살펴봤지만, 여전히 꼭 집어 플랫폼의 정의를 내리는 것은 쉽지 않은 듯하다. 플랫폼이 다양한 형태로 존재할 뿐만 아니라, 플랫폼을 바라보는 시각 또한 각양각색이기 때문이다. 산업 영역별로 쓰이는 플랫폼의 의미도 저마다 다르기에 자의적으로 해석되기도 한다. 플랫폼을 정의하기가 어려운 이유다.

이 장에서는 플랫폼의 의미에 집중해서 살펴보고, 우리 일상 가까운 곳에서 만날 수 있는 플랫폼들을 예로 들어 플랫폼의 원리를 이해해보고자 한다. 기업뿐만 아니라 개인도 자기만의 채널을 갖고 비즈니스를 하는 세상에서 플랫폼을 제대로 이해하는 일은 곧 새로운 비즈니스 관점과 경쟁 방식을 배우는 일이나 다름없다.

플랫폼 관점에서 보면 플랫폼이 아닌 것을 찾기가 더 힘들 정도로 플랫폼은 우리 생활 깊숙이 들어와 있다. 하지만 모든 플랫폼이 성공하는 것은 아니며, 그렇기에 우리는 플랫폼을 제대로 알아야 한다. 플랫폼의 기본 개념을 이해한다면, 자신의 분야에서 더욱 다양한 비즈니스 전략을 세우는 데 도움이 된다. 또 성공한 플랫폼과 실패한 플랫폼의 전략을 분석해 성공 원리를 찾게 된다면 보다 경쟁력 있는 비즈니스 전략을 세울 수 있을 것이다. 새로운 플랫폼을 구축할 때도 플랫폼에 대한 이해도가 높으면 좀 더 완성도 높은 플랫폼을 구축할 수 있다. 무엇보다 플랫폼은 끊임없이 등장하고, 경쟁하면서 진화하고 있기에 플랫폼에 대한 연구를 멈춰서는 안 된다.

지하철 승강장에 숨은 플랫폼 경제 원리

'플랫폼' 하면 무엇이 가장 먼저 떠오르는가? 플랫폼이란 용어는 우리 주변에서 굉장히 다양한 의미로 사용되고 있다. 예를 들면 정보통신 분야에서는 마이크로소프트의 윈도우즈나, 구글의 안드로이드, 애플의 iOS와 같은 운영체제를 플랫폼이라 하고, 페이스북이나 트위터와 같은 소셜 미디어를 플랫폼이라 하기도 한다. 역도에서는 바벨을 드는 사방 4미터의 나무로 만든 경기대를 플랫폼이라 부르고, 다이빙 준비대를 일컫는 말이기도 하다.

또한 다양한 모델에 '공통'으로 들어가는 부분을 플랫폼이라 부르기도 한다. 이러한 의미의 대표적인 예는 자동차 플랫폼을 들 수 있다. 자동차 플랫폼이란 자동차의 기본이 되는 골격인 차대(차틀)를 말한다. 크기나 구조 등이 유사한 자동차를 만들 때 이런 플랫폼을 공유하여 제작하고 조립한다. 자동차 플랫폼을 공유하면 큰 개발 비용을 들이지 않고도 디자인만 다르게 해서 다양한 모델의 제품을 개발할 수 있다는 장점이 있다.

좀 더 보편적인 플랫폼의 예로는 지하철(또는 버스, 기차 등)을 타고 내리는 '승강장'을 꼽을 수 있다. 지하철 승강장을 자세히 들여다보면 플랫폼의 속성을 이해하는 데 많은 도움이 된다. 먼저, 승강장은 지하철과 승객이 만나는 공간이다. 승객은 비용을 내고 승강장에서 지하철에 탑승한다. 지하철은 승객을 원하는 장소에 데려다주고 돈을 받는다. 모든 운송 수단의 지불 방식은 다르지만 승강장을 중심으로 가치 교환이 일어나는 원리는 같다.

승강장에는 지하철을 기다리면서 지루해하거나 끼니를 놓쳐 배고픈 승객을 위해 신문이나 잡지, 먹거리를 판매하는 작은 매점도 있으며, 음료수와 과자를 쉽게 사 먹을 수 있는 자판기도 설치되어 있다. 그리고 승강장 근처에는 점포를 만들어 음식이나 옷, 액세서리 등을 판매하는 외부 사업자에게 임대하기도 한다. 또 강남역이나 고속터미

널역과 같이 유동 인구가 많은 환승역에는 대규모 지하상가가 조성되어 있다. 이처럼 사람이 몰리는 승강장 같은 곳에는 다양한 형태의 비즈니스 모델을 접목하기가 쉬워 부가적인 수익을 창출할 수 있다.

무엇보다 승강장에는 광고가 있다. 강남역이나 교대역처럼 상권이 발달해 있고 사람들도 북적이는 승강장의 경우는 엄청나게 많은 광고가 붙어 있다. 어떨 때는 광고를 피하고 싶어도 광고가 없는 곳을 찾기가 힘들 정도다(유동 인구가 적은 승강장은 광고를 수주하지 못해 비어있는 상태로 방치된다). 기업들에게 지하철 광고는 효과가 좋은 광고 매체다.

어찌 보면 지하철과 승객을 만나게 해주는 공간일 뿐이지만 승강장은 다양한 비즈니스 모델을 만들며 돈을 벌어들이고 있다. 주된 비즈니스 모델인 승차요금 수익 외에도, 부가적인 비즈니스 모델로 상당한 매출을 올리고 있는 것이다. 승강장은 별도로 마케팅을 하지 않아도 사람들이 몰려든다. 승강장을 중심으로 지하철과 승객이 끊임없이 순환한다. 승강장은 승객이 필요로 하는 지하철 등의 교통수단을 탈 수 있는 유일한 곳이다. 승강장은 지하철과 승객이 만날 수 있는 거점으로써의 기능을 하며, 교통과 물류의 중심이다. 그리고 그 안에서 무수히 많은 가치 교환이 일어나고 거래가 발생한다. 이것이 바로 '플랫폼'이다. 승강장이 기능하는 활동만 살펴봐도 그 안에 숨어 있는 플랫폼 비즈니스의 원리를 발견할 수 있다.

결국 플랫폼의 역할은 비즈니스 생태계를 잘 만드는 것이다. 선순환 구조의 생태계를 어떻게 만드느냐가 플랫폼 비즈니스의 핵심이다.

플랫폼*platform*은 '구획된 땅'을 의미하는 'plat'과 '형태'를 의미하는 'form'의 합성어다. 플랫폼의 어원으로 풀이해보면 '구획된 땅의 형태'가 된다. 즉 플랫폼은 경계가 없던 땅이 구획되면서 계획에 따라 건물이 지어지고 도로가 생기듯이, 어떤 '용도에 따라 다양한 형태로 활용될 수 있는 공간'을 상징적으로 표현한 단어라고 할 수 있다. 집에 수족관을 설치한다면, 어항에 물을 넣고 물고기만 넣어 놓는다고 해서 물고기가 잘 살 수는 없을 것이다. 모래도 넣고, 산소발생기도 설치하고, 물이 순환될 수 있도록 여과기도 설치해야 한다. 또 어항 속 수초들이 광합성을 할 수 있도록 햇빛을 볼 수 있는 곳에 위치를 잡아줘야 하고, 물고기에게 주기적으로 먹이를 줘야 한다. 수족관도 결국 생태계를 조성해주는 일이다. 어찌 보면 생태계를 조성하는 일은 신의 영역이라고도 할 수 있다. 수족관 안의 물고기가 바라볼 때 수족관 밖에 보이는 사람은 신적인 존재가 아닐까? 플랫폼이 위대한 이유가 바로 여기에 있다.

플랫폼의 존재 이유

앞에서 언급했듯이 플랫폼을 바라보는 관점에 따라 플랫폼의 정의와 구성 요소는 차이가 있을 수밖에 없다. 이 책 본문에서는 온라인과 오프라인을 아울러 플랫폼 경제를 이해하기 위한 설명에 초점을 맞췄다면, 여기서는 정보통신 분야에 집중해서 플랫폼의 구성 요소와 생태계에 대해 알아보도록 하겠다.

통상 정보통신 분야에서 플랫폼의 구성 요소는 '컴포넌트 *component*'와 '규칙*rule*'으로 구분된다. 컴포넌트는 하드웨어*HW*와 소프트웨어*SW*, 서비스 모듈*Module*, 아키텍처*Architecture*를 의미한다. 한마디로 플랫폼의 기반이 되는 시스템을 의미한다고 보면 된다. 이를테면 스마트폰, 태블릿, 전자책 리더기 등의 단말기와 윈도우즈, 안드로이드, iOS 등의 운영체제 모두를 포함한다.

규칙은 네트워크 참여자 또는 플랫폼에 직간접적으로 관여하고 있는 이해관계자를 조율하기 위한 규정이나 정책을 의미한다. 대표적으로 구글 플레이스토어나 애플 앱스토어의 운영 정책을 들 수 있다. 구체적으로는 앱 등록 규정과 인앱 결제에 대한 수익 배분 정책, 환불 정책 등이 해당된다. 최근 논란이 되고 있는 유튜브 추천 알고리즘의 편향성 문제나 공정성 침해, 차별 등과 같은 플랫폼의 중립성 이슈도 결국 플랫폼에서 정한 규칙에 의해 발생한 문제다.

플랫폼이 자신을 중심으로 한 생태계를 형성하게 되면, 플랫폼 참여자를 통제하고 안정성을 도모하기 위한 규칙을 필요로 한다. 플랫폼이 거대해지면서 승자 독식 시장이 될수록 플랫폼 내부의 규칙은 전체 시장의 거래 규칙으로 작용하며 영향력을 갖는다.

한편 가치 교환의 관점에서 플랫폼의 구성 요소를 살펴본다면 '플랫폼 사업자'와 '플랫폼 참여자'로 분류할 수 있다.

이때 플랫폼 사업자를 '플랫포머Platformer'라고 한다. 플랫포머는 플랫폼을 운영하고 공급하는 주체다. 예를 들면 구글 플레이스토어를 개발해 공급하고 운영하는 구글이 플랫폼 사업자다. 마찬가지로 애플, 마이크로소프트, 페이스북, 이베이 등도 플랫포머다.

플랫폼 참여자는 플랫폼에 참여해서 가치를 교환하는 그룹을 의미한다. 크게 '공급자'와 '수요자'로 구분된다. 구글 플레이스토어에 앱을 등록하는 개발자를 공급자로 볼 수 있으며, 앱을 다운로드해서 이용하는 사용자user가 수요자다.

이러한 플랫폼의 구성 요소는 성과나 영향력을 나타내는 플랫폼의 비물질적인 요소로도 정의할 수 있는데 '규칙이나 알고리즘, 상호작용, 네트워크 효과 등'이 포함된다. 일반적으로 플랫폼은 온라인으로 서비스되는 소프트웨어 형태를 띤다. 이용자들은 PC나 스마트폰 등의 디지털 디바이스에서 플랫폼을 이용한다. 물리적으로 만질 수는 없지만, 눈으로 볼 수는 있다. 하지만 플랫폼에서는 실질적으로 눈에 보이지 않는 요소가 더 중요하다. 플랫폼은 보이지 않는 규칙과 알고리즘을 기반으로 작동하며, 이용자들은 이 알고리즘 위에서 상호작용하기 때문이다. 이용자들의 상호작용은 직간접적으로 네트워크 효과를 발생시키며, 플랫폼은 이런 네트워크 효과를 통해 성장한다. 플랫폼의 비물질적인 구성 요소는 오프라인과 다르게 정밀한 측정이 가능하다는 특징이 있다. 모든 이용자의 상호작용이 데이터로 저장되기 때문에 면밀히 분석해서 성과를 측정하고, 플랫폼을 고도화하는 데 반영할 수 있다.

2012년 네이버 지식백과에 따르면, 플랫폼이란 단상, 무대 따위를 의미하는 용어였으나, 컴퓨터가 등장하면서 '컴퓨터 시스템의 기반이 되는 하드웨어 또는 소프트웨어. 응용프로그램이 실행될 수 있는 기초를 이루는 컴퓨터 시스템'으로 그 의미가 더 널리 쓰이고 있다고 정의했다.

시간이 지나 2016년에 업데이트된 네이버 지식백과에는 플랫폼을 다음과 같이 두 가지 개념으로 정의하고 있다. 첫 번째는 '컴퓨터 시스템의 기반이 되는 소프트웨어가 구동 가능한 하드웨어 구조 또는 소프트웨어 프레임워크의 일종. 구조, 운영체제, 프로그래밍 언어, 그리고 관련 런타임 라이브러리나 그래픽 사용자 인터페이스 GUI 등을 포함한다.'라고 정의한다. 그리고 두 번째는 '비즈니스에서 여러 사용자 또는 조직 간에 관계를 형성하고 비즈니스적인 거래를 형성할 수 있는 정보 시스템 환경. 자신의 시스템을 개방하여 개인, 기업 할 것 없이 모두가 참여하고 원하는 일을 자유롭게 할 수 있도록 환경을 구축함으로써 플랫폼 참여자들 모두에게 새로운 가치와 혜택을 제공해줄 수 있는 시스템을 의미한다.'라고 정의하고 있다.

나는 2012년에 출간한 저서《플랫폼이란 무엇인가?》에서 플랫폼을 정의하며(1부 5쪽 참조), 플랫폼을 상생의 생태계 또는 선순환 구조의 생태계라고 밝힌 바 있다. 내가 설명한 플랫폼의 정의는 네이버 지식백과에서 2016년에 업데이트한 두 번째 정의와 일맥상통한다.

다시 말해서 윈도우즈나 안드로이드, iOS와 같은 운영체제도 그 자체만 존재해서는 아무런 의미가 없다는 뜻이다. 그 운영체제를 기반으로 다양한 소프트웨어와 앱이 구동되고, 이것을 많은 사용자가 이용함으로써 새로운 가치를 만들어나가야 한다. 이것이 바로 플랫폼의 존재 이유다. 아무리 운영체제라 해도 플랫폼으로서의 기능을 하지 않는다면 전자제품 제조사에서 만드는 성능 좋은 전자제품에 지나지 않는다. 하드웨어도 마찬가지다. 윈도우즈라는 운영체제를 통해 많은 사용자들이 컴퓨터를 이용한다. 이때 윈도우즈라는 플랫폼을 기반으로 모니터도 작동하고, 프린터도 작동하고, 스피커도 작동한다. 윈도우즈를 통해 모니터와 프린터, 스피커가 수요자와 만나게 된 것이다.

이렇듯 플랫폼이라 불리기 위해서는 선순환 구조의 생태계가 조성되어야 한다. 플랫폼 혼자만 먹고살 수 있는 구조가 아닌, 플랫폼을 이용하는 공급자와 수요자 모두가 새로운 가치와 혜택을 얻을 수 있어야 플랫폼이라 불릴 수 있는 자격을 얻게 된다.

플랫폼은 선순환 구조의 생태계를 이루어 네트워크 효과가 발생하면 자가 증식을 통해 성장한다. 그렇게 성공하는 플랫폼에 더욱 많은 사용자가 몰리고, 많은 사용자들은 많은 공급자를 몰리게 하는 촉매제가 된다. 집단의 규모가 클수록 서로에게 이익이 되고, 네트워크의 가치가 높아진다는 것이다. 이를 전문적인 용어로 '교차 네트워크의 외부성'이라고 하는데, 서로 다른 영역의 이용자들이 서로 긍정적인 영향을 끼치는 현상을 말한다. 이러한 교차 네트워크의 외부성으로 인해 전 세계적으로 플랫폼 주도권 경쟁이 치열하게 전개될 수밖에 없다.

마이크로소프트의 윈도우즈와 애플의 맥 운영체제는 개인용 컴퓨터 시장에서 치열한 경쟁을 이어가고 있다. 스마트폰 시장에서는 구글과 애플이 치열한 경쟁을 하고 있으며, 여기서 파생되어 앱 마켓에서는 구글 플레이스토어와 애플 앱스토어가 경쟁하고 있다. 국내 검색 시장에서는 네이버, 다음, 구글 등이 점유율 경쟁을 하고 있다. 주류 플랫폼의 주도권 경쟁에 끼지 못하는 중소 플랫폼이 서서히 존재감을 잃고 있는 것은 어찌 보면 당연한 일이다.

플랫폼은 일반적인 서비스 개념과 많은 차이가 있다. 일반적인 서비스 사업 모델은 재화나 가치의 이동이 사업자에서 이용자로 일방적으로 흐른다. 하지만 플랫폼은 사업자와 이용자가 플랫폼에서 다양한 거래를 할 수 있도록 장을 마련해준다. 플랫폼을 통해 거래할지 말지는 전적으로 사업자와 이용자에게 달려 있다. 플랫폼은 장을 만들고, 정책을 수립하고, 시스템을 고도화하는 데만 집중하면 된다. 그것이 플랫폼의 역할이다.

15

무엇이든 잘 파는
플랫폼의 비밀

플랫폼은 온라인, 오프라인 영역에서 모두 찾아볼 수 있지만, 오늘날 우리가 더욱 알고 싶은 분야는 온라인일 것이다. 앞에서 지하철 승강장의 예를 통해 알 수 있었듯이, 오프라인 플랫폼의 경우 항상 시간과 공간의 한계에 부딪힐 수밖에 없다. 이러한 시공간의 제약은 일정 수준 이상의 경제 규모에 도달하기 어렵게 만드는 요인으로 작용한다. 하지만 온라인 영역에서는 상황이 다르다. 시공간의 제약이 완전히 사라지기 때문이다. 아무리 많은 사람이 몰려도 서버와 트래픽 자원만 증설한다면 얼마든지 서비스를 제공할 수 있다. 세계 최대의 소셜 플랫폼인 페이스북을 20억 명이 동시에 쓰고 있어도 거뜬한 이유다. 최근 많은 성공 사례를 내고 있는 공유경제나 O2O 플랫폼도 온라인을 기반으로 하기에 폭발적인 성장을 이룰 수 있었다.

이러한 온라인의 특징은 사용자가 몰림으로써 발생하는 비용의 증가를 매출의 증가가 능가함으로써 규모의 경제에 쉽게 도달하게 해준다. 오프라인 음식점에 손님이 몰려서 매장을 확장하거나 별관을 지으면 오히려 수익성이 떨어지는 경우가 많다. 영업 규모는 커졌지만 비용이 증가하면서 실제 이익은 예전만 못하기 때문이다. 하지만 온라인은 비용의 증가가 크지 않다. 비용의 많은 부분을 차지하는 인력이 크게 늘지 않을뿐더러 트래픽 증가에 따른 비용의 증가도 크지 않다. 또한 고객의 니즈를 반영하여 빠르게 서비스를 개선해 나갈 수 있어서 지속 가능한 성장을 할 수 있다. 이러한 온라인의 파급력은 세상이 디지털화될수록 커질 수밖에 없다. 결국 플랫폼도 시공간을 초월하여 막강한 영향력을 행사하는 온라인이 핵심이다.

플랫폼 위에 또 플랫폼

KT경제경영연구소에서 발표한 보고서 '플랫폼, 약속의 땅인가?'(2011년)에서는 온라인과 오프라인으로 구분하여 플랫폼의 유형을 정리했다. 이 보고서는 가장 근간이 되는 플랫폼을 '토양 플랫폼'이라고 칭했으며, 그 토양 플랫폼 위에 다양한 플랫폼이 존재한다고 설명했다. 예를 들면 이베이나 유튜브가 훌륭한 플랫폼이라고는 하지만 그것에 접속하기 위해서는 컴퓨터나 스마트폰이 있어야 한다. 이때 컴퓨터나 스마트폰을 구동하기 위해서는 운영체제가 필요하다. 아무리 뛰어난 플랫폼이라 해도 사용자가 접속해서 사용할 수 없다면 무용지물이나 다름없기 때문이다. 이렇듯 모든 플랫폼의 근간이 되는 컴퓨터나 스마트폰의 운영체제를 토양 플랫폼이라고 규정했다.

이러한 토양 플랫폼 위에서 구글, 페이스북, 유튜브, 아마존 등 세계에서 가장 큰 플랫폼들이 자신의 영역에서 비즈니스를 실행하고 있다. 그리고 또다시 구글, 페이스북, 아마존 등과 같은 공룡 플랫폼 위에서 다양한 형태의 중·소규모 플랫폼이 성장하게 된다. 징가_Zynga_ 등의 소셜 게임이 페이스북 내에서 서비스되면서 성장하는 것과 같은 원리다. 이렇게 특정 분야에 특화된 중·소규모 플랫폼을 버티컬 플랫폼_vertical platform_이라고 한다.

한편 플랫폼의 영역에서 발생하는 비즈니스 모델의 유형은 크게 세 가지로 구분할 수 있다. 중개자형_Match Makers_, 관중 동원자형 _Audience Builders_, 비용 절감자형_Cost Minimizers_이 그것이다.

먼저, 중개자형 비즈니스 모델부터 살펴보자. 중개자형은 한마디로 거래 중개를 위한 인프라를 제공하는 플랫폼이다. 아마존, 이베이, 지마켓, 옥션 등의 오픈마켓 플랫폼이 이에 해당한다. 또 물건을 거래하는 것뿐만 아니라 다양한 가치나 정보를 교환할 수 있는 장이 마련되어 있다면 이런 플랫폼 역시 중개자형에 포함된다. 이를테면 구글 플레이스토어나 애플 앱스토어 등의 앱 마켓도 앱 개발자와 사용자의 거래를 중개하는 중개자형 비즈니스 모델이다. 중개자형 모델은 거래가 성사되었을 때 중개 수수료 수익이 발생한다.

관중 동원자형 비즈니스 모델은 많은 사용자를 모은 뒤에 광고를 제공하여 수익을 창출하는 플랫폼을 의미한다. 사실 관중 동원자형 비즈니스 모델을 채택하지 않은 플랫폼이 거의 없을 정도로 플랫폼의 가장 보편적인 모델이다. 구글이나 네이버 같은 검색 포털뿐만 아니라 페이스북, 인스타그램 등의 소셜 네트워크 서비스도 관중 동원자형 모델을 채택했다. 관중 동원자형이 주된 비즈니스 모델이 아니더라도 사용자가 많고 페이지뷰가 높다면 광고를 통해 부가적인 수익을 창출할 수 있다. 대표적으로 오픈마켓 플랫폼에서는 배너 광고, 기획전, 핫딜, 검색 결과 리스팅 등의 다양한 방식으로 상품을 노출해주는 광고 상품을 운용하고 있다.

비용 절감자형 비즈니스 모델은 윈도우즈나 iOS, 안드로이드, 자동차 플랫폼 등 공동 운영체제를 개발하여 비용을 절감하는 플랫폼 유형이다. 모든 스마트폰 제조사들이 스마트폰 운영체제를 제각각 만들 필요가 없다. 오픈소스로 제공되는 안드로이드 같은 운영체제도 매우 뛰어나기 때문에, 제조사들은 각자 개발하기보다는 안드로이드를 자신에게 맞게끔 커스터마이징해서 사용하고 있다. 안드로이드 운영체제를 사용하면서 전 세계의 수많은 제조사들이 엄청난 비용을 절감할 수 있게 되었다.

그렇다면 안드로이드 운영체제를 이끄는 구글에게는 어떤 혜택이 있을까? 기본적으로 지메일, 유튜브, 크롬 등의 구글 제품이 스마트폰에 탑재되어 들어가고, 기본 검색엔진도 구글로 세팅된다. 구글이 모바일 검색 시장을 장악하는 데 이 같은 전략이 큰 역할을 했다. 그 효과는 엄청나서 디지털 광고 시장에서 구글의 시장점유율이 30% 안팎을 차지할 정도로 독보적인 것으로 나타났다. 특히 구글 제품의 스마트폰 선탑재는 구글의 점유율을 지탱해주는 가장 큰 핵심 요인이 되고 있다.

이와 같이 모든 플랫폼의 근간이 되는 거대 플랫폼 위에 전 세계적으로 막대한 영향력을 발휘하는 대형 플랫폼이 존재하고, 또다시 그 위에 중·소규모의 플랫폼이 존재하면서 그들만의 생태계를 구성해나간다. 이들 플랫폼은 플랫폼 참여자 간의 상호작용을 매개로 다양한 비즈니스 모델을 접목함으로써 수익을 창출하고 있다.

단면·양면·다면, 당신의 플랫폼 비즈니스 모델은?

플랫폼의 유형은 플랫폼에 참여하는 그룹들이 어떤 형태로 연결되어 가치를 교환하는지에 따라서도 구분할 수 있다.

앞에서 언급했듯이 플랫폼을 구축하고 운영하는 플랫폼 사업자를 '플랫포머'라고 한다. 구글, 애플, 마이크로소프트, 아마존, 페이스북이 모두 플랫포머에 해당한다. 한편 이미 구축된 플랫폼에 참여하여 활동하고 있는 사업자나 이용자는 '플랫폼 참여자'가 된다. 이베이에서 상품을 판매하는 사업자나 상품을 구매하는 소비자 모두가 플랫폼 참여자다. 플랫폼 참여자는 참여자의 목적에 따라 '플랫폼 참여 사업자'와 '플랫폼 이용자'로 구분된다.

플랫폼은 이 같은 플랫폼 참여자 그룹 간의 연결 형태에 따라 크게 '싱글 사이드 플랫폼single-sided platform(단면 플랫폼)', '투 사이드 플랫폼two-sided platform(양면 플랫폼)', '멀티 사이드 플랫폼multi-sided platform(다면 플랫폼)'으로 분류할 수 있다.

첫 번째로 싱글 사이드 플랫폼은 플랫포머가 콘텐츠나 제품을 구입하여 가공한 후 판매하는 방식의 플랫폼이다. 디지털 콘텐츠 판매자와 같이 플랫폼 사업자가 공급자와의 제휴 관계를 통해 소비자에게 판매하는 형태인 애플의 아이튠즈가 대표적이다. 애플은 기존의 올드 미디어 사업자인 음반 사업자, TV 사업자, 영화 사업자와 협력 관계를 구축하여 디지털 콘텐츠를 아이팟, 아이폰, 아이패드 사용자에게 판매하고 있다. 과거 MP3 플레이어가 기기만 출시하고 끝이었다면, 애플은 자신이 출시한 디지털 디바이스에서 즐길 수 있는 콘텐츠 공급까지 책임지면서 엄청난 혁신을 이루어냈다.

아이튠즈는 디지털 콘텐츠를 유통할 새로운 장인 것이다. 하지만 이베이처럼 디지털 콘텐츠 공급자가 소비자에게 직접적으로 판매하지는 못한다. 애플은 콘텐츠 저작권을 보유하고 있는 음반사나 영화

사, 방송사와 콘텐츠 공급 계약을 체결해 제공한다. 그렇기에 콘텐츠 공급자는 가격을 마음대로 결정할 수 없다. 철저하게 애플에 의해 통제되고 있다. 즉 싱글 사이드 플랫폼은 속성상 일정 부분 폐쇄적인 구조를 가질 수밖에 없다. 그 이유는 일정 수준 이상의 품질을 유지하도록 공급자와 콘텐츠를 관리해야 하기 때문이다. 아이튠즈 사용자도 결국 애플 제품의 사용자로 한정되므로 수요자도 애플에 의해 통제되고 있다고 봐야 한다. 중요한 점은 이처럼 폐쇄형임에도 공급자가 몰린다는 사실이다. 그만큼 아이튠즈가 플랫폼 사업자와 공급자, 수요자 간의 선순환 구조를 만들었고 수익이 보장되는 매력적인 플랫폼이기에 가능한 일이다. 이처럼 싱글 사이드 플랫폼이 성공하기 위해서는 공급자에 대한 플랫폼 사업자의 통제력과 교섭력이 강해야 한다는 사실을 확인할 수 있다.

▌싱글 사이드 플랫폼(단면 플랫폼) 모델

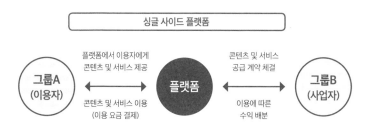

▌투 사이드 플랫폼(양면 플랫폼) 모델

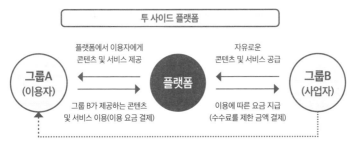

상품 배송 등의 실질적인 콘텐츠 및 서비스 제공

투 사이드 플랫폼(양면 플랫폼)은 이베이나 앱스토어와 같이 플랫폼 사업자가 두 개의 그룹을 연결하여 거래를 중개해주는 형태의 플랫폼이다. 그룹 간의 탐색, 접근, 거래 비용을 낮추는 중개 역할을 수행한다. 공급자와 수요자가 플랫폼을 매개로 노출, 탐색, 소구訴求 *appeal*, 구매 의사결정을 하는 절차로 운영되고, 거래는 공급자와 수요자 간에 이루어진다.

예를 들어 이베이는 수많은 공급자가 상품을 등록하고, 이베이의 일반 회원을 대상으로 상품을 판매하고 있다. 개인이나 기업 할 것 없이 상품을 판매하고자 하는 공급자들은 스토어를 개설하고 자신의 물품을 판매할 수 있다. 물론 스토어에는 등급이 있고, 등급에 따라 판매 물품 개수 등에 차이가 있지만, 원칙적으로 모든 사람에게 개방된 플랫폼이다. 이처럼 대부분의 투 사이드 플랫폼은 플랫폼 참여자에 대해 별다른 제한을 두지 않는다.

투 사이드 플랫폼에서 중요한 것은 공급자와 수요자 두 그룹 간의 상호 교류다. 이 상호 교류를 통해 네트워크 효과가 발생하게 된다. 네트워크 효과란 한 사람의 경험이 다른 사람의 선택에 영향을 미치는 효과로 입소문과 일맥상통하는 개념이다. 네트워크 효과가 힘을 발휘하면 플랫폼은 시너지 효과가 극대화된다.

투 사이드 플랫폼은 연결과 가치 교환의 관점에서 봤을 때 가장 전형적인 플랫폼 유형이다. 비즈니스 모델의 관점에서 싱글 사이드 플랫폼은 사실상 기존 오프라인 상점이나 쇼핑몰과 별반 차이가 없다. 플랫폼을 중심으로 두 개의 그룹이 연결되지만, 플랫폼 사업자의 운영 정책과 운영 방식, 제공 기능에 따라 싱글 사이드 플랫폼으로 정의되기도 하고, 투 사이드 플랫폼으로 정의되기도 한다. 하지만 플랫폼이라고 불리는 대부분은 투 사이드 플랫폼 그 이상을 지향한다. 최근에는 싱글 사이드 플랫폼으로 분류할 수 있는 플랫폼이 거의 없다고 봐도 무방하다.

▎멀티 사이드 플랫폼(다면 플랫폼) 모델

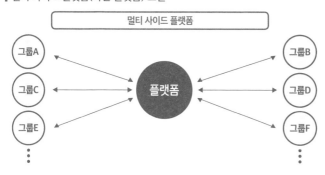

멀티 사이드 플랫폼(다면 플랫폼)은 페이스북과 같이 다양한 이해관계를 가진 여러 그룹을 연결하여 가치 교환을 중개해주는 형태의 플랫폼이다. 페이스북에 게임, 커머스, 아이템, 문서 도구, 광고 등 다양한 종류의 앱이 존재한다. 물론 페이스북에 앱만 존재하는 것은 아니다. 기업들은 비즈니스나 홍보 마케팅을 위해 페이스북에 페이지를 개설하고 소비자와 소통한다. 블로그나 뉴스 사이트들도 페이스북으로 콘텐츠를 확산시키기 위해 소셜 플러그인*Plug-In*인 '좋아요' 버튼을 달거나 '커넥트'를 이용한다. 이제 페이스북 페이지는 콘텐츠 유통 측면에서 없어서는 안 될 존재가 되었다. 페이스북 내에는 누구나 직접 광고를 게재할 수 있는 광고 플랫폼까지 존재한다. 페이스북이라는 플랫폼에는 여러 그룹과 다양한 이해관계자들이 존재한다. 이처럼 최근에는 플랫폼들 대부분이 멀티 사이드 플랫폼을 지향하고 있다. 하나 혹은 두 개의 그룹을 중개하는 것만으로는 창출할 수 있는 시너지에 한계가 있기 때문이다. 플랫폼을 구축하여 운영하다 보면 파생되는 비즈니스들이 생겨나고, 참여 그룹이 늘면서 자연스럽게 멀티 사이드 플랫폼으로 성장해 나가게 된다. 따라서 플랫폼을 준비하고 있다면 무엇보다 멀티 사이드 플랫폼에 주목해야 한다.

플랫폼은 어떻게 돈을 벌까?

최근 가장 각광받고 있는 플랫폼 유형으로는 '모바일 플랫폼, 소셜 플랫폼, 오픈마켓 플랫폼'을 들 수 있다. 이런 플랫폼이 어떤 그룹이 참여하고 있는지, 어떤 가치 교환이 일어나는지, 그리고 플랫폼 사업자가 어떻게 돈을 버는지를 파악해보면 플랫폼 비즈니스를 성공으로 이끄는 인사이트를 발견할 수 있다.

먼저, 첫 번째로 '모바일 플랫폼'을 살펴보자. 한때 'C-P-N-D'라는 말이 유행하던 시절이 있었다. 모바일 비즈니스가 '콘텐츠*Contents*, 플랫폼*Platform*, 네트워크*Network*, 디바이스*Device*'로 이루어진다는 의미다. 모바일 플랫폼은 구글 안드로이드나 애플 iOS와 같은 스마트폰 운영체제를 의미한다. 이 모바일 플랫폼을 중심으로 스마트폰 디바이스를 만드는 삼성전자와 같은 제조사 그룹과 모바일 콘텐츠를 공급하는 다양한 앱 개발사 그룹, 그리고 SKT나 KT와 같은 통신회사 그룹이 모바일 생태계를 이룬다. 물론 각각의 참여 그룹도 자신만의 생태계를 구축해놓고 플랫폼으로서의 역할을 한다. 2G폰으로 대변되는 스마트폰 이전 시대에는 통신회사를 중심으로 모바일 생태계가 구축되었다면, 스마트폰이 출시됨과 동시에 모바일 생태계는 스마트폰 운영체제 중심으로 재편되었다. 한때 삼성전자는 자사의 바다*bada* OS나 여러 기업과 연합하여 공동 개발한 타이젠*Tizen* OS 같은 플랫폼을 개발하여 론칭했지만 별다른 성과를 내지 못했다. 운영체제와 같은 토양 플랫폼을 구축하여 성공시키기가 얼마나 어려운지 확인할 수 있는 대목이다.

모바일 플랫폼은 토양 플랫폼이며, 플랫폼 비즈니스 유형은 비용 절감자형이다. 모바일 플랫폼이 토양이 되어 또다시 수많은 플랫폼이 탄생하여 뿌리를 내리고 구동될 수 있는 기반을 제공한다. 모든 스마트폰 제조사가 운영체제를 별도로 구축할 필요 없이 우수한 운영체제를 이용할 수 있도록 제공함으로써 비용을 절감할 수 있다는 뜻이다. 대신 토양 플랫폼을 제공하는 구글과 같은 플랫포머는 스마트폰 내에 검색, 지메일, 유튜브 등의 구글 제품을 선탑재하여 손쉽게 자사 제품을 확산시킬 수 있다. 플랫폼 사업자와 플랫폼 참여자들이 윈윈 할 수 있는 생태계 조성에 성공한 사례다.

다음으로 두 번째 유형인 '소셜 플랫폼'을 살펴보자. 소셜 플랫폼은 마이스페이스, 페이스북, 트위터, 인스타그램, 유튜브 등의 소셜 네트워크 서비스를 의미한다. 소셜 네트워크 서비스는 소셜 미디어로도 불리며, 콘텐츠를 만들고 전파하는 미디어적인 역할도 수행한다. 소셜 플랫폼은 사람과 사람을 연결해주는 공간이다. 플랫폼에서 사람과 사람이 만나면 다양한 상호작용이 일어나고, 네트워크 효과를 통해 더욱 많은 사람과 연결되며 플랫폼 외부에 있는 사람까지 끌어들이게 된다. 어떤 플랫폼에 많은 사람이 몰리면 기업에서는 자사의 제품이나 서비스, 브랜드를 홍보하기 위해 플랫폼에 참여한다. 기업들도 제품이나 서비스를 홍보하기 위해 직접 콘텐츠를 제작해 공유하기도 하고, 이벤트를 진행하기도 한다. 무엇보다 플랫폼 내의 회원들을 대상으로 광고를 집행해 홍보한다.

페이스북은 소셜 플러그인을 공개해 수많은 웹사이트에서 페이스북 계정으로 로그인하여 활동할 수 있도록 했으며, 웹페이지마다 '좋아요' 버튼을 삽입하고 있다. 소셜 플러그인은 전 세계의 웹페이지들을 유기적으로 연결하는 결과를 가져왔다. 그야말로 소셜 플랫폼의 위력이 아닐 수 없다. 이러한 소셜 플랫폼의 비즈니스 유형은 관중 동원자형이다. 많은 회원을 끌어모은 후에 그들을 대상으로 광고하기를 원하는 기업들이나 개인에게 광고 상품을 판매하여 수익을 창출하는 비즈니스 모델이다.

마지막으로 살펴볼 유형은 '오픈마켓 플랫폼'이다. 이것은 e커머스 플랫폼이라고도 불리며, 판매자와 구매자를 연결해주는 거래 플랫폼이다. 거래를 중개해주는 장으로서의 플랫폼의 속성을 가장 잘 나타내주는 유형이라고 할 수 있다. 전형적인 투 사이드 플랫폼으로 판매자와 구매자가 만나 거래할 수 있도록 마켓플레이스를 마련해준다. 이때 플랫폼 사업자는 마켓을 열어주고 거래에 따른 중개 수수료 수익을 챙긴다. 판매자와 구매자가 만나 끊임없이 거래를 이어갈 수 있는 선순환 구조를 만드는 것은 결코 쉬운 일이 아니다. 구매 욕구를 자극하는 매력적인 상품과 충성도 높은 구매자층이 있어야 가능한 일이다. 또 플랫폼 사업자는 플랫폼을 개방적으로 운영하되, 그룹 간의 거래에는 많이 관여하지 않아야 한다. 그러나 품질이 떨어지는 제품을 판매하거나, 허위 매물을 올려서 판매하는 사업자나, 구매와 취소를 반복하여 판매 행위를 방해하는 악성 소비자에게는 패널티를 부여하는 등의 조처를 취해 플랫폼의 품질 수준을 유지하기 위한 노력을 해야 한다. 플랫폼 사업자가 해야 할 가장 중요한 역할 중 하나다.

오픈마켓 플랫폼 사업자도 거래를 중개하는 것 외에 다양한 수익 모델을 개발한다. 대표적인 예가 제품의 상세 페이지 제작과 마케팅 대행 등이다. 즉 제품의 상세 페이지를 플랫폼 사업자가 제작해주기도 하고, 인플루언서 마케팅을 운영하여 대행해주기도 한다. 플랫폼이 어느 정도 성장 궤도에 오르면 이때부터는 다양한 사업 기회가 생긴다. 하지만 플랫폼이 수직 통합으로 모든 사업을 독점하게 되면 플랫폼에 참여하는 그룹이 피해를 볼 수 있고, 결국에는 플랫폼에 부정적인 영향을 끼칠 수 있다. 따라서 플랫폼 사업자가 새로운 비즈니스 모델을 론칭할 때는 전체 플랫폼 생태계에 미칠 파장에 대해 항상 경계를 늦추지 않아야 한다. 이와 같이 오픈마켓 플랫폼의 비즈니스 유형은 거래 성사를 위한 인프라를 제공하는 중개자형이다. 플랫폼 사업자는 거래가 성사되었을 때 수수료를 받을 수 있으며, 다양한 부가 비즈니스 모델을 운영하여 수익을 창출할 수도 있다.

지금까지 플랫폼의 여러 가지 유형과 사례들을 살펴보았다. 플랫폼을 그저 상품을 거래하는 곳으로만 바라보지 않고, 플랫폼별로 어떤 특성이 있는지 분석해보면 플랫폼 비즈니스를 이해하는 데 많은 도움이 될 것이다.

16

플랫폼 생태계라는
너와 나의 연결고리

최근 우리나라를 비롯하여 전 세계 각국에서 많이 이용하고 있는 사진 공유 플랫폼이라면 단연 인스타그램을 꼽을 수 있다. 그럼 수많은 사진 공유 플랫폼 중에서 유독 인스타그램이 성공할 수 있었던 비결은 무엇일까? 인스타그램은 처음부터 오직 사진만 업로드할 수 있도록 운영 정책을 세웠다. 그리고 사용자가 사진을 손쉽게 보정할 수 있는 다양한 기능을 제공했다. 이렇게 사진에 집중한 전략은 폭발적인 반응을 불러일으켰고, 사진 공유 플랫폼 업계에서 최고의 자리에 오르는 데 크게 기여했다. 이처럼 사업적 기반을 마련한 인스타그램은 현재 동영상도 업로드할 수 있도록 정책을 바꾸어 영역을 확장하고 있다.

그뿐만 아니라 인스타그램은 서비스를 시작한 초기부터 지금까지 외부 링크를 걸 수 없도록 하고 있다. 이 정책은 무분별한 홍보 콘텐츠의 난입을 방지하고, 전체적인 콘텐츠의 품질을 유지하는 데 큰 역할을 했다. 이처럼 사진 공유라는 본래의 목적에 집중할 수 있는 플랫폼 환경은 사용자들을 더욱 끌어들였고 플랫폼에 열광하게 만들었다. 인스타그램의 이러한 노력은 '플랫폼 생태계'를 건전하게 만들기 위한 최상의 시나리오가 아니었을까?

너의 이익이 나의 이익이 되는 에코시스템

앞에서 설명했듯이 플랫폼 비즈니스의 시장 구조는 '플랫폼 사업자(플랫포머)'와 '플랫폼 참여자'로 구성된다. 플랫폼 참여자는 플랫폼에 참여하는 기업과 같은 공급자와 일반 사용자로 구분할 수 있다. 이러한 플랫폼 사업자와 플랫폼 참여자가 모여 플랫폼 비즈니스 시장을 형성하는데, 이때 플랫폼의 성공 여부는 플랫폼 참여자 간의 가치 교환 생태계가 얼마나 잘 조성되었는가에 달렸다.

플랫폼은 흔히 '에코시스템', 즉 생태계에 비유된다. 플랫폼은 복수의 그룹이 모여 거래하거나 가치를 교환할 수 있도록 다양한 기능과 장치를 마련해준다. 플랫포머는 보다 단순하고 편리하게, 그리고 더욱 원활하게 참여자들이 플랫폼에서 활동할 수 있도록 지속적으로 플랫폼을 관리한다. 이때 플랫폼 참여자들은 플랫폼이 정한 규칙 내에서 자유롭게 가치를 교환하는 활동을 한다. 이러한 플랫폼의 특성은 자연환경이 만들어지고 그 안에 생명이 생겨나고, 그들이 유기적인 관계를 만들어 나가며 조화롭게 살아가는 생태계와 무척 닮아 있다.

위키피디아는 생태계에 대해 '상호작용하는 유기체들, 또 그들과 서로 영향을 주고받는 주변의 무생물 환경을 묶어서 부르는 말'이라고 정의하고 있다. 같은 곳에 살면서 서로 의존하는 유기체 집단이 완전히 독립된 체계를 이루더라도, 이를 '생태계'라고 부를 수 있는 것이다. 이 말은 상호 의존성과 완결성이 하나의 생태계를 이루는 데 꼭 필요한 요소라는 의미다. 하나의 생태계 안에 사는 유기체들은 먹이사슬을 통해 서로 밀접하게 연관되어 있다. 이 먹이사슬을 통해 영양물질이 여러 유기체에 걸쳐 순환하며 에너지도 같이 이동하는데, 이런 과정을 거치는 동안 다양한 생태계가 생겨난다.

▍플랫폼 비즈니스의 시장 구조

한마디로 생태계는 구성원과 환경이 밀접하게 연관되어 스스로 유지되고 돌아가는 시스템이다. 이를 플랫폼 관점에서 보면, 에코시스템은 '플랫폼 참여 그룹 간에 원하는 바를 달성하기 위해 플랫폼 사업자가 개입하지 않아도 알아서 흥정하고, 거래하고, 가치를 교환할 수 있도록 구축된 환경'이라고 정의할 수 있다. 이는 누가 시켜서 하는 것이 아니라 서로의 필요에 의해 자연스럽게 흘러가고 유지되면서 생태계를 이루게 된다. 플랫폼을 에코시스템에 비유하는 이유가 바로 여기에 있다.

노키아*Nokia*의 전 CEO인 스티븐 엘롭*Stephen Elop*은 "게임은 기기의 투쟁에서 이제 에코시스템의 전쟁으로 바뀌었다."고 말했다. 과거 그가 노키아를 운영하며 플랫폼 생태계의 중요성을 누구보다 뼈저리게 느낀 장본인이었기에 그 의미가 남다르게 느껴졌을 것이다.

'구글 맵'의 사례를 에코시스템 관점에서 살펴보면 플랫폼의 핵심 개념을 좀 더 쉽게 이해할 수 있다. 구글은 구글 맵 API(응용프로그램 프로그래밍 인터페이스)를 오픈소스로 공개해 사업자나 개발자들이 구글 맵의 지도 데이터를 자신의 서비스에 활용할 수 있도록 했다. 그 덕분에 구글 맵을 활용해 매시업*Mash Up* 서비스를 제공하는 서드파티 서비스는 그 수를 헤아리기조차 힘들 정도다. 부동산, 카풀, 지역 주차 서비스 등 다양한 매시업 서비스가 생기고 있다. 여기서 매시업 서비스란 웹상에서 다양한 콘텐츠와 서비스를 혼합하여 새로운 서비스를 만들어내는 것을 말한다. 이는 기존의 지도 데이터 공급자들이 계약에 따른 이용료를 받고 지도 데이터를 제공하던 방식과 다르다. 에코 시스템 관점에서 보면, 구글은 구글 맵을 모든 사람에게 오픈소스로 공개함으로써 더욱 많은 서비스의 참여를 유도하고, 자사의 맵 플랫폼을 더욱더 표준화된 플랫폼으로 입지를 굳히기 위한 실질적 전략이라고 할 수 있다. 또한 구글 맵을 활용하는 에코시스템 구성원들을 구글 네트워크로 종속시키는 역할도 한다.

에코시스템에서 서드파티 역시 매우 중요한 역할을 담당한다. 이 책 본문에서도 설명했듯이, 서드파티란 공식적으로 하드웨어나 소프트웨어를 개발하는 업체 외에 중·소규모의 독립적인 개발자들을 말한다. 이들이 주어진 규격에 맞추어 제품을 생산하거나 솔루션을 개발하는 것이 서드파티 서비스다. 플랫폼에서 제공하는 API를 활용해 새로운 서비스를 만들어냄으로써 플랫폼이 더욱 많은 사람에게 알려지고, 그로 인해 표준화된 플랫폼으로 성장시키기 때문에 플랫폼에게 서드파티는 매우 중요한 존재다. 서드파티를 통해 네트워크 효과가 크게 발생하기에 서드파티가 에코시스템의 한 축을 담당한다고 볼 수 있다.

마찬가지로 페이스북이 승승장구할 수 있는 이유는 페이스북의 수십억 회원이 즐길 수 있는 수십만 개의 앱이 있기 때문이다. 물론 이러한 앱은 서드파티가 만든 것이다. 무수히 많은 외부 사이트에 적용되고 있는 '좋아요' 버튼과 같은 소셜 플러그인, 그리고 페이스북 계정으로 로그인하여 활동할 수 있도록 지원하는 페이스북 커넥트도 페이스북의 위상을 높이고 있다. 소셜 플러그인과 페이스북 커넥트를 채택한 사이트가 수없이 많아지면서 페이스북은 지구상의 모든 웹사이트를 연결하는 허브 사이트로 자리매김하고 있다.

국내의 모바일 앱 시장 생태계는 카카오를 중심으로 촘촘히 짜여있다. 우리나라 국민 대부분이 카카오톡 이용자이기 때문이다. 카카오는 복잡한 회원 가입 절차 없이 카카오톡 계정으로 로그인할 수 있는 기능을 제공하며, 카카오톡으로 콘텐츠 공유도 가능하다. 그 덕분에 기업들은 카카오톡 채널을 개설하여 소비자와 카카오톡으로 대화하며 쉽게 소통할 수 있게 되었다. 많은 기업이 카카오에 비용을 지불하고 카카오톡을 고객과의 소통을 위한 'CS창구'로 이용하고 있다.

카카오톡을 활용한 새로운 서비스도 속속 등장하고 있다. 카카오톡을 활용한 무인 독서실은 입실 시간과 퇴실 시간을 카카오톡으로 알려준다. 별도의 디바이스 없이 카카오톡으로 알려주므로 비용도 절감되고 관리하기도 쉽다. 이처럼 많은 기업이 고객 알림 서비스를 이메일이나 문자메시지로 하지 않고 카카오톡으로 대체하고 있다. 카카오톡은 메시징 기능뿐만 아니라 코로나19 상황에서 'QR체크인' 서비스도 제공하고 있으며, '카카오인증서'도 제공하는 등 우리 생활 깊숙이 스며들고 있다. 전 국민이 이용하는 카카오톡을 기반으로 한 플랫폼 생태계의 위력을 실감할 수 있는 대목이다.

이와 같이 플랫폼이 에코시스템으로 작동하기 위해서는 플랫폼 구성원 모두가 필요로 하는 가치를 얻을 수 있는 구조여야 한다. 구글 맵의 사례에서처럼 서드파티 개발자는 지도 데이터를 무료로 사용함으로써 새로운 서비스를 저비용으로 개발할 수 있으며, 사용자 입장에서는 유용한 서비스를 골라 이용할 수 있는 장점이 있다. 또한 구글은 플랫폼을 표준화하면서 지역광고와 부분 유료화 등의 전략으로 지속적인 수익 모델을 만들 수 있다. 플랫폼에 관련된 모든 구성원이 윈윈할 수 있는 상생의 구조인 것이다. 너의 손해가 나의 이익이라는 제로섬 게임이 아니라, 너의 이익이 나의 이익이라는 포지티브섬 게임이 바로 플랫폼이 추구하는 에코시스템이다.

'해시태그(#)'와 '좋아요'가 만드는 플랫폼 생태계

그렇다면 구글 맵처럼 성공적으로 에코시스템이 작동할 수 있는 선순환 구조는 어떻게 시작되는 것일까? 좋은 콘텐츠가 있어야 사람이 모이고, 사람이 있어야 좋은 콘텐츠가 모이듯, 선순환의 첫 번째 사이클을 어떻게 만들어낼 것인가가 관건이다. 첫 번째 사이클이 발생하고 네트워크 효과, 즉 입소문이 발생하게 되면 선순환 구조로 발전할 기회를 얻을 수 있다. 구글 맵의 경우는 자체 콘텐츠가 워낙 탁월하기 때문에 서드파티들이 몰려든 사례. 게다가 '구글'이라는 기업에 대한 사람들의 신뢰는 너무 각별해서 다른 플랫폼이 범접할 수 없는 그 무엇이 있었다. 구글이 한다고 하면 무조건 좋다고 하고, 알아서 입소

문까지 내주는 일명 '구글빠'가 엄청나게 많아서 구글의 사례를 다른 플랫폼에 그대로 적용하여 설명하기에는 무리가 있다. 그렇다 하더라도 플랫폼 측면에서 구글 맵이 시사하는 바는 매우 크다.

결국 첫 번째 사이클의 선순환 구조를 만드는 데 가장 중요한 핵심은 킬러 콘텐츠를 확보하는 일이다. 플랫폼에서 킬러 콘텐츠를 확보하여 제공하면, 콘텐츠를 사용하기 위해 이용자들이 모여들고, 이 이용자들이 또다시 다른 양질의 콘텐츠를 불러들인다. 그러면 이때부터 콘텐츠 간의 무한 경쟁 시대가 펼쳐진다. 이러한 무한 경쟁은 또다시 수많은 이용자를 끌어들이는 기폭제가 된다. 따라서 플랫폼 초기에는 먼저 한 그룹을 끌어들여 기반을 만들어야 하고, 그러기 위해서는 그들에게 특별하고도 거부할 수 없는 인센티브를 제안해야 한다.

일례로 마이크로소프트는 윈도우즈 앱 개발자를 모으기 위해 여러 개발자 그룹에게 다방면으로 인센티브를 제공했다. 앱 개발에 필요한 툴을 무료로 제공했으며, 개발자 커뮤니티를 지원하기도 했다. 마이크로소프트는 차세대 운영체제를 개발하면서 관련 기술 정보를 컴퓨터 및 주변기기 제조사에게도 미리 공유함으로써 운영체제가 발표되는 시점에 맞춰 제조사들의 제품도 함께 선보일 수 있도록 지원했다. 이러한 지원 정책은 윈도우즈에서 구동되는 수많은 소프트웨어와 컴퓨터, 그리고 주변기기가 개발되고 유통되는 데 큰 역할을 했다. 이를 기반으로 타의 추종을 불허하는 윈도우즈 사용자층을 확보할 수 있었고, 컴퓨터 운영체제의 표준으로 자리매김하게 되었다.

지마켓과 같은 오픈마켓 플랫폼도 마이크로소프트의 사례와 유사한 방법으로 플랫폼을 성장시켰다. 지마켓은 사업 초기에 판매자들에게 다양한 혜택을 제공했다. 양질의 상품을 보유한 판매자들을 끌어들이기 위해 판매 수수료를 없애거나 또는 낮춰주었다. 다양한 기획전에 초대하는 등 프로모션 행사를 통해 노출 수를 늘려주어 높은 매출을 달성할 수 있도록 배려했다. 이러한 노력 덕분에 지마켓은 양질의 상품을 충분히 확보할 수 있었고, 양질의 상품은 소비자들을 끌어들이는 촉매제 역할을 했다. 이렇게 집결한 양질의 상품이 많은 소비자를 끌어들이면서 더욱더 다양하고 품질 좋은 상품들이 들어오게 되었다. 좋은 콘텐츠가 사용자의 증가를 촉발한 사례다. 이와 같은 선순환 구조의 에코시스템이 만들어지면서 지마켓은 눈덩이가 구르며 커지듯 규모의 경제에 도달할 수 있었다.

에코시스템의 선순환 구조를 만드는 과정에서 무엇보다 중요한 점은 기업마다 보유한 핵심 역량을 최대한 활용해야 한다는 것이다. 이용자가 많은 서비스를 운영하고 있다면, 이용자를 발판 삼아 서비스 공급자를 끌어들여 플랫폼을 구축할 수 있다. 반대로 서비스 공급자에 대한 장악력이 있고 네트워크가 구축되어 있다면, 서비스 공급자를 발판 삼아 플랫폼을 구축하여 이용자를 끌어들임으로써 성공적으로 플랫폼을 운영할 수 있다. 무에서 유를 창조하는 식으로 아무것도 없는 상태에서 플랫폼을 성공시키기는 어렵다. 자신이 현재 진행하고 있는 사업과 연관성이 높은 플랫폼 유형을 선택하고, 기존 사업과 시너지를 낼 수 있는 구조로 만드는 전략이 중요하다는 뜻이다.

　이렇듯 플랫폼은 선순환 구조의 에코시스템을 어떻게 만들어내느냐에 따라 성패가 나뉜다. 이것은 크게는 운영 정책이 될 수도 있고, 작게는 기능에 변화를 주는 방식일 수도 있다. 이를테면 운영 정책은 수수료율을 조정하는 등의 방식이 있으며, 기능에 변화를 주는 것은 플랫폼 참여자들이 플랫폼 내에서 사용하는 기능에 독창성이나 편의성을 부여하는 것이다.

　앞에서 예로 들었듯이 인스타그램은 사업 초기에는 사진만 업로드할 수 있도록 운영 정책을 세웠다. 그러면 또 다른 사진 공유 플랫폼으로 유명한 플리커Flickr와는 어떻게 달랐을까? 인스타그램은 누구나 사진을 손쉽게 보정할 수 있는 다양한 기능을 제공하여 폭발적인 반응을 이끌어냈다. 젊은 층에게 흥미를 불러일으킬 수 있는 스타일리시한 사진 콘텐츠를 사용자가 직접 만들 수 있도록 했다. 또한 '해시태그(#)'를 이용해서 내가 업로드한 사진이 보다 많은 사람에게 도달하도록 했다. 이는 팔로워 수가 적어도 불특정 다수의 반응을 이끌어내기가 수월하기 때문에 콘텐츠를 공유하는 재미를 선사할 수 있었다. 인스타그램만의 이런 특화된 전략이 한마디로 젊은 층에게 먹히면서 최고의 사진 공유 플랫폼이 될 수 있었다.

　현재 동영상 공유 플랫폼의 경우 유튜브 천하가 되었지만, 비메오Vimeo가 동영상 스트리밍 업계의 틈새시장을 공략하면서 독자적인 영역을 구축하고 있다. 비메오는 과도한 광고를 자제하고, 고화질의 동영상이 끊김 없이 재생될 수 있는 서비스를 제공한다. 보다 가치 있는 동영상 콘텐츠를 제공하기 위해 콘텐츠 제작자들과 협업 프로젝트도 진행한다. 이러한 양질의 콘텐츠는 시청자들을 끌어모으고, 이렇게 모인 시청자들이 또다시 양질의 콘텐츠를 모으는 선순환을 만들어내고 있다.

페이스북은 몇 년 전까지만 해도 '좋아요' 버튼만 제공하고(즉 좋아하는 감정만 표현할 수 있었다.), 부정적인 감정을 나타내는 이모티콘은 지원하지 않았다. 하지만 최근에는 좀 더 다양한 감정을 표현할 수 있는 이모티콘을 제공하고 있다. 흥미로운 점은 '좋아요' 버튼이 소셜 플러그인의 기능 외에도 플랫폼 내에서 굉장히 긍정적인 효과를 발휘해왔다는 것이다. 사람들은 자신이 좋아하는 콘텐츠에 '좋아요' 버튼을 눌러 관심을 표시하고, 한편 싫어하는 콘텐츠에 대해서는 반응할 수 없었다. 그렇다 보니 많은 사람이 호의적으로 페이스북에서 활동할 수 있었다. 이러한 '좋아요' 버튼과 같이 아주 사소한 기능 하나가 오늘날의 페이스북을 있게 한 원동력이 된 셈이다.

이와 같이 성공한 플랫폼을 살펴보면 선순환 구조의 에코시스템이 잘 작동하고 있음을 확인할 수 있다. 어떻게 하면 다양한 그룹의 참여자들이 모여 서로가 만족할 만한 가치 교환이 이루어지게 할 수 있을까? 이 물음에 대한 답이 바로 플랫폼의 경쟁력이다.

17

성공을 부르는
플랫폼 전략

구글, 아마존, 애플, 페이스북은 자신의 영역에서 최고의 위치에 오른 글로벌 플랫폼이다. '검색' 하면 구글이 떠오르고, '커머스' 하면 아마존, '애플' 하면 스마트폰, '페이스북' 하면 소셜 미디어가 떠오를 만큼 전 세계인에게 절대적인 존재로 각인되어 있다. 지금은 세계 1위 자리를 쉽게 내주지 않고 있지만, 이들 기업에게도 현재의 위치에 오르기 위한 눈물겨운 성공 스토리가 있었다. 플랫폼을 구축해 성공에 이르는 것은 절대로 쉬운 일이 아니다.

아마존은 인터넷서점으로 시작하여 지금은 종합 쇼핑몰로 변모했다. 아마존은 '롱테일 법칙 *Long Tail theory*'으로 온라인 커머스가 성공할 수밖에 없는 이유를 보여주었다. 롱테일 법칙은 80 대 20 법칙으로 더 잘 알려진 '파레토 법칙Pareto's law'과는 반대로, 80 %의 주목받지 못하는 다수가 20 %의 핵심적인 소수보다 뛰어난 가치를 창출한다는 이론이다. 오프라인에서는 가판대에 진열할 수도 없는 잘 팔리지 않는 책들이 온라인에서는 조금씩이라도 팔리게 마련이다. 거의 무한대로 상품을 등록할 수 있기 때문이다. 이렇게 조금씩 팔리는 책이라 해도 그런 책들의 판매량을 모아보면, 많이 판매되는 주류 상품과 대등한 판매량을 기록한다는 것이다. 롱테일 법칙은 시공간의 한계가 없는 온라인의 장점을 가장 잘 설명해주는 원리라 볼 수 있다.

센세이션을 불러일으킨 아마존도 한동안 매년 적자에 허덕였다. 자사의 운영 방식에 회의론이 제기되었을 법도 한데 굳건하게 갈 길을 갔다. 그렇게 아마존은 13년 동안의 투자 끝에 드디어 흑자 전환에 성공했고, 지금은 전 세계에서 가장 큰 e커머스 플랫폼이 되었다. 흑자 전환을 이룬 데에는 아마존 클라우드 서비스의 역할이 큰 몫을 했지만, 아마존이 구축해놓은 인프라가 있었기에 가능한 일이었다. 이제 아마존은 인공지능을 이용한 상품 추천 기능, 드론을 이용한 배송 서비스 등 혁신적인 서비스를 계속해서 내놓고 있다.

그렇다면 성공하는 플랫폼을 구축하기 위해서는 어떤 전략을 펼쳐야 할까? 아마존의 사례처럼 이미 성공한 플랫폼 기업들의 전략을 하나하나 살펴보며 그곳에 숨은 힌트를 발견해보자.

성공한 플랫폼의 조건

우리가 살고 있는 이 세상에는 무수히 많은 플랫폼이 존재한다. 플랫폼의 속성을 들여다보면 플랫폼이 아닌 것이 거의 없을 정도다. 특히 정보통신기술이 발달하면서 시간, 공간, 비용 등의 한계에 부딪혔던 수많은 플랫폼이 무한대의 가능성을 갖게 되었다. 스마트폰, 태블릿PC 등의 스마트 기기가 대중에게 급속히 확산되고, 소셜 네트워크 서비스를 통해 모든 것이 연결되는 시대로 발전하면서 이런 가능성은 더욱 현실화되고 있다. 하지만 이렇게 무수히 많은 플랫폼 가운데 크게 성공한 플랫폼은 극소수다.

그렇다면 모든 사람이 인정하는 '성공한 플랫폼'으로 불리기 위한 조건은 무엇일까? 아울러 플랫폼을 구축할 때는 어떤 부분에 주안점을 둬야 할까?

먼저, 성공한 플랫폼은 시장에서 막강한 '지배력'을 행사한다는 특징이 있다. 성공한 플랫폼은 다른 경쟁자가 넘볼 수 없는 독점적 지위를 누리기 때문에, 수많은 기업이 플랫폼 비즈니스를 하기 위해 혈안이 되어 있다. PC 운영체제 시장을 장악하고 있는 마이크로소프트의 예만 보더라도 플랫폼의 위력을 실감할 수 있다. 윈도우즈가 PC 운영체제 시장에서 독점적인 위치를 차지한 이후 소프트웨어 시장뿐만 아니라 PC와 주변기기 등 컴퓨터 산업 전반에 걸쳐 영향력을 행사하게 되었기 때문이다. 최근에는 마이크로소프트가 모바일 시장에서 고전

중인 데다가 맥북, 아이폰 등의 성장세에 힘입어 애플 iOS의 시장점유율이 높아지면서 지배력을 많이 상실하기는 했다. 하지만 컴퓨터 시장에서만큼은 마이크로소프트가 여전히 건재하다. 그만큼 성공한 플랫폼의 지배력은 막강하다.

성공한 플랫폼은 '락인 효과' 또한 탁월하다. 비슷한 플랫폼이 생겼다고 하여 바로 고객의 이탈이 발생한다면, 이는 성공한 플랫폼이라 보기 어렵다. 사람들이 마이크로소프트의 독점을 비난하면서도 윈도우즈를 버리지 못하는 이유는 이미 윈도우즈 기반의 라이프 스타일에 길들었기 때문이다. 윈도우즈는 마이크로소프트 오피스와 같은 훌륭한 킬러 콘텐츠를 보유하고 있고, 그 외에도 다양한 소프트웨어와 주변기기들을 갖추고 있다. 킬러 콘텐츠와 잘 갖추어진 생태계는 다른 운영체제로 쉽사리 옮겨가지 못하게 한다.

페이스북도 마찬가지다. 어떤 플랫폼이 페이스북보다 월등히 좋은 기능을 제공한다면 몰라도 비슷한 수준이라면 옮길 이유가 없다. 특히 다른 소셜 네트워크 서비스로 이동한다면 페이스북에 이미 구축해 놓은 친구 관계망을 포기해야 하기에 사용자는 쉽지 않은 결정을 내려야만 한다. 물론 페이스북과 다른 소셜 네트워크 서비스를 동시에 이용할 수는 있겠지만 페이스북을 완전히 버리기는 쉽지 않다. 이처럼 성공한 플랫폼은 고객이 쉽게 이탈하지 못하도록 잠금장치 역할을 하는 기능들을 갖추고 있다. 이 같은 잠금장치가 플랫폼 입장에서는 바로 킬러 콘텐츠인 셈이다.

무엇보다 성공한 플랫폼은 '선순환 구조 혹은 상생의 생태계'가 구축되어 있다. 여러 번 강조했듯이 생태계는 플랫폼의 가장 기본이자 핵심이다. 그룹과 그룹이 만나고 거래할 수 있는 장을 마련해준 것만으로 막대한 수익이 발생하는 플랫폼이라면 성공한 플랫폼으로 불리기에 충분하다. 만약 상생의 생태계를 구축하는 데 실패했다면 더 이상 플랫폼이라 부르기는 어렵다고 봐야 한다. 플랫폼은 중간자적 입장에 놓여 있다. 그룹과 그룹 간에 일방적으로 착취하거나 또는 착취당하는 구조라면 이 또한 플랫폼이라 부를 수 없다. 이렇게 부적절한 구조라면 성공할 수도 없거니와 성공하더라도 오래갈 수 없다. 플랫폼은 참여 그룹 모두가 상생할 수 있는 구조를 만듦으로써 성공에 다다를 수 있다.

또 성공한 플랫폼은 '네트워크 효과'를 통해 스스로 성장해 나간다. 세계 최대의 소셜 플랫폼인 페이스북이 대표적이다. 페이스북은 별도로 광고하지 않아도 회원 수가 계속해서 증가하고 있다. 회원 스스로가 지인들에게 알아서 홍보해주고, 고객이 스스로 찾아오기도 한다. 자신이 페이스북에서 활동한다고 지인들에게 입소문을 내면, 지인들도 함께 활동하기 위해 페이스북에 가입하는 식이다. 이렇게 형성된 개개인의 소셜 네트워크는 또다시 다른 고객을 끌어들이는 촉매제가 된다. 이러한 네트워크 효과는 페이스북 회원의 증가 속도를 가속화한다. 결과적으로 페이스북은 회원 확보에 대한 걱정을 덜 수 있고 플랫폼 고도화에 매진하면 된다. 이처럼 성공한 플랫폼으로 불리기 위해서는 플랫폼이 직접 나서지 않더라도 고객과 고객 간의 네트워킹을 통해 스스로 성장해 나가야 한다.

성공한 플랫폼은 '규모의 경제'와 '범위의 경제'를 실현함으로써 경쟁 우위를 확보했다는 특징이 있다. 규모의 경제가 특정 재화나 서비스의 생산량이 증가함에 따라 유발되는 비용 절감 효과라면, 범위의 경제는 두 개 이상의 재화를 생산할 때 얻는 비용 절감 효과를 의미한다. 성공한 플랫폼은 사용자 수가 증가하면서 매출이 기하급수적으로 늘어나는 한편, 비용 절감 효과가 발생하면서 비용은 큰 폭으로 늘지 않아 수익 확대 폭이 커진다. 이미 성공한 상태이기 때문에 막강해진 시장 지배력과 자금 동원력으로 후발 주자를 견제할 수 있는 다양한 전략을 구사할 수도 있다. 심지어 가격을 낮추거나 무료로 전환하여 후발 주자를 고사시킬 수도 있으며, 일시에 엄청난 마케팅 비용을 쏟아부어 경쟁자의 숨통을 조일 수도 있다. 그만큼 성공한 플랫폼은 진입 장벽을 높게 만들어 경쟁자의 출현을 원천적으로 봉쇄하는 힘을 갖게 된다.

마지막으로, 성공한 플랫폼은 고객의 머릿속에 'A는 B다'라는 식으로 기억됨으로써 해당 분야의 '대표 브랜드'로 인식되는 특징이 있다. 대개 플랫폼이 속해 있는 산업 분야에서의 인지도가 높게 나타난다. e커머스 하면 아마존이 생각나고, 스마트폰 하면 아이폰이 생각나고, 검색 하면 구글이 생각나는 것처럼 말이다. 'Googling(구글링)'이라는 신조어가 '인터넷에 검색해보다'라는 의미로 통칭되면서, 영어 사전에 정식 명칭으로 등록된 것을 보면 시사하는 바가 매우 크다. 플랫폼이 고객의 머릿속에 각인되면 고객의 탐색 비용을 최소화하는 효과도 발생한다. 성공한 플랫폼은 대중의 사랑을 받으면서 다른 경쟁자가 넘볼 수 없는 브랜드 가치를 얻게 되는 것이다. 즉 성공한 플랫폼으로 자리매김하기 위해서는 대표 브랜드로서 고객의 사랑을 받아야 한다.

이와 같이 성공한 플랫폼의 조건에 대해 살펴봤지만, 모든 플랫폼이 성공할 수는 없다. '플랫폼' 하면 머릿속에 자연스럽게 떠오를 정도로 성공한 플랫폼은 일부에 불과하다. 그렇다고 성공한 플랫폼 이외의 플랫폼이 실패했다고도 이야기할 수는 없다. 플랫폼으로서의 작은 성공도 가치가 있고, 업계에서 살아남는다는 것 자체로도 의미 있는 일이다. 전체 시장 규모의 1%만 차지하는 소규모 플랫폼이라도 틈새 시장에서 자신만의 생태계를 구축하고 있다면 존재 가치는 이미 충분하다.

최고의 플랫폼에서 찾은 플랫폼 구축 전략

성공하는 플랫폼을 구축하려면 무엇보다 자신의 비즈니스 모델을 분석하고, 가장 잘할 수 있는 부분과 플랫폼을 구축했을 때 시너지를 낼 수 있는 부분에 대해 면밀히 고민해야 한다. 또한 사회 변화와 기술 변화, 라이프 스타일의 변화와 같이 거시적인 흐름도 파악해야 성공하는 플랫폼에 바짝 다가갈 수 있다.

실질적으로 이 같은 플랫폼을 구축하기 위해서는 플랫폼 도메인(기업의 사업 분야를 '도메인'이라고 일컫는다) 선정, 타깃 고객 그룹 결정, 타깃 고객에게 제공할 수 있는 가치 찾기, 시스템 구축 단계를 거쳐야 한다.

먼저, '도메인 선정'에 대해 알아보자. 사업 분야는 명확히 결정해야 한다. 자신의 비즈니스 모델을 분석하여 자신이 가장 잘할 수 있는 분야를 선택해야 한다. 자신만의 특유한 경쟁력이 무엇인지 찾아내 그곳에 뿌리를 내리고, 이를 중·장기적인 플랫폼으로 발전시키는 것이 핵심이다. 만약 경쟁력이 뚜렷하지 않다면 시장을 효율화할 수 있는 그 무엇을 찾아야 한다. 즉 이제까지 없던 극단적인 개방성에서 답을 찾아야 할 수도 있다. 가장 잘할 수 있는 분야를 선택하면 실패 확률을 줄일 수 있겠지만, 진정으로 하고 싶은 분야가 있다면 과감하게 도전할 필요도 있다. 자신이 보유한 핵심 역량에서 출발하는 것도 중요하지만, 아이러니하게도 성공한 혁신적인 플랫폼은 전혀 새로운 아이디어에서 출발한 경우가 많다. 기존에 없던 시장을 새롭게 만들어내는 혁신이 있어야만 세상을 뒤흔들 정도로 성공한 플랫폼을 구축할 수 있다.

플랫폼 도메인을 설정했다면, 그다음에는 '타깃 고객'을 결정해야 한다. 플랫폼은 가치 교환의 필요가 일치하는 서로 다른 그룹과 그룹이 만날 수 있는 장을 마련해주는 존재이기에, 타깃 고객을 어떻게 결정하느냐에 따라 플랫폼의 방향은 완전히 달라진다.

타깃 고객을 결정했다면, 이제 플랫폼이 제공할 수 있는 '가치'를 찾아야 한다. 이를테면 그룹과 그룹 간의 거래를 중개할 수도 있고, 관계를 형성하게 하거나 증진시킬 수도 있으며, 사용자의 참여를 끌어낼 수도 있다. 이러한 가치를 찾으면 타깃이 되는 고객층을 더욱 명확히 정의할 수 있다.

타깃 고객을 정하고 이들에게 제공할 수 있는 가치를 찾았다면, 그다음에는 가치를 구현하기 위한 시스템을 구축해야 한다. 시스템이 구축되면 비로소 플랫폼이 가시화되기 때문에 그 실체를 확인할 수 있다. 시스템을 구축하기 위해서는 먼저 세부 기능을 정의해야 한다. 세부 기능은 플랫폼이 제공하고자 하는 가치를 보다 쉽고, 보다 효율적으로 구현할 수 있는 방향으로 접근해야한다. 이 과정에서는 그룹 간의 교류가 활발하게 일어날 수 있는 기능을 구현하는 것이 중요하다. 플랫폼 참여 그룹 간의 교류가 활발하고 상호작용이 많아지면 네트워크 효과가 연쇄적으로 발생하면서 선순환이 일어나기 시작한다. 그러면 자가 증식하듯 플랫폼이 성장하게 된다. 이를 위해 페이스북의 '좋아요' 버튼과 같이 단순해도 강력한 효과가 있는 기능을 갖춘다면 더욱 좋다.

이러한 단계를 거쳐 플랫폼이 구축되면 가격 전략과 비즈니스 모델을 정립하여 세상에 나갈 준비를 마치게 된다. 최종 단계에서는 홍보 및 마케팅 전략 등 플랫폼을 활성화하는 전략을 세워 본격적으로 고객 그룹을 확보하기 위한 활동에 나선다.

위에 소개한 플랫폼 구축 전략은 가장 일반적인 예를 소개한 것이다. 좀 더 전문적인 플랫폼 구축 전략에는 폭포수 모델*Waterfall Model*, 애자일*Agile* 방법론, 린*Lean* 소프트웨어 개발, 그로스해킹*Growth Hacking* 등 여러 가지 방법론이 있다. 플랫폼을 구축하고자 한다면 더욱 다양한 전략을 연구하여 자신에게 맞는 전략을 세밀하게 수립해야 한다.

과거 웹 2.0 시대에 '영원한 베타'라는 말이 유행한 적이 있었다. 베타 오픈이란 완성된 단계의 정식 서비스 공개를 앞두고 테스트할 목적으로 오픈하는 단계를 말한다. 따라서 '영원한 베타'란 영원히 완성품이 없다는 것을 뜻한다. 단순히 소프트웨어나 웹사이트를 수정하고 보완해서 버전 업*version up* 한다는 의미가 아니라, 고객의 요구와 변화하는 시대 흐름에 맞추어 플랫폼도 끊임없이 업데이트되어야 하기에 완성 단계에 이를 수 없다는 의미다. 이처럼 플랫폼은 영원한 베타다.

삼성경제연구소에서 발표한 '성장의 화두, 플랫폼'(2010년)이라는 보고서는 플랫폼을 구축하는 데 필요한 통찰을 일목요연하게 전해준다. 그중 알아두면 좋을 '플랫폼 구축 5계명'을 발췌하여 다음과 같이 정리해보았다.

첫 번째로, 가치 있는 플랫폼을 발굴해야 한다. 기업이 보유한 자산 중 가장 가치 있고, 폭넓게 활용해야 할 것이 무엇인지 파악하여 이를 플랫폼으로 선정해야 한다.

두 번째로, 참여에 대한 인센티브를 제공해야 한다. 초기에 일정 수준 이상의 공급자와 고객을 확보하기 위한 인센티브를 제공함으로써 생태계를 활성화할 수 있다.

세 번째로, 개방하고 확장해야 한다. 기업 내부에서만 사용하던 핵심 자산을 외부 업체에 개방하여 플랫폼의 가치를 높여야 한다.

네 번째로, 단기 수익을 추구하지 말아야 한다. 플랫폼 구축과 운영에는 많은 시간과 비용이 소요되므로 장기적인 관점에서 이윤을 추구할 필요가 있다. 조바심 때문에 단기 수익을 추구하게 되면 꽃을 피워보지도 못한 채 시들어버릴 수 있으므로 주의해야 한다.

다섯 번째로, 급격한 양적 성장을 경계해야 한다. 외부 업체의 참여가 급격하게 늘어나면 전체적인 품질이 저하될 소지가 있다. 품질이 좋은 제품을 제공하는 공급사도 있겠지만, 그렇지 않은 공급사도 있게 마련이다. 공급사가 급격하게 늘어나면 이들을 효율적으로 관리하기가 힘들어져 품질 저하가 불가피하다. 전체적인 품질은 유지하면서 점진적으로 양적 성장을 추구해야만 플랫폼이 성공할 수 있다.

플랫폼을 구축할 때 이와 같은 플랫폼 구축 5계명을 잘 이해하고 자신의 플랫폼에 적용한다면 성공 확률이 더욱 높아질 것이다.

18

어떤 플랫폼으로
시작해야 할까?

플랫폼은 디지털 기술의 발달과 함께 급속도로 고도화되고 있다. 하지만 플랫폼이 아무리 발전하여 혁신적인 기능을 제공한다 해도 그 안에 '참여자'가 없다면 무용지물일 것이다. 플랫폼은 참여자들 간의 생태계가 조성되어야만 성공할 수 있다. 이처럼 플랫폼에서 참여자의 역할은 매우 중요하지만 이들이 제대로 대우를 못 받는 것 또한 부정할 수 없는 사실이다. 참여자들이 플랫폼의 활성화에 기여했더라도, 플랫폼이 활성화된 이후에는 주도권이 플랫폼 사업자(플랫포머)에게 넘어가기 마련이다.

일례로 애플은 앱스토어에서 스마트폰 중독 방지용 앱을 자의적으로 삭제하고 기능을 제한하는 조치를 취한 정황이 드러나면서 반독점법 위반 혐의로 소송을 당한 바 있다. 2018년 9월에 배포한 애플 iOS 12에 자체 개발한 스크린 타임*screen time* 앱과 어린이의 아이폰 사용을 제한할 수 있는 앱을 추가한 이후, 같은 기능을 제공하는 다른 앱을 강제로 없애거나 앱스토어 검색 목록에서 삭제해 논란이 되었다. 이것은 플랫폼이 자체 서비스의 이용률을 높이기 위해 앱 마켓의 플랫폼 중립성을 해친 사례다. 만약 플랫폼 참여자가 이런 불이익을 당하면 비공개적으로 플랫폼에 이의를 제기하여 시정을 요구할 수 있다. 또는 언론에 문제를 제기함으로써 공개적으로 플랫폼의 부당함을 알리거나, 소송을 제기하는 등의 방법으로 대응할 수도 있다. 플랫폼 참여자도 플랫폼 참여 전략을 세우고 전략적으로 접근해야 불이익을 최소화할 수 있다. 플랫폼만 믿고 있다가는 어느 한순간에 위기가 찾아올 수도 있음을 기억해야 한다.

어떤 플랫폼이 나에게 맞을까?

세상 모든 사람이나 기업이 구글, 이베이, 아마존과 같은 성공한 플랫폼을 구축할 수도 없고, 그럴 필요도 없다. 극소수만이 플랫폼 사업자로 큰 성공을 거두는 것이 현실이지만, 생존에 성공한 중·소규모의 플랫폼 사업자도 추앙받을 자격이 충분하다. 대다수 참여자는 성공한 플랫폼에 참여하여 가치를 교환함으로써 사업을 꾸려나간다. 성공한 플랫폼을 잘 활용하기만 해도 자신의 비즈니스를 성공으로 이끌 수 있다. 그럼 어떻게 하면 플랫폼에 참여하여 성공할 수 있을지 좀 더 전략적으로 살펴보자.

플랫폼 비즈니스는 플랫폼을 구축하는 전략만이 아니라, 플랫폼에 '참여'하여 플랫폼을 이용하는 전략도 매우 중요하다. 플랫폼은 자체로 이윤을 추구하는 기업이므로, 이익을 극대화하기 위해 노력할 수밖에 없다. 지금은 플랫폼이 공짜이거나 수수료가 저렴하다 할지라도 언제까지나 퍼주지만은 않는다. 플랫폼이 성공 궤도에 들어서 어느 시점이 되면 다양하고 교묘한 방법으로 조금씩 야금야금 비용을 거둬들이게 마련이다.

대부분 플랫폼 참여자는 '시장 주도적 플랫폼, 방어적 플랫폼, 중·소규모의 플랫폼'에 참여하여 비즈니스를 운영한다. 여기서 시장 주도적 플랫폼이란 끊임없는 도전으로 혁신을 일으키며 시대를 선도하는 플랫폼이고, 방어적 플랫폼은 선두 플랫폼 바로 아래에 위치하면서 방어적으로 시장점유율을 유지하는 플랫폼이다.

플랫폼 참여자는 이 같은 플랫폼에 참여하여 잘 활용하기만 하면 고객이 확보되지 않은 상황에서도 당장에 수익을 발생시킬 수 있다는 이점이 있다. 독립 쇼핑몰을 구축하여 상품을 판매할 경우 수익이 발생하기까지 많은 시간과 비용이 필요하지만, 성공한 e커머스 플랫폼인 이베이나 아마존에 입점해서 판매하면 상품 등록과 동시에 전 세계인을 대상으로 판매할 수 있다.

하지만 구체적인 전략 없이 플랫폼에 참여했다가는 플랫폼의 살만 찌워주고 독자적인 사업 인프라를 구축하는 것은 실패하기 쉽다. 이렇게 되면 계속해서 플랫폼의 지배를 받아야 하고, 플랫폼의 부당한 요구에도 제대로 대응할 수 없는 악순환을 겪을 수 밖에 없다. 즉 플랫폼 참여 전략을 세밀하게 수립해야 플랫폼 비즈니스를 통해 성공할 수 있다는 뜻이다. 플랫폼 참여 전략은 지금 눈앞의 수익보다는 플랫폼을 이용해 자신의 비즈니스를 어떻게 성장시킬 것인가에 초점을 맞춰야 한다.

그렇다면 플랫폼 참여 기업의 경우는 어떤 전략을 실행해야 하는지 살펴보도록 하자. 플랫폼 참여 전략은 기업의 상황에 따라 천차만별이다. 강력한 브랜드 파워와 고객 기반을 가지고 시장을 선도하는 기업과 그렇지 않은 기업의 전략이 같을 수는 없다. 가장 중요한 것은 플랫폼과 교섭할 수 있을 정도의 힘이 있느냐 없느냐다. 시장을 선도하는 기업이 어떤 플랫폼에 참여하느냐에 따라 경쟁 구도가 바뀔 수 있기 때문에, 시장 선도 기업의 거취는 플랫폼 사업자에게도 매우 중요한 일이다.

일례로 삼성전자는 세계적인 스마트폰 제조사로서 스마트폰 시장을 선도하고 있다. 이때 구글 안드로이드와 마이크로소프트 윈도우즈 입장에서는, 삼성전자가 어떤 스마트폰 OS 플랫폼을 채택하느냐에 따라 자사의 플랫폼 생태계가 받는 막대한 파급 효과를 생각하지 않을 수 없다. 이런 경우는 플랫폼 사업자보다 플랫폼 참여자가 주도권을 잡게 된다. 물론 이렇게 막강한 영향력을 행사할 수 있는 플랫폼 참여자가 많지는 않지만, 플랫폼이라고 해서 교섭 자체가 불가능할 것이라고 생각할 필요는 없다.

삼성전자 같은 시장 선도 기업에 반해 시장을 추종하는 일반적인 기업의 플랫폼 참여 전략은 수동적일 수밖에 없다. 대부분 플랫폼 기업과 교섭 자체가 힘든 부분이 많아 플랫폼이 정해놓은 규칙에 따라야 한다. 하지만 플랫폼과의 교섭이 힘들더라도 어떤 플랫폼에 참여할지는 선택할 수 있다. 플랫폼 참여자는 자신이 처한 상황과 플랫폼의 특성을 잘 파악하여 자신의 비즈니스와 가장 잘 맞는 플랫폼을 선정해 참여하면 된다. 플랫폼마다 보유한 고객이 다르고, 운영 정책이 다르고, 수수료율이 다르므로 면밀히 비교 분석해볼 필요가 있다. 참여할 플랫폼을 선정하는 데 신중해야 하는 이유다. 물론 여러 개의 플랫폼에 동시에 참여할 수도 있다. 이때는 여러 개의 플랫폼을 유지·관리해야 하는 멀티호밍 비용이 발생하기 때문에 손익 관계를 잘 따져봐야 한다. 여러 개의 e커머스 플랫폼에 상품을 등록해서 판매할 경우 플랫폼에서 발생하는 이익보다 운영 인력에 지출되는 인건비가 더 드는 상황이 발생할 수 있기 때문이다.

성공한 플랫폼에 참여하면 독자적으로 고객 기반을 확보하지 않아도 수익을 발생시킬 수 있기에 언뜻 별다른 문제가 없어 보이지만, 비즈니스가 성장하기 위해서는 플랫폼을 이용해 성장할 수 있는 쪽에 초점을 맞춰야 한다. 그렇지 않으면 하루 벌어 하루 먹고사는 형태의 비즈니스가 고착화될 수 있다. 즉 플랫폼에 참여하면서 독자적으로 브랜드를 구축하거나, 고객을 확보하는 등의 노력을 기울여 자사만의 서비스를 키워나가야 한다.

플랫폼에서 똑 부러지게 살아남는 법

대부분의 플랫폼 참여 전략은 단기적으로 성과를 내는 데 초점을 맞추지만, 성장을 위해서는 장기적인 로드맵을 반드시 수립해야 한다. 우선 참여할 플랫폼을 비교 분석하여 자신의 비즈니스와 가장 잘 맞는 플랫폼을 선정한 후에는, 플랫폼에 참여하여 수익을 발생시킬 수 있는 단기 전략을 수립한다. 그리고 단기적인 수익에 만족하지 않고 장기적인 관점에서 자신의 독자적인 서비스를 성장시킬 수 있는 전략을 수립해야 한다. 반드시 독자적인 서비스를 운영하면서 플랫폼 내에 구축된 고객을 자신의 서비스로 옮겨올 필요가 있다. 이러한 방식으로 플랫폼 의존도를 조금씩 낮춰나가야 한다. 그렇지 않으면 어느 시점에 고객을 관리하거나 통제하는 능력을 완전히 상실하여, 플랫폼이 없으면 비즈니스를 운영할 수 없을 정도로 플랫폼에 의존하게 된다.

여기서 문제는 플랫폼 참여자가 플랫폼에 대해 제대로 파악하기가 쉽지 않다는 점이다. 정보 비대칭 문제가 발생하기 때문이다. 플랫폼의 가치를 판단할 때, 주로 플랫폼이 제공하는 자료나 언론에서 보도한 뉴스 기사를 참고하는 수준이기에 참여자가 올바른 결정을 내리기가 어렵다. 또한 참여자가 플랫폼 내부 데이터에 접근할 수 없기 때문에 플랫폼이 공급자나 수요자보다 우월한 위치를 차지할 수 있는 요인이 된다. 그렇기에 플랫폼 참여자는 플랫폼에 입점하면 사업을 운영하면서 반드시 데이터를 축적해야 한다. 어떤 상품이 인기가 좋은지, 구매 전환은 잘 이루어지는지, 광고 효과는 좋은지, 고객 성향은 어떠한지에 대해 간단하면서도 다양한 실험을 해나가며 플랫폼을 파악해야 한다. 이러한 과정을 거쳐 플랫폼에 대해 깊이 있게 파악해놓으면 계속해서 현재의 플랫폼에 참여할지, 아니면 단계적으로 철수할지 등의 플랫폼 참여 전략을 세울 수 있다.

플랫폼 참여 전략은 플랫폼을 최대한 활용하기 위한 전략이 되어야 한다. 참여 자체에 초점을 두지 않고, 플랫폼을 이용해 어떻게 자신의 비즈니스를 키워나갈 수 있는지에 지향점을 두어야 한다. 그래야만 플랫폼과 함께 성장하면서 자신이 운영하는 비즈니스의 가치를 높일 수 있다.

앞에서 설명했듯이 플랫폼에 참여하는 사업자(참여 기업이나 개인 등)는 시장점유율이나 산업 내에서의 영향력에 따라 크게 '메이저 사업자'와 '마이너 사업자'로 분류할 수 있다. 플랫폼에서 차지하는 위치와 비중이 다르기에 메이저 사업자와 마이너 사업자의 참여 전략은 다를 수밖에 없다.

플랫폼 간에도 메이저 사업자를 끌어들이기 위한 경쟁이 있다. 메이저 사업자를 끌어들임으로써 킬러 콘텐츠를 확보할 수 있고, 메이저 사업자의 고객을 흡수할 수도 있기 때문이다. 하지만 메이저 사업자 입장에서는 모든 플랫폼에 참여할 수 없으니 어떤 플랫폼에 어떤 조건으로 참여하느냐가 관건이다. 중요한 것은 플랫폼에 참여하기 전 단계까지는 메이저 사업자가 주도권을 쥐고 있지만, 플랫폼을 결정하고 참여하는 순간 주도권이 플랫폼으로 넘어간다는 점이다. 사업자가 칼자루를 쥐고 있을 때 챙길 것은 확실하게 챙겨야 하며, 특정 플랫폼에 참여한 후에도 계속해서 주도권을 잡고 경쟁사 플랫폼에 비해 경쟁 우위를 유지할 수 있는 방안을 마련해야 한다.

예를 들어 플랫폼을 넘어선 대표적인 메이저 사업자로는 월트디즈니The Walt Disney Company를 들 수 있다. 월트디즈니는 어린이용 애니메이션 영화를 시작으로 〈스타워즈Star Wars〉, 마블Marvel, ABC 방송사, 픽사Pixar 등의 콘텐츠를 보유하고 있다. 월트디즈니는 넷플릭스와 아마존 프라임 등의 OTT 플랫폼과 제휴해 콘텐츠를 제공하다가, 월트디즈니 콘텐츠만을 독립적으로 제공하는 디즈니 플러스Disney+ 서비스를 선보였다. 넷플릭스와 아마존 프라임에서는 디즈니 콘텐츠를 단계적으로 철수하고 있다. 이제 디즈니 콘텐츠를 보려면 디즈니 플러스에 가입해야만 한다.

월트디즈니 콘텐츠와 같이 티켓 파워가 있는 콘텐츠는 어떤 플랫폼과 계약하느냐에 따라 회원 이동이 심하다. 만약 넷플릭스에서만 단독으로 월트디즈니 콘텐츠를 서비스한다면 넷플릭스의 킬러 콘텐츠가 되어 많은 회원을 끌어모을 수 있는 발판이 된다. 그러나 월트디즈니가 단독으로 디즈니 플러스 서비스를 개시하면서 월트디즈니 콘텐츠를 보기 위해 많은 회원이 디즈니 플러스 서비스로 몰리고 있다. 월트디즈니가 브랜드 파워와 티켓 파워를 보유하고 있고, 엔터테인먼트 비즈니스에서 가지는 위상이 남다르기에 가능한 이야기다.

최근에는 영화 〈어벤져스*Avengers*〉의 등장인물을 주인공으로 제작한 〈로키*Loki*〉, 〈완다비전*WandaVision*〉 등의 마블 드라마를 디즈니 플러스에서 방영하고 있다. 히어로 영화를 좋아하는 〈어벤져스〉 팬이라면 디즈니 플러스에 가입하지 않고는 못 배기게 전략을 세운 것이다. 넷플릭스에서만 볼 수 있는 넷플릭스 오리지널처럼 마블 드라마도 디즈니 플러스에서만 볼 수 있다. 또 어린이가 있는 가정의 경우 어린이용 애니메이션이나 영화를 보기 위해서는 디즈니 플러스에 가입해야한다. 디즈니 플러스는 월트디즈니 콘텐츠로만 채워도 볼 만한 콘텐츠가 가득하다.

따라서 넷플릭스 오리지널을 보고 싶고, 디즈니 플러스도 보고 싶다면 두 가지 서비스를 모두 구독해야 한다. 이렇게 되면 싱글호밍 하던 소비자가 멀티호밍 하는 상황이 발생한다. 경쟁적 병목 위치가 뒤집히는 시장이 형성되는 것이다. 소비자 입장에서는 예전에는 한 개의 서비스만 구독하면 되었는데, 이제는 두 개의 서비스를 구독해야 하므로 지출 비용이 늘어나는 단점이 있다. 한편 플랫폼 입장에서는 경쟁자가 늘어나다 보니 이용자에 대한 독점적 위치를 위협받는 처지로 내몰릴 수 있다. 이렇듯 산업 내에서 막강한 영향력을 행사하는 메이저 사업자라도 언제든지 플랫폼의 경쟁자가 될 수 있음을 잊어서는 안 된다.

그렇다면 마이너 사업자의 경우는 어떨까? 시장에서의 영향력이 미미한 마이너 사업자는 플랫폼과 교섭하기가 어렵다. 따라서 이들 대부분은 플랫폼이 정해놓은 규칙을 따르게 된다. 하지만 실망할 필요는 없다. 마이너 사업자의 경우 플랫폼과 일대일로 교섭할 힘은 떨어질지 몰라도 선택할 수 있는 폭이 넓다는 장점이 있다. 규모가 작아 플랫폼에 참가하고 탈퇴하는 것이 상대적으로 자유롭다. 큰 리스크 없이 다양한 플랫폼에 참여할 수 있고, 그만큼 유연하게 사업을 운영할 수 있다.

물론 마이너 사업자도 플랫폼 기업에서 입점 제안을 요청할 때가 있다. 다른 플랫폼에서 판매가 괜찮게 일어나고 있는데, 자사 플랫폼에 입점이 안 되어 있을 때는 입점 요청을 먼저 할 수도 있다. 이런 경우는 입점 방식이나 프로모션, 기획전, 수수료율 등에 대해 충분한 협상이 가능하다.

예를 들어 모두홈도어는 현관 중문 시공 상품을 인터넷에서 판매하기 시작한 거의 최초의 브랜드이지만 중소기업 브랜드라는 한계를 가지고 있었다. 하지만 네이버 쇼핑에서 '중문', '현관 중문' 키워드로 검색했을 때 제시되는 수만 개의 상품 중 몇 년 동안 1위 자리를 놓치지 않다 보니 나름의 브랜드 파워가 생기기 시작했다. 현관 중문 설치를 알아보기 위해 네이버에서 검색한 고객 중에 모두홈도어를 스쳐 지나갈지언정 모를 수는 없을 정도였다. 상황이 이렇다 보니 종합 쇼핑몰이나 인테리어 플랫폼, 소셜 커머스에서 입점 제안이 들어오기 시작했다. 이들 플랫폼 측에서 판매 수수료를 인하해주거나 파격적인 프로모션을 제안하기도 했다. 플랫폼에서 입점 제안 요청이 먼저 들어온 경우는 입점 전 담당 MD와의 협상이 매우 중요하다. 플랫폼이 상품을 필요로 하는 상황에서 입점 협상을 벌이기 때문에 칼자루는 상품 판매자에게 있다. 원하는 조건을 강력하게 제시하면 유리한 위치에 서게 될 가능성이 매우 크다. 입점 제안을 먼저 요청하지 않았더라도 담당 MD와 충분히 협상하다 보면 원하는 조건을 이끌어낼 가능성은 항상 열려 있다. '설마 이런 조건을 들어주겠어?'라며 먼저 포기하지만 않는다면 말이다.

통상 제품 가격이 인터넷에 100% 공개되기 때문에 소비자는 더욱더 가격에 민감해하는 경향이 있다. 다양한 경로로 정보를 얻다 보니 소비자는 더욱 똑똑해진다. 다양한 제품을 여러 각도에서 비교 분석하므로 오히려 판매자보다 제품에 대해 더 많이 아는 소비자들도 있다. 마이너 사업자는 자신의 제품력을 과신하여 높은 가격을 책정할 수 있지만, 제품이 인기를 얻으면 유사한 제품을 훨씬 싼 가격에 출시하는 수많은 경쟁자를 필연적으로 만나게 된다. 이런 경우 이미 많은 정보를 가지고 있고, 가격에 민감한 소비자들은 미련 없이 제품을 갈아탄다. 브랜드 인지도가 낮은 마이너 사업자는 그렇게 시장을 뺏기게 된다. 특색 있는 제품이 나와도 몇 달 안에 카피캣*copycat*(모방자)이 나오는 실정이어서, 마이너 사업자는 가격을 방어할 수 있는 대책을 항상 고민하고 찾아내야 한다.

끝으로, 플랫폼 참여 단계별로 알아두어야 할 전략을 정리해보면 다음과 같다. 참여할 플랫폼을 선정할 때는 플랫폼의 고객층과 자사 제품의 타깃 고객층이 얼마나 매치되는지 플랫폼들을 비교 분석해봐야 한다. 물론 고객층 외에도 고려해야 할 여러 사항이 있다. 플랫폼 운영 정책은 어떤지, 수수료율과 정산 주기는 어떤지, 비용 절감 효과는 있는지, 고객 또는 업계의 평판은 어떤지, 플랫폼의 경영 철학은 무엇인지, 비전은 무엇인지, 경쟁사가 이미 참여하고 있는지 등을 플랫폼별로 조사해야 한다. 이런 분석을 거치면 어떤 플랫폼을 선택할지 우선순위를 정할 수 있다.

플랫폼을 선택한 후에는 플랫폼과 교섭을 시도해야 한다. 교섭 단계에서는 플랫폼 기업에 주도권을 넘겨주지 않으면서 플랫폼 내에서 독보적인 지위를 얻을 방법을 찾아야 한다. 물론 쉽지 않지만, 메이저 사업자를 끌어들이기 위해 플랫폼 간에 경쟁이 벌어지고 있다면 충분히 협상을 시도해볼 수 있다. 특히 플랫폼에서 먼저 입점을 제안했을 경우는 외부에 공개된 조건보다 좋은 조건에 입점 계약을 맺기도 하므로 교섭이 불가능한 것은 아니다. 플랫폼이 정해놓은 수수료율이 있지만 상품이 매력적이라면 얼마든지 수수료율을 조정할 수 있다.

하나의 플랫폼을 선정하는 것이 힘들다면, 복수의 플랫폼에 참여하는 것도 가능하다. 다만 이 경우에는 마케팅 비용뿐만 아니라 운영 인력, 개발 비용, 서버 비용의 증가와 같은 멀티호밍 비용이 발생하기 때문에 철저한 사전 준비가 필요하다. 특히 플랫폼별 투입 비용과 매출을 철저히 분석하여 수익성이 떨어지는 플랫폼에서는 단계적으로 철수할 수 있도록 전략을 수립해야 한다.

만약 플랫폼과의 교섭이 여의치 않을 때는 독자적으로 플랫폼을 구축할 수 있는지 검토해야 한다. 이때 메이저 사업자는 독자적으로 플랫폼을 구축할 수 있는 브랜드 파워와 고객층을 이미 확보하고 있기에 충분히 시도해볼 만한 가치가 있다. 메이저 사업자가 확보한 콘텐츠가 킬러 콘텐츠로 가치를 가지고 있기에 가능한 이야기다. 마이너 사업자의 경우는 비슷한 규모의 사업자들과 제휴를 맺어 플랫폼을 구축하거나, 독립적인 플랫폼을 구축할 수도 있다.

옥션, 지마켓, 11번가 등의 오픈마켓이 온라인 쇼핑을 주도해왔지만 쿠팡, 위메프, 티몬, 네이버 쇼핑 등의 e커머스 플랫폼이 크게 성장하면서 온라인 쇼핑의 지형이 많이 바뀌고 있다. 한마디로 제조사나 유통사 입장에서는 어떤 플랫폼에서, 어떤 제품을, 어떤 가격으로 판매할지에 대한 정책을 수립해야 한다는 뜻이다. 만약 독립 쇼핑몰을 구축하고자 한다면 카페24나 메이크샵, 고도몰 등과 같은 쇼핑몰 구축 플랫폼을 이용할 수 있다. 카페24의 경우 상품 등록 수나 트래픽이 무제한이면서 무료로 이용할 수 있어서 중소기업들이 많이 이용하고 있다. 또 카페24는 쇼핑몰 디자이너와 쇼핑몰 사업자 간의 생태계도 잘 구축되어 있다. 쇼핑몰을 쉽게 디자인할 수 있는 디자인 템플릿 *template*도 다양해서 저렴한 비용으로 수준 높은 쇼핑몰을 빠르게 구축할 수 있다. 네이버, 다음 등의 포털 사이트와 가격 비교 사이트에서 상품 검색이 가능하도록 연동할 수 있어서 신규 고객을 확보하는 데에도 용이하다.

그렇다면 플랫폼인 카페24는 무엇을 얻을까? 카페24의 카드 수수료는 일반적인 독립 쇼핑몰보다 0.2%에서 0.3%가량 높다. 일반적인 쇼핑몰의 카드 수수료가 3.2%에서 3.3%라고 한다면 카페24의 카드 수수료는 3.5%다. 카페24에 구축된 쇼핑몰에서 판매가 이루어지면 결제 수수료 수익이 발생하는 것이다. 이 정도의 수익이 적어 보일 수도 있지만, 쇼핑몰 수가 많아지고 판매액이 증가하면 카페24는 가만히 앉아서 돈을 벌게 된다. 또한 마케팅이나 홍보를 도와주는 프로그램을 통해 부가 수익을 창출하기도 한다. 전형적인 플랫폼 비즈니스 전략이다.

플랫폼은 상생의 생태계를 지향해야 하지만, 모두에게 적용되기란 쉽지 않은 것이 현실이다. 플랫폼은 초기에 많은 혜택을 제시하여 사업자의 참여를 유도하지만, 플랫폼이 활성화되면 혜택은 사라지게 되므로 항상 주의해야 한다. 플랫폼에 참여하는 것도 구축하는 것만큼이나 철저한 계획과 전략이 필요한 이유다.

19

성공과 실패에서 찾은
놀라운 결단

1990년대 후반 인터넷이 일반 대중에게 보급되고 20여 년이 지난 지금껏 수많은 인터넷 서비스와 플랫폼이 등장하고 사라졌다. 영원할 것만 같았던 야후는 검색 서비스를 포기했으며, 커뮤니티 열풍을 이끌었던 프리챌은 유료화 선언과 함께 역사 속으로 사라졌다. '일촌', 'UCC', '웹 2.0' 등 인터넷에서 한창 유행하던 용어들은 어느덧 향수를 자극하는 추억의 용어가 되어버렸다. 20여 년이라는 기간 동안 그야말로 어마어마한 변화가 일어났다. 하지만 수많은 인터넷 서비스와 플랫폼이 사라져가는 와중에도, 여전히 굳건하게 자신의 영역을 지키며 막대한 영향력을 행사하는 인터넷 서비스와 플랫폼들도 있다. 그렇다면 이 플랫폼들에는 어떤 차이가 있을까?

플랫폼의 성공과 실패는 한 나라의 운명을 좌우할 만큼 막강한 영향력을 발휘한다. 알리바바, 텐센트, 위챗 *WeChat* 등의 성공이 중국은 정보통신 신흥 강국으로 만들면서, 전 세계 수많은 스타트업이 중국으로 몰려들고 있다. 노키아의 실패로 핀란드는 정보통신 강국에서 밀려났고, 소니의 몰락으로 일본은 휴대용 디지털 기기 시장에서 설 자리를 잃고 말았다.

영원한 플랫폼은 없다. 영원한 온라인 제국도 없다. 모든 플랫폼은 시대 상황과 맞물려 흥망성쇠를 반복할 수밖에 없다. 시대 상황에 대처하면 살아남고, 잘 대처하지 못하면 몰락하게 된다. 플랫폼의 성공과 실패에는 이유가 있게 마련이고, 오늘날 우리가 그 성공과 실패로부터 지혜를 얻어야 하는 이유다.

애플 최고의 킬러 콘텐츠는 아이튠즈

애플의 '아이튠즈'는 대표적인 디지털 콘텐츠 유통 플랫폼이다. 아이튠즈는 엔터테인먼트 플랫폼으로 음악을 비롯하여 TV 시리즈, 영화, 팟캐스트 등의 콘텐츠를 제공한다. 애플의 아이팟에 아이튠즈가 없었다면 수많은 음악 재생 단말기(MP3 플레이어) 가운데 하나에 불과했을지도 모른다. MP3 파일 불법 다운로드가 만연하던 시절에 아이팟은 수많은 음악을 저렴하게 구매할 수 있는 아이튠즈라는 플랫폼과 연계되어 절대적인 지지를 얻을 수 있었다.

애플이 아이튠즈로 큰 수익을 내지는 못하지만, 아이튠즈가 킬러 콘텐츠로 작용하면서 아이팟, 아이폰, 아이패드, 맥북 등 애플 제품 전체의 판매에 크게 기여하고 있다. 아이튠즈에서 구매한 콘텐츠는 모든 애플 제품에서 사용할 수 있기 때문에 소비자는 계속해서 애플 제품을 선택하게 된다. 소프트웨어가 하드웨어를 판매하게 하는 킬러 콘텐츠가 된 셈이다. 아이튠즈 자체만으로도 음원 유통 플랫폼으로서의 힘을 발휘하고 있지만, 다른 제품에 킬러 콘텐츠로 영향을 미침으로써 고객의 이탈을 방지하는 락인 효과가 발생했다.

애플도 아이튠즈를 통해 수익을 극대화하려는 전략을 펼치기보다는 음원 공급사와 음원 사용자 간의 생태계가 무너지지 않고 유지되도록 하는 데 모든 노력을 기울이고 있다. 자사의 수익 배분율을 낮추어 음원 공급사에게 더 많은 수익이 돌아갈 수 있도록 정책을 만든 것이다. 콘텐츠의 가격을 올리기보다는 현상 유지함으로써 음원 사용자의 이탈을 방지하고 있다.

최근에는 음원 스트리밍 앱인 스포티파이*Spotify* 등의 도전이 거세지면서 애플에서도 애플뮤직 서비스를 시작했다. 다양한 디지털 콘텐츠 유통 플랫폼이 등장하면서 아이튠즈에도 변화의 바람이 불고 있다. 아이튠즈는 애플 제품과의 유기적인 연계를 통해 새로운 가치를 만들어내야 하는 힘겨운 도전에 직면해 있다.

스마트홈 생태계를 이끄는 구글 홈

'구글 홈'은 사물인터넷 디바이스와 융합하여 파급 효과를 일으키며 큰 성공을 거두고 있는 구글의 인공지능 스피커다. 구글 홈은 스마트폰에 탑재된 인공지능인 구글 어시스턴트에 의해 작동한다. 구글 홈은 사람의 음성을 인식해서 음악을 틀어주기도 하고, 날씨를 알려주며, 알람을 설정해놓으면 아침에 깨워주고, 모르는 단어를 물어보면 사전을 검색해서 뜻을 알려준다.

구글 홈은 TV, 조명, 콘센트 등과 같은 가전제품이나 기기에 연결하여 스마트홈을 구축할 수 있다. 즉 구글 홈과 연결하면 음성으로 켜고 끄는 수준으로 제어가 가능하다. 음성 명령으로 유튜브나 넷플릭스의 영상을 TV에서 재생할 수도 있다. 이외에도 구글 홈은 편의성을 갖춘 다양한 생활 밀착형 서비스를 제공하고 있다

구글 홈의 성공으로 구글 홈과 연동할 수 있는 사물인터넷 디바이스도 덩달아 큰 인기를 얻고 있다. 예를 들어 샤오미의 스마트 플러그와 연동하면 전자제품의 전원을 음성으로 켜고 끌 수 있다. 샤오미 전구와 연동하면 음성으로 조명을 켜고 끌 수 있을 뿐만 아니라, 조명 색깔도 바꿀 수 있다.

이렇듯 구글 홈의 활약 덕분에 집에서 사용할 수 있는 사물인터넷 디바이스의 종류도 늘어나고 있으며, 관련 제품의 판매량도 증가하면서 새로운 생태계가 형성되고 있다. 구글 홈은 자체 시스템의 성공에

만 그치지 않고, 구글 홈을 중심으로 인공지능과 사물인터넷 디바이스 간의 생태계를 조성하며 새로운 시장을 개척하고 있다.

또한 구글 홈을 구매하면 유튜브 프리미엄을 최초 3~6개월 동안 무료로 이용할 수 있다(이후에는 유료 계정으로 자동 전환된다). 구글 홈은 유튜브 뮤직을 통해 음악 서비스도 제공한다. 구글 홈이 많이 팔리면 팔릴수록 유튜브 프리미엄 회원이 증가하게 되므로, 구글 홈이 유튜브의 유료 구독자 확대를 촉발하고 있는 셈이다. 마찬가지로 구글 홈을 이용하면 유튜브 프리미엄을 체험해볼 수도 있고 유튜브 뮤직도 들을 수 있다는 장점 때문에 구글 홈의 판매도 촉진되고 있다. 이처럼 구글 제품 내의 다른 제품이나 서비스가 서로 연결되어 교차 보조함으로써 시너지 효과가 극대화되고 있다. 구글 홈에게 유튜브는 킬러 콘텐츠인 셈이다.

역사 속으로 사라진 노키아의 심비안

노키아는 스마트폰 시장에서 고전을 면치 못하면서 2001년부터 20년 넘게 사용해온 '심비안Symbian' 운영체제를 포기했다. 그 이후 마이크로소프트와 손잡고 활로를 모색하고 있다. 2000년대에 세계 휴대전화 시장의 최강자로 군림했던 심비안의 결말은 다시 한번 영원한 승자는 없다는 말을 떠올리게 한다.

과거 노키아는 에릭슨*Ericsson*, 모토로라*Motorola* 등의 휴대폰 제조사와 함께 심비안이라는 합병회사를 설립하여, 심비안 운영체제를 개발했다. 이들 기업은 다른 휴대폰 제조사에게도 심비안의 라이선스를 제공했다. 심비안은 한때 휴대전화 운영체제 시장의 60% 이상을 장악하기도 했다.

그러나 당시 세계 휴대전화 판매 1위 기업인 노키아가 심비안의 핵심 주주였기에 다른 휴대전화 제조사들이 경계심을 가질 수밖에 없었다. 한마디로 심비안은 애초부터 중립적인 플랫폼으로 성장할 수 없는 배경을 가지고 있던 셈이다. 결국 심비안은 앱 개발자들이 참여하지 않으면서 애플 앱스토어나 구글 플레이스토어 같은 앱 마켓 플랫폼을 구축하는 데 실패했다. 그렇다 보니 심비안 플랫폼에 참여했던 휴대전화 제조사들도 심비안 외에 리눅스나 윈도우 모바일 같은 운영체제를 채택하여 리스크를 분산시켰다.

그렇게 심비안이 지지부진하던 사이 애플의 아이폰이 등장하면서 심비안의 시장점유율이 급락하게 되었고, 안드로이드가 오픈소스로 개방되면서 본격적인 추락의 길로 접어들었다.

게임 업계의 최악의 사건, 아타리 쇼크

한때 휴대용 게임기 시장의 80%를 장악했던 '아타리*Atari*'가 몰락하는 과정을 살펴보면 플랫폼의 품질관리가 얼마나 중요한지 알 수 있다. 아타리는 미국의 놀란 부시넬*Nolan Bushnell*이 1972년에 창업한 비디오게임 회사다. 세계 최초의 디지털 방식 게임인 스페이스 워!*Spacewar!*를 모방한 '컴퓨터 스페이스*Computer Space*'라는 게임을 개발하여 비디오게임 회사로 화려한 첫발을 디뎠다. 아타리의 가장 큰 업적이라면, 1977년에 'VCS 2600'이라는 게임기를 발매한 것이다. VCS 2600 게임기는 게임 소프트웨어를 추가할 수 있도록 만든 카트리지형 게임기였다. 게임 소프트웨어가 게임기에 내장된 형태가 아니라, 카트리지만 갈아 끼우면 언제든 다른 게임을 즐길 수 있는 가정용 비디오게임기의 원조라고 할 수 있다.

아타리는 이후 '스페이스 인베이더*Space Invaders*(일본 기업 타이토*Taito*에서 1978년에 판매한 아케이드 게임)' 게임의 열풍으로 인해 VCS 2600 게임기를 무려 2,500만 대나 판매하면서 전 세계 가정에 게임기를 보급시켰다. 이렇듯 VCS 2600의 대성공으로 아타리는 가정용 비디오게임기 시장을 장악하게 되었다.

하지만 게임기용 소프트웨어의 제작이 쉽도록 사양을 낮추고, 아타리의 허락 없이도 다른 회사들이 소프트웨어를 제작해 판매할 수 있게 되면서 아타리는 곤두박질치기 시작했다. 소프트웨어 개발사에 대한 지배력을 상실하면서 소프트웨어의 질적인 품질 수준을 보장할 수 없게 된 것이 실패의 가장 큰 이유였다. 당시에는 경험이 부족한 개발자들이 무작위로 개발한 질 낮은 게임이 넘쳐났고, 이를 선별해줄 매체도 없었다. 심지어 게임 사업에 개 사료 업체도 뛰어들고, 식품 회사도 뛰어들 정도였다. 게임만 만들면 돈이 된다고 하니 너나없이 게임 시장에 뛰어든 것이다. 결국 소비자들은 비싼 돈을 주고 산 게임이 아주 형편없다는 것을 알고 분노했다. 이렇듯 게임 업계에 품질 낮은 소프트웨어가 범람하면서 전체적인 소프트웨어 가격까지 폭락하는 사태가 벌어지기에 이르렀다.

때마침 등장한 개인용 컴퓨터도 게임기 산업을 위협했다. IBM PC와 애플 컴퓨터는 교육 목적으로 학습도 되고, 게임도 즐길 수 있다는 매력적인 요인으로 소비자들의 마음을 사로잡으면서 아타리 게임기의 존폐를 뒤흔들었다. 스마트폰의 등장으로 PMP나 MP3 플레이어 시장이 사라졌듯이 말이다. 결과적으로 게임기 사용자들도 아타리를 외면하고, 게임기 판매가 현저하게 줄어들면서 사실상 비디오게임 산업 도산까지 이르게 되었다. 일정 수준 이상으로 생태계의 품질을 유지하는 것이 얼마나 중요한지를 잘 보여주는 사례다. 결국 플랫폼의 성공은 플랫폼 사업자가 플랫폼 참여자를 얼마나 효율적으로 관리하고 지배할 수 있느냐가 관건이다.

성공과 실패에서 배우는 플랫폼의 6가지 규칙

구글과 애플, 아마존 등은 플랫폼 제국을 이루며 전 세계 시장을 지배하고 있는 최고의 기업들이다. 우리는 이들의 성공으로부터 무엇을 배울 수 있을까? 또 실패로부터는 어떤 교훈을 반면교사로 삼을 수 있을까? 최고의 플랫폼 기업들의 성공과 실패 사례로부터 배운 6가지 플랫폼 전략을 살펴보자.

첫째, 플랫폼은 단기적인 이익을 추구해서는 안 된다. 애플이 아이튠즈로 단기적인 이익만을 추구했다면 지금과 같이 성공적인 플랫폼을 구축하고 사업을 유지할 수 없었을 것이다. 애플이 가져가는 수익은 적더라도 플랫폼 참여자들이 만족할 수 있는 구조를 만들어냈다는 것은 지금의 애플을 있게 한 혁신 그 자체라고 볼 수 있다. 표면적으로는 애플이 별로 수익을 얻지 못하는 것처럼 보이지만, 아이튠즈가 다른 애플 제품의 판매를 촉발하고 다른 제품으로의 이동을 방지하는 락인 효과를 일으키기 때문에 충분한 가치가 있다는 뜻이다.

둘째, '프리미엄*Freemium*' 비즈니스 모델을 시도해볼 필요가 있다. 프리미엄은 기본적인 서비스와 제품은 무료로 제공하고, 고급 기능과 특수 기능에 대해서는 요금을 부과하는 방식의 '부분 유료화' 모델이다. 성공하는 플랫폼 대다수가 서비스를 이용하는 데 무리가 없을 정도로 대부분의 기능을 무료로 이용할 수 있게끔 개방하고 있다. 그 대신 특정 기능이나 아이템 등의 디지털 상품을 판매하거나, 실제 상품을 판매하여 수익을 얻고 있다. 이런 비즈니스 모델의 경우 이용자가 늘고 플랫폼 규모가 커지면 광고 상품을 통해 광고 수익도 창출할 수 있다.

셋째, 플랫폼은 오픈소스로 공개하여 외부의 서드파티 개발자나 제조사들이 플랫폼을 이용할 수 있도록 지원한다. 플랫폼 내부뿐만 아니라 플랫폼 외적으로 다양한 생태계가 구축될 수 있게 해야 한다. 구글의 사례처럼 소프트웨어를 개방하려면 확실하게 개방해야 한다. 플랫폼을 폐쇄적으로 운영하지 않고 플랫폼의 핵심 자산을 외부에서도 이용할 수 있도록 최대한 개방해야 시너지 효과가 크다. 플랫폼이 성공하면 관련 제품이 많이 팔리고, 외부 제품이 많이 팔리면 팔릴수록 플랫폼 사용자도 증가하는 선순환 구조가 완성되는 것이다. 이러한 선순환 구조는 더욱 견고한 생태계를 구축할 수 있게 하여 장기적으로 플랫폼의 생존과 성장을 돕는다.

넷째, 플랫폼의 품질을 일정 수준 이상 유지해야 한다. 아타리의 사례에서 알 수 있듯이, 플랫폼이 콘텐츠의 품질관리를 제대로 하지 않으면 아무리 성공한 플랫폼이라 해도 순식간에 무너질 수 있다. 물론 플랫폼은 그룹 간의 가치 교환에 최대한 개입하지 않는 것이 좋다. 그룹 간의 자유로운 거래 환경만 조성해주고, 플랫폼은 플랫폼의 고도화에 집중해야 한다. 하지만 지나친 방임주의는 플랫폼에 악영향을 불러일으킬 수 있으므로 주의해야 한다. 플랫폼 이용자 입장에서는 양도 중요하지만 품질도 매우 중요하다. 플랫폼 초창기에는 많은 콘텐츠가 중요하지만, 시간이 흐르고 이용자층이 두터워지면 콘텐츠의 품질이 무엇보다 중요해진다. 한두 개의 킬러 콘텐츠가 플랫폼을 살릴 수도 있고, 죽일 수도 있다. 마찬가지로 한두 개의 저급한 콘텐츠로 인해 사용자들이 완전히 등을 돌릴 수도 있다는 사실을 기억해야 한다.

다섯째, 플랫폼은 중립적이어야 한다. 노키아의 심비안 운영체제 사례에서 볼 수 있듯이, 플랫폼이 중립성을 잃으면 플랫폼 참여자들은 다른 플랫폼으로 떠나버린다. 누군가 특혜를 받고 있다고 의심된다면, 이미 플랫폼 생태계의 선순환 구조가 파괴된 것이다. 애플은 자사의 뮤직 서비스인 애플뮤직의 점유율을 높이기 위해 앱스토어의 검색 순위에서 스포티파이를 낮은 순위로 떨어뜨리면서 논란을 일으킨 바 있다. 플랫폼이 같은 분야의 서비스를 직접 운영하고 있더라도, 다른 플랫폼 참여자를 홀대하거나 차별해서는 안 된다. 플랫폼이 선순환 구조의 생태계를 이끌어나가기 위해서는 필수적으로 중립성을 유지해야 한다. 어느 한 그룹이 다른 그룹을 위해 손해를 감수하지 않는 상생의 생태계를 구축해야 한다.

여섯째, 플랫폼이 성공하려면 참여 그룹 모두에게 매력적인 플랫폼이 되어야 한다. 플랫폼에 참여하고 머물 수 있도록 다양한 메리트(이점)를 제공해야만 성공한 플랫폼으로 경쟁력을 유지할 수 있다. 물론 다양한 메리트를 제공한다 해도 경쟁 플랫폼에서 더욱 특색 있고 좋은 메리트를 제공한다면 경쟁에서 밀릴 수밖에 없다. 기술의 흐름과 트렌드에 촉각을 곤두세워야 하는 이유다. 그리고 플랫폼이 성공적으로 자리 잡았다면 이제부터는 혁신에 초점을 맞춰야 한다. 성공한 플랫폼이 생존하기 위해서는 끊임없이 자기 혁신을 이루어야 한다. 플랫폼 성공의 열쇠는 혁신, 그 자체다.

참고문헌

Section 1 플랫폼노믹스, 어디에나 플랫폼이 있다

1. 비즈니스의 판을 바꾸는 플랫폼

- 윤상진,《플랫폼이란 무엇인가?: 구글처럼 개방하고 페이스북처럼 공유하라》, 한빛비즈, 2012.

- 액센츄어, 'Platform Economy: Technology-driven business model innovation from the outside in', 2016.

- Peter C. Evans, Annabelle Gawer, 'The Rise of the Platform Enterprise', CGE(The Center for Global Enterprise), 2016.

- "'AI 플랫폼'을 선점하라, 전열 정비 마친 이통3사, 경쟁 본격화", 파이낸셜뉴스, 2017.1.20.

- 한국은행 금융결제국 전자금융조사팀, '2016년 중 전자지급서비스 이용 현황', 한국은행, 2017.

- 김재필 외 8명, '2017년 ICT 10대 주목 이슈', KT 경제경영연구소 · 한국인터넷진흥원, 2017.

- 한상복, 이문웅, 김광억,《문화인류학》, 서울대학교출판문화원, 2011.

- "O2O 플랫폼, 마케팅 격전지 O2O 시장을 돌아보다! O2O, 과연 황금알을 낳고 있나?", 앱스토리, 2016.5.2.

- "[2016 결산] 국내 간편결제 서비스 지난 1년간의 기록", 앱스토리, 2016.12.1.

- "2021년 ICT, '데이터 경제 · 온택트' 주목하라", 지디넷코리아, 2020.11.10.

2. 성공한 플랫폼의 스토리텔링

- 윤상진,《플랫폼이란 무엇인가?: 구글처럼 개방하고 페이스북처럼 공유하라》, 한빛비즈, 2012.

- 히라노 아쓰시 칼, 안드레이 학주, 천채정 역, 최병삼 감수,《플랫폼 전략》, 더숲, 2011.

- EBS 다큐 시선, '열려라 플랫폼', 2019.2.21, https://www.ebs.co.kr/tv/show?lectId=20044188

- Qustodio, 'Kids are connected more than ever before. Is this the new normal?', 2020.5.27, https://www.qustodio.com/en/blog/2020/05/kids-are-connected-more-than-ever-before
- 조성익, 《경쟁적 병목 시장 플랫폼의 전략과 정부 정책》, 한국개발연구원, 2020.

3. 플랫폼의 진화는 계속된다

- "공짜로 뿌리고 이제는 돈 내라, '수금 본색' 카카오택시", 헤럴드경제, 2021.8.4.
- "대세는 메타버스, 로블록스 이코노미 '눈길'", 머니S, 2021.3.28.
- 나무위키, '넷플릭스'.
- 네이버 지식백과, '구독경제'.
- "아마존 4분기에 흑자 전환, 베조스 자신감 회복", 비즈니스포스트, 2015.1.30.

Section 2 코로나가 끝나도 온택트는 계속된다

4. 접촉 없는 연결, 온택트가 대세다

- "[집콕 코리아 ④·끝] 일상의 변화… 홈코노미 시대 개막", 아이뉴스24, 2020.4.5.
- "언택트를 넘어 온택트 시대, 우리나라의 변화", 뉴라인(newline), 2020.10.21.
- 과학기술정책연구원, 'COVID-19 이후, 뉴노멀과 미래 전망', Future Horizon Plus Vol.46(2020 3·4), 2020.3.
- "[김광석 스페셜 칼럼] 코로나가 앞당긴 '온택트 쇼핑' 시대", 아주경제, 2021.3.23.
- "What's Going On in This Graph?, Pandemic Consumer Spending", The New York Times, 2020.4.24, https://www.nytimes.com/2020/04/16/learning/whats-going-on-in-this-graph-pandemic-consumer-spending.html
- "CES서 본 헬스·로봇·모빌리티", 중소기업신문, 2021.1.14.
- "방탄소년단 '방방콘', 조회수 5천만 기록, '언택트 공연'으로 새 역사", 조이뉴스24, 2020.4.20.
- "드림콘서트, 최첨단 'K-테크' 함께한 완벽 언택트 콘서트", 스포츠한국, 2020.7.26.

- "[코로나 1년] 여행사 '망했어요' vs 관광벤처 '이제 우리가 대세'", 이데일리, 2021.1.18.
- "[2020 여행결산] 줄폐업 위기 속 여행의 재발견", 뉴스1, 2020.12.22.
- "포스트코로나 시대, 新여행 트렌드 #혼행 #호콕 #랜선", 싱글리스트, 2020.12.24.
- "코로나가 바꾼 여행 트렌드: '집콕' 하며 떠나는 해외여행(ft. 랜선여행 꿀팁)", 허핑턴포스트코리아, 2020.9.1.
- "코로나19, 여행 스타트업을 바꾸다", 벤처스퀘어, 2020.10.25.
- "우리가 꿈꾸던 가상 · 증강현실, 언제쯤 현실로 다가올까", 머니S, 2021.2.28.
- "코로나19 '뉴노멀' 시대, 헬스케어, 여기를 주목하라", 팜뉴스, 2021.4.19.
- 네이버 지식백과, IT용어사전, '디지털 전환'.

5. 한번 맛보면 끊을 수 없는 플랫폼의 위력

- 나무위키, '카카오T'.
- "1심 후 '타다' 전면 중단, 檢 항소 받아들이기 어려워, 이재웅 측 주장", 뉴스1, 2021.1.19.
- "혁신 서비스 성공사례 '마켓컬리', 기자, 일주일 이용해보니", 전자신문, 2019.1.2.
- "경쟁 상대가 달라졌다, 롯데 · 신세계 너머 '아마존'", 팍스넷뉴스, 2018.11.21.

6. 기술은 플랫폼으로 모습을 드러낸다

- "플랫폼 비즈니스 5년 내 10배 성장", 한국경제, 2020.10.8.
- "팬데믹 시대, 기업 경쟁력은 효율성보다 유연성", 한국경제, 2020.10.8.
- "30년 전 등장한 '오래된 미래' 메타버스, '세컨드 라이프' 재탕일까", 뉴스1, 2021.3.24.
- "진화하는 라이브 커머스, 전기차 · 명품도 팔고 참치 해체쇼까지", 매경이코노미, 2020.10.8.
- "화폐혁명의 서막, 세계 중앙銀 80% 디지털화폐 개발 중", 주간조선, 2021.4.7.

Section 3 플랫폼 비즈니스, 공간 저 너머로

7. e커머스 플랫폼, 전의 전쟁

- "코로나 1년 4개월, 급성장하는 'e커머스' vs 쪼그라드는 'TV홈쇼핑'", 아시아경제, 2021.4.22.
- 한국거래소 ETF, '포스트 코로나 시대를 이끌 3가지 키워드', 2021.3.19.
- "거리두기에 안방서 쿠팡 · 배민만, 모바일쇼핑 100조 넘었다", 이데일리, 2021.2.3.
- "진격의 네이버, 왜 지금 날아오르나", 시사저널, 2021.3.3.
- "'코로나 영향' 5월 美 온라인 쇼핑 매출 99.4조 원, 전년 비 78% 급증", 블로터, 2020.6.24.
- "해외 못 간 만큼 더 지른다, 모니터 앞 클릭 전쟁", 아시아경제, 2020.11.27.
- "100조 원대 쿠팡, 김봉진 · 김범수 의장의 통 큰 기부, 재계질서 바꾸다", 피치원미디어, 2021.3.22.

8. 낚여도 미디어 플랫폼은 즐겁다

- "[의료계 이모저모] 은평성모병원, '인공지능 활용' 건강검진 비대면 상담 外", 쿠키뉴스, 2021.4.5.
- "시장 규모만 315조 원, 메타버스가 뭐길래", 시사저널, 2021.4.8.
- "파죽지세 카카오⋯계열사 118개 '문어발 사업 확장'", e대한경제, 2021.8.16.

9. 내 손안에서 누리는 O2O와 공유경제 플랫폼

- 과학기술정보통신부, '2020년 O2O 서비스 산업조사', 2021.4.8.
- "진화하는 소비 패턴, 21세기 '머니코드'는 협동소비와 공유", 한국경제, 2011.7.28.
- 네이버 지식백과, 한경 경제용어사전, '공유경제'.
- 네이버 지식백과, 용어로 보는 IT, '공유경제 서비스'.
- "우버 상장 초읽기, 차량 공유 업계 '들썩'", 아이뉴스24, 2019.4.12.

- 김민정, 이화령, 황순주, 한국개발연구원, '공유경제에 대한 경제학적 분석: 기대효과와 우려 요인 및 정책적 함의', 2016.12.

10. 긱 이코노미 플랫폼, 일하는 방식을 재구성하다

- "막오른 '긱 이코노미 시대', 기업가 정신부터 길러야", 서울경제, 2018.3.18.
- "도미노피자, 美 텍사스주 '무인 자율주행 로봇' 배달 시작", 서울경제, 2021.4.14.
- 네이버 지식백과, 두산백과, '긱 경제'.
- 네이버 지식백과, 시사상식사전, '플랫폼 노동'.
- 네이버 블로그, "N잡러로 살아가기 긱 이코노미", 2021.3.25, https://blog.naver.com/mirae_post/222287140177

11. 블록체인 플랫폼이 세상을 바꾸는 방법

- ETRI, '블록체인 기술의 활용과 전망', 2016.5.31.
- "비트코인, 가상화폐인가? 투자상품인가?", 매일경제, 2017.12.27.
- "메인넷이 뭐길래, 블록체인 기업이 메인넷에 매달리는 이유", IT조선, 2018.9.7.
- 금융보안원, "블록체인 및 비트코인 보안 기술", 2015.11.23.
- LG경제연구원, "블록체인, 비트코인을 넘어 세상을 넘본다", 2016.8.2.

12. 사물인터넷 플랫폼이 여는 랜선 라이프

- "삼성전자서비스, 홈페이지 개편, 사물인터넷 · AI 기능 도입", 헤럴드경제, 2021.3.2.
- "군포시, 사물인터넷 기술 활용한 '재활용품 무인회수기' 운영", 머니S, 2021.3.22.
- "사물인터넷, 1천만 회선 돌파", 부산일보, 2021.2.15.
- "유비쿼터스 세상을 풍요롭게 사는 길", 중앙시사매거진, 2017.11.23.
- 유튜브, 'How It Works: Internet of Things-IBM Think Academy', 2015.9.4, https://www.youtube.com/watch?v=Mpe651AdmZA

- 김규남 외, '사물인터넷 실증사업의 경제적 파급효과 분석', 정보통신정책연구원, 2015.12.15.

13. 거의 모든 것을 위한 인공지능 플랫폼

- "삼성전자 서비스, 홈페이지 개편, 사물인터넷 · AI 기능 도입", 헤럴드경제, 2021.3.2.
- "은평성모병원, '인공지능 활용' 건강검진 비대면 상담 外", 쿠키뉴스, 2021.4.5.
- "광주시, 홀몸 노인들에 '인공지능 스피커'", 시민일보, 2021.4.19.
- "신한생명, AI 챗봇 '신비'로 고객 상담한다", 매일경제, 2020.10.12.
- "인공지능과 디지털 대전환", 지디넷코리아, 2020.12.15.
- "딥러닝, 우리 생활에 다가온 인공지능 기술 원리는?", 중앙일보, 2017.6.15.
- 네이버 지식백과, 용어로 보는 IT, '딥러닝'.
- 위키백과, '왓슨(컴퓨터)'.
- "자율주행차 상용화 세계 첫 '시동', 어디까지 달릴까", 한겨레, 2018.12.9.
- "엄청난 데이터+딥러닝 기술 한국, 의료영상 진단의 성지 될 수 있다",동아비즈니스리뷰 186호, 2015.10.
- "한림대학교성심병원, IBM '왓슨 포 지노믹스' 도입", 파이낸셜뉴스, 2018.11.22.
- 유튜브, '[이세돌 신의한수 78수의 비밀-요약] 알파고VS이세돌 4국 김성룡 직접 본 이야기6', 2019.1.27, https://www.youtube.com/watch?v=LgDHz5xJodI
- McKinsey & Company, "Notes from the AI frontier. Applications and value of deep learning", 2018.4.17, https://www.mckinsey.com/featured-insights/artificial-intelligence/notes-from-the-ai-frontier-applications-and-value-of-deep-learning

Special Report 세상 모든 것의 플랫폼

- 윤상진,《플랫폼이란 무엇인가?: 구글처럼 개방하고 페이스북처럼 공유하라》, 한빛비즈, 2012.

- Thomas R. Eisenmann, Geoffrey Parker, Marshall Van Alstyne, 'Opening Platforms: How, When and Why?', SSRN Electronic Journal, 2008.
- 네이버 지식백과, IT용어사전, '플랫폼'.
- 박정배, '플랫폼, 약속의 땅인가?', KT경제경영연구소, 2011.
- 위키백과, '생태계'.
- 최병삼, '성장의 화두, 플랫폼', 삼성경제연구소, 2010.
- "애플 '또' 피소, 스마트폰 중독 방지 어플 삭제 정황", 뉴스1, 2019.4.29.
- "에코시스템 전쟁 시대: 경쟁전략도 진화한다", 동아비즈니스리뷰 88호, 2011.9.
- "1등 기업 노키아 · 닌텐도 왜 몰락했나", 매일경제, 2011.5.9.
- "[IT업계 최악의 실패작] 1. 아타리 VCS '게임 시장을 모두 말아먹은 지옥의 헬게이트'", 프프스스, 2013.2.14.
- 위키백과, '아타리 2600'.

플랫폼노믹스

2021년 11월 17일 초판 1쇄

지은이 윤상진
펴낸이 박영미
펴낸곳 포르체

편   집 류다경, 원지연
마케팅 문서희, 유주윤
표지 디자인 이정빈
본문 디자인 프리즘씨 이소희, 오현정
일러스트 컨셉아티스트 손상민

출판신고 2020년 7월 20일 제2020-000103호
전화 02-6083-0128 | 팩스 02-6008-0126
이메일 porchetogo@gmail.com
포스트 https://m.post.naver.com/porche_book
인스타그램 www.instagram.com/porche_book

ⓒ 윤상진(저작권자와 맺은 특약에 따라 검인을 생략합니다.)
ISBN 979-11-91393-43-9 (03320)

여러분의 소중한 원고를 보내주세요.
porchetogo@gmail.com